令和 3 年度

全国知的障害児者施設・事業実態調査報告書

Annual Nationwide Report on the Facilities for Persons with Intellectual Disabilities

JN095279

公益財団法人日本知的障害者福祉協会

目　　次

令和３年度
全国知的障害児・者施設・事業実態調査報告

調査・研究委員会

・・・・・・・・・・・・・・・・・・・・　1

令和３年度
全国知的障害児入所施設実態調査報告

児童発達支援部会

・・・・・・・・・・・・・・・・・・　75

令和３年度
全国児童発達支援センター実態調査報告

児童発達支援部会

・・・・・・・・・・・・・・・　139

令和３年度
生活介護事業所（通所型）実態調査報告

日中活動支援部会

・・・・・・・・・・・・・・・　185

令和3年度

全国知的障害児・者施設・事業 実態調査報告

公益財団法人日本知的障害者福祉協会
調査・研究委員会

目　　次（令和3年度）

Ⅰ　調査経過……………………………………………………………………………………… 5

Ⅱ　調査結果A（令和3年度）…………………………………………………………………… 6
　1．定員…………………………………………………………………………………………… 6
　2．現員…………………………………………………………………………………………… 6
　3．事業所設置年………………………………………………………………………………… 7
　4．利用率………………………………………………………………………………………… 8
　5．年間総開所日数と1日あたりの開所時間………………………………………………… 9
　6．職員の数と構成……………………………………………………………………………… 10
　7．職員の年齢・性別並びに勤務年数………………………………………………………… 14
　8．夜間職員の勤務状況………………………………………………………………………… 16
　9．施設・事業所の建物の状況………………………………………………………………… 16
　10．主な加算・減算の状況……………………………………………………………………… 18
　11．自法人での法人後見の実施状況…………………………………………………………… 20
　12．短期入所の状況……………………………………………………………………………… 20
　13．職員の資格取得・処遇の状況……………………………………………………………… 23

Ⅲ　調査結果B……………………………………………………………………………………… 27
　1．定員と現在員………………………………………………………………………………… 27
　2．年齢別施設利用者数………………………………………………………………………… 28
　3．施設・事業在籍年数………………………………………………………………………… 31
　4．障害支援区分等の状況……………………………………………………………………… 33
　5．療育手帳程度別在所者数…………………………………………………………………… 33
　6．身体障害の状況……………………………………………………………………………… 34
　7．精神障害の状況……………………………………………………………………………… 36
　8．「てんかん」の状況………………………………………………………………………… 37
　9．認知症の状況………………………………………………………………………………… 37
　10．触法障害者の状況…………………………………………………………………………… 38
　11．支援度………………………………………………………………………………………… 39
　12．医療的ケアの実施状況……………………………………………………………………… 42
　13．複数事業利用者の状況……………………………………………………………………… 44
　14．日中活動利用者の生活の場の状況………………………………………………………… 44
　15．施設入所支援利用者の日中活動の場の状況……………………………………………… 45
　16．成年後見制度の利用状況…………………………………………………………………… 45
　17．入退所の状況………………………………………………………………………………… 46
　18．就職の状況…………………………………………………………………………………… 52
　19．介護保険サービスへの移行状況…………………………………………………………… 56
　20．死亡の状況…………………………………………………………………………………… 63

調　査　票　A…………………………………………………………………………………… 66
調　査　票　B…………………………………………………………………………………… 70

I　調査経過

　令和３年度も日本知的障害者福祉協会会員事業所の悉皆調査として本調査を実施した。会員事業所4,478か所に調査票を送付し，事業所単位の【調査票Ａ】は3,397か所（回収率75.9％），事業利用単位の【調査票Ｂ】は3,415か所（回収率75.6％）から回答をいただくことができた。

　前年度に続き，今年度もコロナ禍の中での調査実施であったが，前年度，新型コロナウイルスの影響と考えられる傾向がみられたことから，調査項目については変更をせず動向を追っている。特に短期入所事業においては，前年度同様，色濃く影響が表れており，利用実績が前々年度に比して半減する状況が続いている。また，１事業所当たりの利用実人数も半減し，一回当たりの利用泊数が増加傾向にあることから，入所施設内における感染拡大を防止するための対応を取られている事業所が多いと推察される。次年度においても，この傾向は続くと推測されるため，短期入所以外への影響も含めて，引き続き動向を追っていきたい。

　本調査は，日本の知的障害福祉の実態を把握する上で重要な意味を持つ経年的悉皆調査であるが，今年度もコロナ禍の中という大変な時期での調査であり，ご協力いただいた会員の皆様には深く感謝をしている。本調査から得たデータは，制度改革や報酬改定に対して要望を行う際のエビデンスとなるため，今後も引き続き会員の皆様にご理解とご協力をお願いしたい。

調査・研究委員会　委員長　梶　浦　英　与

調査票提出状況

【事業所単位A】

施設・事業所の種類	送付数	提出数	回収率(％)
障 害 児 入 所 施 設	229	170	74.2
児童発達支援センター	175	129	73.7
日 中 活 動 事 業 所	2,466	1,822	73.9
障 害 者 支 援 施 設	1,608	1,276	79.4
計	4,478	3,397	75.9

＊日中活動事業所とは，療養介護・生活介護・自立訓練（生活訓練・機能訓練）・自立訓練（宿泊型）・就労移行支援・就労継続支援Ａ型・就労継続支援Ｂ型を日中に実施する事業所。（多機能型も含む）

＊障害者支援施設は上記事業に併せて施設入所支援を実施する事業所。ただし自立訓練（宿泊型）を除く。

【事業単位B】

施設・事業種別			施設数	提出数	回収率（％）
児童福祉法及び障害者総合支援法	児童	障害児入所施設	229	172	75.1
		児童発達支援センター	175	131	74.9
		計	404	303	75.0
	単独型	療 養 介 護	0	(1)	－
		生 活 介 護	2,255	1,782	79.0
		自 立 訓 練	17	14	82.4
		就 労 移 行 支 援	14	9	64.3
		就労継続支援A型	37	24	64.9
		就労継続支援B型	470	336	71.5
	多機能型事業所		1,321	947	71.7
	計		4,114	3,112	75.6
	（うち施設入所支援）		1,608	1,281	79.7
事業数			4,518	3,415	75.6

左記事業に付帯して行っている事業

自立生活援助	就労定着支援	居宅訪問型児童発達支援
－	－	
－	－	5
－	－	5
－	－	
1	6	
－	7	
－	51	
－	4	
－	25	
－	－	－
1	93	5
	－	
1	93	5

多機能型事業所の内訳	生 活 介 護	1,058	746	70.5
	自 立 訓 練	161	107	66.5
	就 労 移 行 支 援	386	248	64.2
	就労継続支援A型	81	45	55.6
	就労継続支援B型	1,218	864	70.9

※障害児入所並びに障害者支援施設の中には，併設型施設を含む。
※自立訓練の中には機能訓練・生活訓練・生活訓練（宿泊型）を含む。
※財団法人運営施設を含む。

Ⅱ　調査結果Ａ（令和３年度）

［１］定員

　表１は，定員規模別事業所数を示したものである。

　定員規模別事業所数をみると，定員30人未満の事業所は691か所（20.3％），30～49人の事業所は1,367か所（40.2％），50～99人の事業所は1,218か所（35.9％），100～199人の事業所は111か所（3.3％）であった。19人以下の事業所は２％未満，150人以上の事業所は１％未満と少なかった。

　また，障害児入所施設では，30～39人の事業所が50か所（29.4％）と最も多く，児童発達支援センターでも，30～39人の事業所が57か所（44.2％）と最も多かった。日中活動事業所では，20～29人，30～39人，40～49人の事業所が20～31％と比較的高かった。障害者支援施設（日中）では，60～99人の事業所が518か所（40.6％）と最も多く，次いで50～59人の事業所が286か所（22.4％）であった。障害者支援施設（夜間）では，50～59人の事業所が356か所（27.9％）と最も多く，次に40～49人の事業所が334か所（26.2％），60～99人の事業所が318か所（24.9％）と多かった。

　定員規模別事業所数に関しては前年度と大きな変動はなかった。

表１　定員規模別事業所数

（事業所数・下段は％）

	～ 9 人	10～19人	20～29人	30～39人	40～49人	50～59人	60～99人	100～149人	150～199人	200人～	計
障害児入所施設	1	22	36	50	31	12	14	3		1	170
	0.6	12.9	21.2	29.4	18.2	7.1	8.2	1.8		0.6	100
児童発達支援センター		9	17	57	26	12	7	1			129
		7.0	13.2	44.2	20.2	9.3	5.4	0.8			100
日中活動事業所	1	19	569	367	488	153	216	7	1	1	1,822
	0.1	1.0	31.2	20.1	26.8	8.4	11.9	0.4	0.1	0.1	100
障害者支援施設（日中）		3	14	92	256	286	518	87	12	8	1,276
		0.2	1.1	7.2	20.1	22.4	40.6	6.8	0.9	0.6	100
障害者支援施設（夜間）		5	13	179	334	356	318	58	5	8	1,276
		0.4	1.0	14.0	26.2	27.9	24.9	4.5	0.4	0.6	100
事業所数（※１）	2	53	636	566	801	463	755	98	13	10	3,397
	0.1	1.6	18.7	16.7	23.6	13.6	22.2	2.9	0.4	0.3	100

（※１）事業所数は障害児入所施設と児童発達支援センターと日中活動支援事業所と障害者支援施設（日中）の合計

［２］現員

　表２は，現員規模別事業所数を示したものである。

　現員規模別事業所数をみると，現員30人未満の事業所は775か所（22.8％），30～49人の事業所は1,276か所（37.6％），50～99人の事業所は1,125か所（33.1％），100～199人の事業所は78か所（2.3％）であった。現員19人以下の事業所は263か所（7.7％）と定員規模別事業所数（55か所1.6％）に比べて多かった。一方，150人以上の事業所は13か所（0.4％）と定員規模別事業所数（23か所0.7％）と同様に少なかった。

障害児入所施設では20～29人の事業所が50か所（29.4％），児童発達支援センターでは30～39人の事業所が39か所（30.2％）で最も多かった。日中活動事業所では20～29人，30～39人の事業所が各々403か所（22.1％），426か所（23.4％）と多かった。

　障害者支援施設（日中）では，60～99人の事業所が414か所（32.4％）と最も多く，次いで50～59人の事業所が291か所（22.8％）と多かった。障害者支援施設（夜間）では，40～49人の事業所が359か所（28.1％）と最も多く，次いで，60～99人，50～59人の事業所が各々268か所（21.0％），267か所（20.9％）と多かった。

　さらに，定員と現員の分布を比較してみると，障害児入所施設では現員30～39人の階層から上のすべての階層で定員に比べ現員が減っており，障害者支援施設（夜間）においても現員50～59人の階層以上で同じ傾向がみられている。換言すると，障害児入所施設の定員30人以上の事業所は111か所に対し現員分布では54か所に減っており，障害者支援施設（夜間）でも定員50人以上が745か所に対して現員では577か所に減っていた。これらのことから，多くの入所系の施設が定員割れを起こしながら運営していることがわかる。なお，このような傾向は，前年度においても同様であった。

表2　現員規模別事業所数　　　　　　　　　　　　　　　　　　　　　　　　（事業所数・下段は％）

	～9人	10～19人	20～29人	30～39人	40～49人	50～59人	60～99人	100～149人	150～199人	200人～	無回答	計
障害児入所施設	22	37	50	28	15	7	4				7	170
	12.9	21.8	29.4	16.5	8.8	4.1	2.4				4.1	100
児童発達支援センター	1	6	22	39	24	12	15	1			9	129
	0.8	4.7	17.1	30.2	18.6	9.3	11.6	0.8			7.0	100
日中活動事業所	15	171	403	426	324	180	202	4	2		95	1,822
	0.8	9.4	22.1	23.4	17.8	9.9	11.1	0.2	0.1		5.2	100
障害者支援施設（日中）	2	9	37	146	274	291	414	67	4	7	25	1,276
	0.2	0.7	2.9	11.4	21.5	22.8	32.4	5.3	0.3	0.5	2.0	100
障害者支援施設（夜間）	1	11	56	249	359	267	268	33	4	5	23	1,276
	0.1	0.9	4.4	19.5	28.1	20.9	21.0	2.6	0.3	0.4	1.8	100
事業所数	40	223	512	639	637	490	635	72	6	7	136	3,397
	1.2	6.6	15.1	18.8	18.8	14.4	18.7	2.1	0.2	0.2	4.0	100

［3］事業所設置年

　表3は，設置年代別事業所数を示したものである。

　障害児入所施設は，1961年～1970年に82か所（48.2％）と最も多く設置され，次いで1951年～1960年に38か所（22.4％）設置されている。児童発達支援センターは，1971年～1980年に37か所（28.7％）と最も多く，次いで2011年以降にも27か所（20.9％）設置されている。日中活動事業所は，2001年～2010年に663か所（36.4％），次いで2011年以降に427か所（23.4％）設置されており，1991年～2000年にも392か所（21.5％）設置されている。障害者支援施設は，1971年～1980年に285か所（22.3％），1981年～1990年に330か所（25.9％），1991年～2000年に349か所（27.4％）と多く設置されている。

　障害児入所施設についてはその多く（75.9％）が1970年以前に設置されており，障害者支援施設は1971年から2000年の間に75.5％が設置されていることがみてとれる。

表3　設置年代別事業所数

（事業所数・下段は％）

	～1950年	1951～1960年	1961～1970年	1971～1980年	1981～1990年	1991～2000年	2001～2010年	2011年～	計
障害児入所施設	9	38	82	21	2	7	2	9	170
	5.3	22.4	48.2	12.4	1.2	4.1	1.2	5.3	100
児童発達支援センター		7	20	37	8	11	19	27	129
		5.4	15.5	28.7	6.2	8.5	14.7	20.9	100
日中活動事業所		2	20	80	238	392	663	427	1,822
		0.1	1.1	4.4	13.1	21.5	36.4	23.4	100
障害者支援施設	5	19	125	285	330	349	127	36	1,276
	0.4	1.5	9.8	22.3	25.9	27.4	10.0	2.8	100
計	14	66	247	423	578	759	811	499	3,397
	0.4	1.9	7.3	12.5	17.0	22.3	23.9	14.7	100

［4］利用率

　表4は，令和2年度1年間の利用率を示したものである。

　全体的にみると，利用率90％以上の事業所が48.2％と約半数を占めていた。

　事業所種別毎の利用率をみると，障害児入所施設では利用率90％以上が27.6％と全体の利用率90％以上の割合に比して低かったのに対して，利用率50％未満が13.5％と他の事業所種別と比べると高かった。児童発達支援センターの利用率は，90～100％未満と100％超がともに16.3％とこの事業の中では最も高く，おおよそ6か所に1か所は年間利用率が100％を超えていたことになる。日中活動事業所では，80～90％未満の事業所が24.4％，90～100％未満の事業所が23.4％と高く，利用率100％超の事業所も14.9％と比較的高かった。障害者支援施設（日中）の利用率は，90～100％未満の事業所が48.1％と約半数を占めており，利用率100％超の事業所も14.1％と比較的高かった。障害者支援施設（夜間）の利用率は，90～100％未満が66.6％と突出して高く，利用率80％未満の事業所は5％に満たなかった。

　利用率が90％未満の事業所の割合は，障害児入所施設が60％，児童発達支援センターが51.9％，日中活動事業所が48.7％，障害者支援施設（日中）が28.4％，障害者支援施設（夜間）が14.7％であった。

表4　利用率（令和2年度）

（事業所数・下段は％）

	～50％未満	50～60％未満	60～70％未満	70～80％未満	80～90％未満	90～100％未満	100％	100％超	無回答	計
障害児入所施設	23	17	11	18	33	37	7	3	21	170
	13.5	10.0	6.5	10.6	19.4	21.8	4.1	1.8	12.4	100
児童発達支援センター	6	11	13	20	17	21		21	20	129
	4.7	8.5	10.1	15.5	13.2	16.3		16.3	15.5	100
日中活動事業所	46	42	110	245	444	426	17	271	221	1,822
	2.5	2.3	6.0	13.4	24.4	23.4	0.9	14.9	12.1	100
障害者支援施設（日中）	17	13	44	76	213	614	41	180	78	1,276
	1.3	1.0	3.4	6.0	16.7	48.1	3.2	14.1	6.1	100
障害者支援施設（夜間）	19	2	8	31	127	850	70	94	75	1,276
	1.5	0.2	0.6	2.4	10.0	66.6	5.5	7.4	5.9	100
事業所数	92	83	178	359	707	1,098	65	475	340	3,397
	2.7	2.4	5.2	10.6	20.8	32.3	1.9	14.0	10.0	100

[5] 年間総開所日数と1日あたりの開所時間

　表5は，令和2年度の児童発達支援センターと日中活動事業所の総開所日数を示したものである。

　全体をみると，251～275日開所している事業所が53.4％と約半数を占め，226～250日開所している事業所が31.6％と，226～275日開所している事業所が全体の8割を超えている。

　児童発達支援センターは，226～250日開所している事業所が55.8％と最も多く，次いで，251～275日が20.9％であった。日中活動事業所では，251～275日開所している事業所が55.7％と最も多く，次いで，226～250日が29.9％であった。

　表6は，令和2年度の1日あたりの平均開所時間を示したものである。

　全体的には，平均開所時間6～7時間未満が45.7％と多く，次いで，7～8時間未満が31.7％であった。開所時間が4時間未満の事業所は0.3％，8時間以上は10.0％とそれぞれ少なかった。

　児童発達支援センターでは，6～7時間未満が36.4％と多く，5～6時間未満が20.9％，4～5時間未満が18.6％で比較的多かった。開所時間が4時間未満の事業所は1か所（0.8％），8時間以上の事業所は15.5％であった。

　日中活動事業所では，6～7時間未満が46.3％と最も多く，次いで，7～8時間未満が33.5％であった。開所時間が4時間未満の事業所は0.2％，8時間以上の事業所は9.7％であった。

　児童発達支援センターに比べて，日中活動事業所の方が1日あたりの平均開所時間が長めであることがわかる。

表5　令和2年度の総開所日数
（事業所数・下段は％）

	～200日	201～225日	226～250日	251～275日	276～300日	301～325日	326日以上	無回答	計
児童発達支援センター	6	7	72	27	15			2	129
	4.7	5.4	55.8	20.9	11.6			1.6	100
日中活動事業所	14	5	544	1,014	104	55	48	38	1,822
	0.8	0.3	29.9	55.7	5.7	3.0	2.6	2.1	100
計	20	12	616	1,041	119	55	48	40	1,951
	1.0	0.6	31.6	53.4	6.1	2.8	2.5	2.1	100

表6　令和2年度の1日あたりの平均開所時間
（事業所数・下段は％）

	～2時間未満	2～4時間未満	4～5時間未満	5～6時間未満	6～7時間未満	7～8時間未満	8～10時間未満	10～12時間未満	12時間超	無回答	計
児童発達支援センター		1	24	27	47	9	17	3		1	129
		0.8	18.6	20.9	36.4	7.0	13.2	2.3		0.8	100
日中活動事業所		4	20	130	844	610	150	3	23	38	1,822
		0.2	1.1	7.1	46.3	33.5	8.2	0.2	1.3	2.1	100
計		5	44	157	891	619	167	6	23	39	1,951
		0.3	2.3	8.0	45.7	31.7	8.6	0.3	1.2	2.0	100

［6］職員の数と構成

　表7－1は，障害児入所施設の職種と常勤人数・非常勤人数を示したものである。

　障害児入所施設の直接支援職員について，各職種別に常勤専従・非常勤の割合をみると，保育士では，常勤専従が924人83.5％（前年度79.5％），非常勤が74人6.7％（前年度7.1％）であった。生活支援員・児童指導員では，常勤専従が1,270人74.4％（前年度75.3％），非常勤が220人12.9％（前年度11.5％）であった。看護師・保健師は，常勤専従が244人67.0％（前年度67.7％），非常勤が56人15.4％（前年度12.7％）であり，他の職種に比べて看護師・保健師の常勤専従の割合がやや低いことがわかる。また，直接支援職員に関して，常勤専従における各職種の割合をみると，保育士が35.7％（前年度32.3％），生活支援員・児童指導員が49.0％（前年度49.8％），看護師・保健師が9.4％（前年度11.1％）であった。

　次に，常勤兼務についてみると，換算数を実人数で割り戻した一人当たりの平均は，保育士0.98人（前年度0.79人），生活支援員・児童指導員0.68人（前年度0.67人）であるのに対し，看護師・保健師0.28人（前年度0.32人），その他専門職0.16人（前年度0.19人）と低くなっており，法人内で他の事業所と兼務をしている状況があると推測される。また，この二職種においては，他の事業所種別と比べても低い値を示している。

表7－1　障害児入所施設

職種名		常勤専従	常勤兼務	常勤兼務の換算数	非常勤	非常勤兼務の換算数	計	常勤換算後の計
①施設長・管理者		84	84	51.2	2	0.2	170	135.4
②サービス管理責任者・児童発達支援管理責任者		175	23	18.7	0		198	193.7
③保育士	直接支援職員	924	109	106.9	74	48.4	1,107	1,079.3
④生活支援員・児童指導員		1,270	217	146.8	220	123.6	1,707	1,540.4
⑤職業指導員・就労支援員		64	5	7.4	3	2.2	72	73.6
⑥看護師（准看護師を含む）・保健師		244	64	18.2	56	34.2	364	296.4
⑦その他（OT（作業療法士），ST（言語聴覚士），PT（理学療法士），心理担当職員等）		89	44	7.1	27	10.6	160	106.7
直接支援職員小計		2,591	439	286.4	380	219.0	3,410	3,096.4
⑧医師		13	16	4.0	63	5.5	92	22.5
⑨管理栄養士		48	23	10.7	3	1.7	74	60.4
⑩栄養士		38	24	11.8	4	2.2	66	52.0
⑪調理員		161	51	26.7	142	73.3	354	261.0
⑫送迎運転手		10	7	4.0	18	9.2	35	23.2
⑬事務員		197	94	42.1	55	30.2	346	269.3
⑭その他職種		76	38	17.1	189	86.5	303	179.6
合　計		3,393	799	472.7	856	427.8	5,048	4,293.5

表7－2は，児童発達支援センターの職種と常勤人数・非常勤人数を示したものである。

児童発達支援センターの直接支援職員について，各職種別に常勤専従・非常勤の割合をみると，保育士では，常勤専従が867人63.1％（前年度59.0％），非常勤が432人31.4％（前年度35.6％）であった。また，生活支援員・児童指導員では，常勤専従が364人65.9％（前年度63.2％），非常勤が142人25.7％（前年度28.0％）であり，保育士とともに常勤専従の割合が増加，非常勤の割合が減少している。看護師・保健師においては，常勤専従が28人32.6％（前年度35.6％），非常勤が49人57.0％（前年度58.9％）であった。前年度に引き続き，他の職種に比べて看護師・保健師の常勤専従の割合が低くなっており，障害児入所施設に比べると35ポイント程度少ないことがわかる。また，直接支援職員に関して，常勤専従における各職種の割合をみると，保育士が64.1％（前年度63.5％），生活支援員・児童指導員が26.9％（前年度29.5％），看護師・保健師が2.1％（前年度2.1％）であった。

表7－2　児童発達支援センター

職種名		常勤専従	常勤兼務	常勤兼務の換算数	非常勤	非常勤兼務の換算数	計	常勤換算後の計
①施設長・管理者		63	68	32.0	0		131	95.0
②サービス管理責任者・児童発達支援管理責任者		122	29	16.7	1	0.8	152	139.5
③保育士	直接支援職員	867	76	40.2	432	239.7	1,375	1,146.9
④生活支援員・児童指導員		364	46	26.4	142	80.3	552	470.7
⑤職業指導員・就労支援員		1	0		0		1	1.0
⑥看護師（准看護師を含む）・保健師		28	9	4.8	49	22.2	86	55.0
⑦その他（ＯＴ（作業療法士），ＳＴ（言語聴覚士），ＰＴ（理学療法士），心理担当職員等）		92	66	24.7	95	27.6	253	144.3
直接支援職員小計		1,352	197	96.1	718	369.8	2,267	1,817.9
⑧医師		1	9	1.3	11	1.7	21	4.0
⑨管理栄養士		21	14	4.2	6	1.4	41	26.6
⑩栄養士		30	10	3.9	10	5.4	50	39.3
⑪調理員		39	17	6.3	116	63.1	172	108.4
⑫送迎運転手		26	11	5.7	75	34.2	112	65.9
⑬事務員		66	41	16.7	34	18.1	141	100.8
⑭その他職種		35	12	6.6	88	38.2	135	79.8
合　計		1,755	408	189.5	1,059	532.7	3,222	2,477.2

表7－3は，日中活動事業所の職種と常勤人数・非常勤人数を示したものである。

日中活動事業所の直接支援職員について，各職種別に常勤専従・非常勤の割合をみると，生活支援員・児童指導員では，常勤専従が9,713人51.7％（前年度51.1％），非常勤が6,485人34.5％（前年度35.1％）であった。職業指導員・就労支援員では，常勤専従が2,538人55.4％（前年度56.1％），非常勤が1,572人34.3％（前年度33.1％）であった。看護師・保健師は，常勤専従が435人27.2％（前年度26.8％），非常勤が943人59.0％（前年度60.3％）であった。日中活動事業所では，看護師・保健師の常勤専従の割合は年々微増傾向にあるものの，児童発達支援センターよりも，さらに低いことがわかる。また，直接支援職員に関して，常勤専従における各職種の割合をみると，生活支援員・児童指導員が75.1％（前年度74.9％），職業指導員・就労支援員が19.6％（前年度20.0％），看護師・保健師が3.4％（前年度3.4％）であった。

表7－3　日中活動事業所

職種名		常勤専従	常勤兼務	常勤兼務の換算数	非常勤	非常勤兼務の換算数	計	常勤換算後の計
①施設長・管理者		652	1,150	533.3	41	21.2	1,843	1,206.5
②サービス管理責任者・児童発達支援管理責任者		1,330	685	439.9	33	18.3	2,048	1,788.2
③保育士	直接支援職員	109	31	22.8	78	42.1	218	173.9
④生活支援員・児童指導員		9,713	2,585	2,039.3	6,485	3,666.9	18,783	15,419.2
⑤職業指導員・就労支援員		2,538	473	354.0	1,572	868.4	4,583	3,760.4
⑥看護師（准看護師を含む）・保健師		435	219	94.9	943	319.8	1,597	849.7
⑦その他（ＯＴ（作業療法士），ＳＴ（言語聴覚士），ＰＴ（理学療法士），心理担当職員等）		133	34	15.0	177	49.0	344	197.0
直接支援職員小計		12,928	3,342	2,526.0	9,255	4,946.2	25,525	20,400.2
⑧医師		2	21	3.0	112	10.6	135	15.6
⑨管理栄養士		40	59	25.5	25	12.0	124	77.5
⑩栄養士		77	91	36.0	56	21.6	224	134.6
⑪調理員		153	202	79.2	889	372.5	1,244	604.7
⑫送迎運転手		41	45	11.3	944	323.3	1,030	375.6
⑬事務員		555	553	243.6	319	168.7	1,427	967.3
⑭その他職種		460	119	58.1	443	177.4	1,022	695.5
合　計		16,238	6,267	3,955.9	12,117	6,071.8	34,622	26,265.7

　表7－4は，障害者支援施設の職種と常勤人数・非常勤人数を示したものである。

　障害者支援施設の直接支援職員に関して，各職種別に常勤専従・非常勤の割合をみると，生活支援員・児童指導員では，常勤専従が27,627人68.0％（前年度67.8％），非常勤が7,750人19.1％（前年度19.0％）であった。職業指導員・就労支援員では，常勤専従が383人58.7％（前年度63.2％），非常勤が159人24.3％（前年度24.8％）であった。看護師・保健師は，常勤専従が1,616人65.8％（前年度64.7％），非常勤が441人18.0％（前年度19.7％）であった。障害者支援施設では，看護師・保健師の常勤専従の割合が障害児入所施設と同程度で，児童発達支援センターや日中活動事業所に比べて高いことがわかる。また，直接支援職員に関して，常勤専従における各職種の割合をみると，生活支援員・児童指導員が92.1％（前年度92.0％），職業指導員・就労支援員が1.3％（前年度1.5％），看護師・保健師が5.4％（前年度5.4％）であり，生活支援員・児童指導員の常勤専従者に占める割合が突出して高いことがわかる。

　以上，表7－1から表7－4の直接支援職員小計より，常勤専従者の割合を事業所種別でみると，障害児入所施設が76.0％（前年度75.3％），児童発達支援センターが59.6％（前年度56.8％），日中活動事業所が50.6％（前年度50.4％），障害者支援施設が67.6％（前年度67.4％）であり，入所系の事業所の方が通所系のそれよりも常勤専従者の割合が高いことがわかる。

表７－４　障害者支援施設

職種名		常勤専従	常勤兼務	常勤兼務の換算数	非常勤	非常勤兼務の換算数	計	常勤換算後の計
①施設長・管理者		709	614	365.4	19	10.3	1,342	1,084.7
②サービス管理責任者・児童発達支援管理責任者		1,459	610	376.9	17	13.6	2,086	1,849.5
③保育士	直接支援職員	281	32	13.5	42	31.8	355	326.3
④生活支援員・児童指導員		27,627	5,270	4,558.2	7,750	4,463.2	40,647	36,648.4
⑤職業指導員・就労支援員		383	111	63.5	159	102.4	653	548.9
⑥看護師（准看護師を含む）・保健師		1,616	399	304.1	441	225.8	2,456	2,145.9
⑦その他（ＯＴ（作業療法士），ＳＴ（言語聴覚士），ＰＴ（理学療法士），心理担当職員等）		81	58	32.2	90	19.8	229	133.0
直接支援職員小計		29,988	5,870	4,971.5	8,482	4,843.0	44,340	39,802.5
⑧医師		8	14	1.6	184	23.2	206	32.8
⑨管理栄養士		578	102	79.9	18	9.2	698	667.1
⑩栄養士		541	116	84.0	40	17.0	697	642.0
⑪調理員		1,875	322	246.8	827	462.1	3,024	2,583.9
⑫送迎運転手		46	16	7.4	181	63.2	243	116.6
⑬事務員		1,898	698	426.6	393	226.8	2,989	2,551.4
⑭その他職種		338	98	57.0	807	387.3	1,243	782.3
合　計		37,440	8,460	6,617.1	10,968	6,055.7	56,868	50,112.8

表７－５は，事業所種別毎に直接支援職員の配置義務員数と実際の配置状況を示したものである。

まず，常勤専従者に注目してみると，障害児入所施設が129％（前年度150％），児童発達支援センターが107％（前年度100％），障害者支援施設が104％（前年度102％）で，常勤専従者のみでその配置義務員数を満たしている。しかし，日中活動事業所は82％（前年度80％）であり，常勤兼務職員や非常勤職員を加えて必要な配置義務員数を満たしていることがわかる。

次に，事業所種別毎に常勤換算後の計と配置義務員数とを比較してみると，障害児入所施設は154％（前年度176％），児童発達支援センターは142％（前年度138％），日中活動事業所は131％（前年度129％），障害者支援施設は139％（前年度135％）となっており，どの事業所種別も配置義務員数を大きく超えて運営されていることがわかる。

表７－５　直接支援職員の状況（配置義務員数に回答のあった施設のみ集計）

直接支援職員	有効回答事業所実数（A）	指定基準上の配置義務員数（B）	1施設あたりの配置義務員数(B)／(A)	常勤専従(C)	常勤専従の配置率(C)／(B)	常勤兼務	常勤兼務の換算数	非常勤	非常勤兼務の換算数	常勤換算後の計(D)	常勤換算後の配置率(D)／(B)
障害児入所施設	108	1,228	11.4	1,579	129%	331	187.2	234	128.6	1,894.8	154%
児童発達支援センター	87	853	9.8	913	107%	146	73.7	442	229.3	1,216.0	142%
日中活動事業所	1,104	9,645	8.7	7,876	82%	2,153	1,611.5	5,809	3,187.1	12,674.6	131%
障害者支援施設	770	17,031	22.1	17,670	104%	3,607	3,066.2	4,965	2,960.8	23,697.0	139%

[7] 職員の年齢・性別並びに勤務年数

表8は，職員の年齢と性別毎に正規・非正規の割合を示したものである。

正規職員の割合は，男性が76.2%（前年度76.3%）に対して，女性は59.2%（前年度59.1%）と低く，男女合計は66.1%（前年度66.1%）で，前年度と同じ割合であった。

階層別にみると，非正規化が進んだのは男性の20歳未満の階層29.9%（前年度27.8%）と20代の階層10.7%（前年度10.5%）であり，加えて，前年度より設けた70歳以上の階層については性別に関係なく非正規化がうかがえるが，それ以外のほとんどの階層においては正規職員の割合が上がっていた。年代別では，男性は正規の割合が20代から40代までは90%前後，50代でも82.1%が正規職員であるのに対し，女性は20代の87.2%（前年度86.6%）をピークに30代で71.3%，40〜50代では60%前後にまで下がっている。また，60歳を境に男女とも正規と非正規の割合が逆転しているのは，やはり60歳で定年退職し，期限付き再任用による非正規化が一因と推察される。

表9は，同一法人内での勤務年数毎に正規職員・非正規職員の割合を示したものである。

男女ともに勤務年数が短いほど非正規職員の割合が高く，1年以内に雇われた職員においては，前々年度50.7%，前年度48.2%，今年度47.6%と微減傾向にはあるものの，全体の約半数が非正規職員となっている。また，その傾向は女性に顕著で，1年未満，3年未満，5年未満ともに5割前後（51.1%，47.0%，46.4%）が非正規職員であった。

表8　年齢と性別

(人・下段は%)

		20歳未満	20代	30代	40代	50代	60〜64歳	65〜69歳	70歳以上	計
男性	正規	101	5,183	8,581	8,384	5,649	1,626	588	280	30,392
		70.1	89.3	93.3	90.7	82.1	45.3	20.5	12.9	76.2
	非正規	43	622	620	862	1,229	1,961	2,275	1,889	9,501
		29.9	10.7	6.7	9.3	17.9	54.7	79.5	87.1	23.8
女性	正規	176	7,579	6,985	9,108	8,054	1,789	400	163	34,254
		69.3	87.2	71.3	61.6	57.2	32.4	13.9	8.8	59.2
	非正規	78	1,115	2,815	5,676	6,033	3,737	2,485	1,685	23,624
		30.7	12.8	28.7	38.4	42.8	67.6	86.1	91.2	40.8
計	正規	277	12,762	15,566	17,492	13,703	3,415	988	443	64,646
		69.6	88.0	81.9	72.8	65.4	37.5	17.2	11.0	66.1
	非正規	121	1,737	3,435	6,538	7,262	5,698	4,760	3,574	33,125
		30.4	12.0	18.1	27.2	34.6	62.5	82.8	89.0	33.9

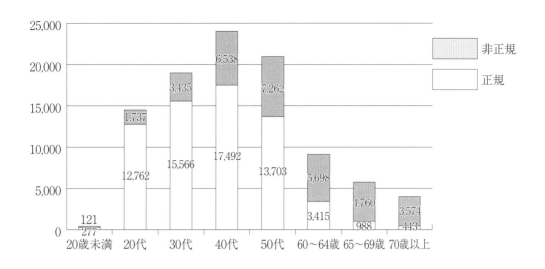

表9　同一法人内での勤務年数

(人・下段は%)

		1年未満	3年未満	5年未満	10年未満	20年未満	20年以上	計
男性	正規	2,042	4,060	3,749	7,379	7,340	5,446	30,016
		58.2	65.5	69.6	76.2	86.0	89.6	76.2
	非正規	1,464	2,140	1,640	2,303	1,197	629	9,373
		41.8	34.5	30.4	23.8	14.0	10.4	23.8
女性	正規	2,920	5,660	4,569	8,459	7,591	4,648	33,847
		48.9	53.0	53.6	58.8	64.6	80.1	59.2
	非正規	3,046	5,028	3,952	5,939	4,159	1,155	23,279
		51.1	47.0	46.4	41.2	35.4	19.9	40.8
計	正規	4,962	9,720	8,318	15,838	14,931	10,094	63,863
		52.4	57.6	59.8	65.8	73.6	85.0	66.2
	非正規	4,510	7,168	5,592	8,242	5,356	1,784	32,652
		47.6	42.4	40.2	34.2	26.4	15.0	33.8

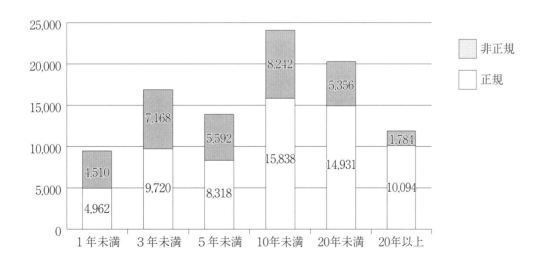

[8] 夜間職員の勤務状況

　表10は，障害児入所施設及び障害者支援施設の夜間職員の勤務形態を示したものである。

　夜間職員の勤務形態についてみると，「夜勤体制のみ」は障害児入所施設が90か所54.5％（前年度56.5％），障害者支援施設が1,016か所80.3％（前年度78.6％）と，障害児入所施設の方がその割合は低かった。一方，「夜勤体制と宿直体制併用」では障害児入所施設で75か所45.5％（前年度43.5％），障害者支援施設は249か所19.7％（前年度21.4％）となっており，障害者支援施設においては，「夜勤体制と宿直体制併用」が減少傾向を示している。

　また，1夜あたりの1事業所における平均職員数は，障害児入所施設で2.4人（前年度2.7人），障害者支援施設では3.0人（前年度3.0人）となっており，1人の夜間勤務職員がみる利用者の平均人数は，障害児入所施設で12.1人（前年度10.8人），障害者支援施設で16.4人（前年度17.1人）となっている。

表10　夜間職員の勤務形態

		障害児入所施設	障害者支援施設	計
夜勤体制のみ	事業所数	90	1,016	1,106
	割合	54.5%	80.3%	77.3%
	夜間職員総数（※1）	198	2,946	3,144
	1事業所平均職員数（※2）	2.2	2.9	2.8
	1人の夜間職員がみる利用者の平均人数（※3）	13.4	16.7	16.5
夜勤体制と宿直体制併用	事業所数	75	249	324
	割合	45.5%	19.7%	22.7%
	夜間職員総数	205	894	1,099
	うち夜勤	85	571	656
	うち宿直	120	323	443
	不明・無回答	0	0	0
	1事業所平均職員数	2.7	3.6	3.4
	1人の夜間職員がみる利用者の平均人数	10.8	15.3	16.5
全体（無回答除く）	事業所数	165	1,265	1,430
	割合	100%	100%	100%
	夜間職員総数	403	3,840	4,243
	1事業所平均職員数	2.4	3.0	3.0
	1人の夜間職員がみる利用者の平均人数	12.1	16.4	16.0

（※1）夜間職員総数は，各事業所の1日あたりの勤務人数の合計
（※2）1事業所平均職員数は，夜間職員総数を事業所数で割り返したもの
（※3）1人の夜間職員がみる利用者の平均人数は，夜間の現員÷夜間職員総数

[9] 施設・事業所の建物の状況

　表11は，施設・事業所の建物の老朽化等による建て替えの必要性を示したものであり，3,397事業所から回答を得た。

　「建替えの必要あり」は，全体で667か所19.6％（前年度19.6％）と，およそ5か所中1か所が建て替えの必要ありと答えた。事業種別では，障害児入所施設で32か所18.8％（前年度19.3％，前々年度

22.7％），児童発達支援センターは21か所16.3％（前年度19.2％，前々年度20.7％），日中活動事業所は246か所13.5％（前年度12.8％），障害者支援施設は368か所28.8％（前年度29.3％）となっており，児童関係の事業種別において減少傾向がみられている。なお，「現在建て替え中」は全体で44か所1.3％（前年度42か所1.3％）であった。

　表12は，障害児入所施設及び障害者支援施設の居室の利用状況を示したものである。「個室利用」は全体で62.2％（前年度59.6％，前々年度56.8％）であり，事業所種別でみても障害児入所施設が69.0％（前年度63.5％，前々年度60.8％），障害者支援施設が61.8％（前年度59.3％，前々年度56.5％）と増加傾向にあることがわかる。「2人部屋利用」は全体で30.5％（障害児入所施設19.0％，障害者支援施設31.2％）となっており，「個室利用」と「2人部屋利用」を合わせた割合は90％を超えている。一方，「4人部屋利用」以上は1,683部屋3.3％であり，減少傾向にあるものの，未だ7千人弱の利用者がそこで暮らしていることになる。

表11　施設・事業所の建物の状況

（事業所数・下段は％）

	障害児入所施設	児童発達支援センター	日中活動事業所	障害者支援施設	計
老朽化等による建替えの必要あり	32	21	246	368	667
	18.8	16.3	13.5	28.8	19.6
建替えの必要なし	129	81	1,278	852	2,340
	75.9	62.8	70.1	66.8	68.9
現在建て替え中	4	1	13	26	44
	2.4	0.8	0.7	2.0	1.3
無回答	5	26	285	30	346
	2.9	20.2	15.6	2.4	10.2
計	170	129	1,822	1,276	3,397
	100	100	100	100	100

※建替えの必要ありと回答した642施設のうち，築年数30年以上が459施設，そのうち50年以上が36施設

表12　入所型施設の居室の状況

（部屋数・下段は％）

	障害児入所施設	障害者支援施設	計
個室利用	2,212	29,290	31,502
	69.0	61.8	62.2
2人部屋利用	608	14,807	15,415
	19.0	31.2	30.5
3人部屋利用	191	1,827	2,018
	6.0	3.9	4.0
4人部屋利用	164	1,432	1,596
	5.1	3.0	3.2
5人以上利用	33	54	87
	1.0	0.1	0.2
計	3,208	47,410	50,618
	100	100	100

[10] 主な加算・減算の状況

1．主な加算の取得状況

　表13は施設・事業所種別毎に主な加算・減算の状況を示したものである。事業所種別によって取得できる加算は異なるものの，概ね取得できている加算として福祉・介護職員処遇改善加算（Ⅰ～Ⅴ・特別）3,300か所97.1％（前年度98.2％）がある。また，福祉専門職員配置等加算（Ⅰ～Ⅲ）2,910か所85.7％（前年度84.1％），送迎加算1,514か所83.1％（前年度81.4％），食事提供体制加算1,445か所74.1％（前年度74.0％）となっている。その他前年度から集計を始めた特定処遇改善加算は，1,815か所（53.4％）で前年度（1,546か所47.1％）よりも6.3ポイント増加している。

　また，入所系事業所が取得できる重度障害者支援加算（Ⅱ）は793か所54.8％（前年度748か所53.3％）で微増，平成30年度より新設された生活介護事業（障害者支援施設が行う生活介護を除く）にて取得可能な重度障害者支援加算については，469か所25.7％（前年度357か所20.4％，前々年度273か所15.7％）で，年々5ポイント前後増加している。

表13　主な加算・減算の状況 　　　　　　　　　　　　　　　　　　　　　　　（事業所数・下段は％）

	障害児入所施設	児童発達支援センター	日中活動事業所	障害者支援施設	計
福祉・介護職員処遇改善加算（Ⅰ）	113	71	1,338	939	2,461
	66.5	55.0	73.4	73.6	72.4
福祉・介護職員処遇改善加算（Ⅱ）	13	4	140	116	273
	7.6	3.1	7.7	9.1	8.0
福祉・介護職員処遇改善加算（Ⅲ）	11	8	143	102	264
	6.5	6.2	7.8	8.0	7.8
福祉・介護職員処遇改善加算（Ⅳ）		1	2	7	10
		0.8	0.1	0.5	0.3
福祉・介護職員処遇改善加算（Ⅴ）	1		28	7	36
	0.6		1.5	0.5	1.1
福祉・介護職員処遇改善特別加算	10	7	132	107	256
	5.9	5.4	7.2	8.4	7.5
特定処遇改善加算	87	51	939	738	1,815
	51.2	39.5	51.5	57.8	53.4
福祉専門職員配置等加算（Ⅰ）	57	35	710	555	1,357
	33.5	27.1	39.0	43.5	39.9
福祉専門職員配置等加算（Ⅱ）	18	3	261	190	472
	10.6	2.3	14.3	14.9	13.9
福祉専門職員配置等加算（Ⅲ）	72	62	599	348	1,081
	42.4	48.1	32.9	27.3	31.8
夜勤職員配置体制加算				825	825
				64.7	64.7
重度障害者支援加算（Ⅰ）	72			121	193
	42.4			9.5	13.3
重度障害者支援加算（Ⅱ）	33			760	793
	19.4			59.6	54.8
人員配置体制加算			557	922	1,479
			30.6	72.3	47.7
1 対 1.7			260	516	776
1 対 2.0			111	229	340
1 対 2.5			186	188	374
重度障害者支援加算			469		469
			25.7		25.7
食事提供体制加算		119	1,326		1,445
		92.2	72.8		74.1
送迎加算			1,514		1,514
			83.1		83.1
延長支援加算		16	98		114
		12.4	5.4		5.8
開所時間減算		11	52		63
		8.5	2.9		3.2
事業所実数	170	129	1,822	1,276	3,397
	100	100	100	100	100

[11] 自法人での法人後見の実施状況

表14は事業所種別毎に自法人における法人後見（成年後見）の実施状況を示したものである。（本調査は事業所単位で回答を求めているものであるが，本設問では自法人での実施状況を問うているため，同一法人の複数事業所が重複して回答している場合がある。）

「実施している」と回答したのは135か所で，全体の4.0％であった。

表14　自法人での法人後見の実施状況　　　　　　　　　　　　　　　　　　　　（事業所数・下段は％）

	障害児入所施設	児童発達支援センター	日中活動事業所	障害者支援施設	計
実施している	8	9	64	54	135
	4.7	7.0	3.5	4.2	4.0
実施していない	159	110	1,725	1,212	3,206
	93.5	85.3	94.7	95.0	94.4
無回答	3	10	33	10	56
	1.8	7.8	1.8	0.8	1.6
計	170	129	1,822	1,276	3,397
	100	100	100	100	100

[12] 短期入所の状況

1．短期入所の実施状況

表15は障害児入所施設と障害者支援施設における短期入所事業（併設型・空床型）の実施状況である。回答のあった1,446か所（障害児入所施設170か所，障害者支援施設1,276か所）のうち，1,356か所93.8％（障害児入所施設90.6％，障害者支援施設94.2％）が短期入所事業を実施しており，入所系に対する短期入所のニーズの高さがうかがえる。

表15　短期入所の実施状況　　　　　　　　　　　　　　　　　　　　　　　　（事業所数・下段は％）

	実施している				実施していない	無回答	計
		併設型	空床利用型	無回答			
障害児入所施設	154	72	77	18	12	4	170
	90.6	46.8	50.0	11.7	7.1	2.4	100
障害者支援施設	1,202	833	281	177	49	25	1,276
	94.2	69.3	23.4	14.7	3.8	2.0	100
計	1,356	905	358	195	61	29	1,446
	93.8	66.7	26.4	14.4	4.2	2.0	100

表16は，障害児入所施設と障害者支援施設における短期入所事業の「併設型」を定員規模別に表したものである。

併設型は児・者合計で905か所と，短期入所を実施している1,356か所（表15）の66.7％にあたる。定員規模は，4人が251か所27.7％（前年度310か所30.6％）と最も多く，児・者別にみても4人を含む上位3項目は定員5人以下の規模であった。一方，定員10人以上は，児童入所で5か所6.9％（前年度8か所9.1％），障害者支援施設においては50か所6.0％（前年度72か所7.8％）であった。

表16　定員規模別併設型事業所数 (事業所数・下段は％)

	1人	2人	3人	4人	5人	6人	7人	8人	9人	10人	11〜15人	16人以上	無回答	計
障害児入所施設	1	13	9	15	9	5		2		5			13	72
	1.4	18.1	12.5	20.8	12.5	6.9		2.8		6.9			18.1	100
障害者支援施設	11	154	65	236	87	72	20	32	9	30	12	8	97	833
	1.3	18.5	7.8	28.3	10.4	8.6	2.4	3.8	1.1	3.6	1.4	1.0	11.6	100
事業所数	12	167	74	251	96	77	20	34	9	35	12	8	110	905
	1.3	18.5	8.2	27.7	10.6	8.5	2.2	3.8	1.0	3.9	1.3	0.9	12.2	100

　表17は令和3年4月〜令和3年6月までの3か月間における短期入所の利用実績（利用実人数と利用延べ件数及び利用延べ泊数から，1人あたりの平均利用件数と1事業所あたりの利用実人数）を児・者施設毎に整理したものである。全体では，3か月間に9,583人，32,004回（件）（前年度11,607人，27,081回（件））短期入所を利用していた。前々年度の20,704人，64,098回（件）と比較すると前年度と同様に半減しており，新型コロナウイルス感染拡大が大きく影響していることが推察される。また，その様な状況下，今年度の実人数は減っているものの利用件数は4,923回（件）前年度より増えており，各事業所で様々な工夫をしながらニーズに対応していることがうかがえる。

　利用延べ件数を利用実人数で割り返した1人あたりの平均利用回（件）数をみると，全体では3.3回（件）（前年度2.3回（件），前々年度3.1回（件）），障害者支援施設3.4回（件）（前年度2.3回（件），前々年度3.1回（件）），障害児入所施設3.1回（件）（前年度2.7回（件），前々年度2.7回（件））であり，一見新型コロナウイルス感染拡大前の水準に戻ったかのようにみえる。しかし，利用実人数9,583人を表15の短期入所実施事業所数1,356か所で割り返し，1事業所あたりの短期入所利用実人数の平均を出すと，全体では7.1人（前年度8.9人，前々年度15.3人）で，障害者支援施設7.1人（前年度9.2人，前々年度15.4人），障害児入所施設7.1人（前年度7.1人，前々年度15.1人）となっており，未だ新型コロナウイルスの影響を色濃く受けていることがうかがえる。

表17　利用実績（令和3年4月〜令和3年6月までの3か月間）

	利用実人数	利用件数（延べ）	うち緊急利用加算を取得した件数	利用泊数（延べ）	1人当たりの平均利用件数	1事業所当たりの利用実人数
障害児入所施設	1,091	3,396	39	10,786	3.1	7.1
	11.4	10.6	3.8	7.7		
障害者支援施設	8,492	28,608	987	129,705	3.4	7.1
	88.6	89.4	96.2	92.3		
計	9,583	32,004	1,026	140,491	3.3	7.1
	100	100	100	100		

表17－2　表17の利用件数（延べ）内訳

（利用件数・下段は％）

	1泊	2泊	3泊	4～6泊	7～13泊	14～28泊	29泊以上	不明	計
障害児入所施設	1,706	508	333	278	42	71	69	389	3,396
	50.2	15.0	9.8	8.2	1.2	2.1	2.0	11.5	100
障害者支援施設	13,299	5,910	2,309	2,361	835	646	2,212	1,036	28,608
	46.5	20.7	8.1	8.3	2.9	2.3	7.7	3.6	100
計	15,005	6,418	2,642	2,639	877	717	2,281	1,425	32,004
	46.9	20.1	8.3	8.2	2.7	2.2	7.1	4.5	100

　表17－2は上記3か月間における利用件数（延べ）の内訳（1回あたりの期間）を児・者施設毎に整理したものである。全体では，1位1泊46.9％，2位2泊20.1％となっており，1～2泊で全体の66.9％，6泊以内で全体の83.4％を占めた。また，29泊以上が2,281件7.1％（前年度1,933件7.1％，前々年度1,239件1.9％）と前々年度と比較すると著しく増えている。

　表18は調査基準日現在（令和3年6月1日）利用中の児・者の最長利用泊数を児・者施設毎に整理したものである。調査基準日現在，利用中の児・者は682人であったが，短期入所サービスの連続利用期間上限である30泊以上の利用は322人47.2％（前年度319人47.4％，前々年度262人30.3％），更に30年度から規制がかかった年間利用日数180日を超える180泊以上の利用も96人14.1％（前年度60人9.0％，前々年度62人7.2％）と増加傾向である。30泊以上が増えていることからも，新型コロナウイルス感染拡大が続く社会情勢下，在宅生活を送っている方々の様々なリスクが高まっていることが推察される。

表18　現在利用中（滞在中）の児者の最長泊数

（利用件数・下段は％）

	～7泊	8～14泊	15～19泊	20～29泊	30～59泊	60～89泊	90～179泊	180泊以上	計
障害児入所施設	44	4	3	6	4	3	5	2	71
	62.0	5.6	4.2	8.5	5.6	4.2	7.0	2.8	100
障害者支援施設	198	44	22	39	129	37	48	94	611
	32.4	7.2	3.6	6.4	21.1	6.1	7.9	15.4	100
計	242	48	25	45	133	40	53	96	682
	35.5	7.0	3.7	6.6	19.5	5.9	7.8	14.1	100

　表19は，3ヶ月間で最長支給期間の180泊以上連続で利用した児・者の理由（複数回答）をまとめたものである。576事業所から904件の回答を得たが，理由の1位は「障害者支援施設への入所待機のため」で250事業所478件（52.9％），2位が「グループホームへの入居待機のため」で59事業所84件（9.3％）であった。障害者支援施設，グループホーム，その他の福祉施設等への「入所入居待機」が理由の利用は，339事業所594件（65.7％）となっており，おそらくこの5割を超える入所入居待機群の中には，1年を超えて利用している人達も多くいると推察される。

　また，今年度は「家族の病気等のため」が59事業所65件で，前年度（102事業所140件），前々年度（118事業所151件）と比べると著しく減っている。反対に「地域での自立した生活をするための事前準備のため」が今年度97事業所134人で，前年度（17事業所28人），前々年度（25事業所39人）と比べると著しく増えていることが目立っているため，今後の経年変化を確認していきたい。

表19　年間180日以上利用した方の理由　　　　　　　　　　　　　　　　　　　　　　（下段は％）

			障害児入所施設	障害者支援施設	計
入所入居待機	障害者支援施設への入所待機のため	事業所数	12 38.7	238 43.7	250 43.4
		人数	30 45.5	448 53.5	478 52.9
	グループホームへの入居待機のため	事業所数		59 10.8	59 10.2
		人数		84 10.0	84 9.3
	その他福祉施設等への入所待機のため	事業所数	4 12.9	26 4.8	30 5.2
		人数	4 6.1	28 3.3	32 3.5
本人・家族等	本人の健康状態の維持管理のため	事業所数	2 6.5	5 0.9	7 1.2
		人数	2 3.0	6 0.7	8 0.9
	家族の病気等のため	事業所数	4 12.9	55 10.1	59 10.2
		人数	8 12.1	57 6.8	65 7.2
地域での自立した生活をするための事前準備のため		事業所数	3 9.7	94 17.2	97 16.8
		人数	10 15.2	124 14.8	134 14.8
その他		事業所数	6 19.4	68 12.5	74 12.8
		人数	12 18.2	91 10.9	103 11.4
計		事業所数	31	545	576
		人数	66	838	904

[13] 職員の資格取得・処遇の状況

1. 資格取得・処遇の状況

[職員の資格取得状況]

　表20は，職員の資格取得（所持）状況（重複計上）を施設・事業所種別毎に表したものである。施設・事業所種別によってその取得数の順位は異なるが，全体では1位介護福祉士24.5％（前年度23.8％，前々年度23.4％），2位保育士11.9％（前年度12.2％，前々年度12.6％），3位介護職員初任者研修修了9.5％（前年度9.7％，前々年度10.6％）で，4位に社会福祉士8.5％（前年度8.5％，前々年度8.3％）であった。保育士と介護職員初任者研修修了については年々微減しているものの，介護福祉士は年々微増している。

　障害児入所施設，児童発達支援センターでみると，1位保育士47.2％（前年度44.2％），2位介護福祉士12.1％（前年度12.1％），3位社会福祉士9.4％（前年度9.9％）となっており，障害者支援施設，日中活動事業所では，1位介護福祉士25.5％（前年度24.9％），2位介護職員初任者研修修了10.1％（前年度10.3％），3位保育士9.1％（前年度9.4％）の順となっている。

表20　職員の資格取得状況

	障害児入所施設	児童発達支援センター	日中活動事業所	障害者支援施設	計	％
介護福祉士	581	107	5,445	12,372	18,505	24.5
社会福祉士	332	200	2,350	3,528	6,410	8.5
精神保健福祉士	71	30	574	858	1,533	2.0
保育士	1,245	1,432	1,816	4,534	9,027	11.9
知的障害援助専門員	42	10	410	784	1,246	1.6
知的障害福祉士	12	3	56	104	175	0.2
介護職員初任者研修修了	140	48	3,036	3,988	7,212	9.5
その他	78	158	736	1,307	2,279	3.0
直接支援職員実数	3,410	2,267	25,525	44,340	75,542	100

　表21は，施設・事業所で取得を促進している資格について示したものであるが，全体では，いわゆる三福祉士といわれる介護福祉士が2,485か所73.2％（前年度72.6％，前々年度71.3％），社会福祉士が2,446か所72.0％（前年度72.4％，前々年度72.2％），精神保健福祉士が1,430か所42.1％（前年度40.6％，前々年度40.0％）が上位3位である。介護福祉士と精神保健福祉士は年々増加傾向にあり，福祉専門職員配置等加算の要件に該当する資格であることが影響していると推測される。

　障害児入所施設と児童発達支援センターにおいては，精神保健福祉士ではなく保育士がそれぞれ3位と2位に入っていた。

表21　取得を促進している資格

	障害児入所施設	児童発達支援センター	日中活動事業所	障害者支援施設	計	％
介護福祉士	97	29	1,291	1,068	2,485	73.2
社会福祉士	114	59	1,300	973	2,446	72.0
精神保健福祉士	67	24	765	574	1,430	42.1
保育士	81	54	178	160	473	13.9
知的障害援助専門員	19	7	220	206	452	13.3
知的障害福祉士	4	1	97	85	187	5.5
介護職員初任者研修修了	12	11	279	161	463	13.6
その他	18	14	139	135	306	9.0
事業所実数	170	129	1,822	1,276	3,397	100

［資格取得への支援及び資格取得者への処遇］

　表22・表23は資格取得への支援及び取得後の処遇の内容について表したものである（重複計上）。3,397事業所のうち最も多かったのは「給与手当への反映」2,063か所60.7％（前年度60.6％）で，全体の6割強となっている。次いで，「受講料・交通費等受講に係る費用の補助」1,175か所34.6％（前年度34.4％），「資格取得一時金として1回のみ支給」750か所22.1％（前年度21.6％），「昇進昇格等処遇への反映」615か所18.1％（前年度16.9％）の順であった。

　表23は「受講料・交通費等受講に係る費用の補助」を実施している1,175か所の補助内容を表しており，「全額補助」は231か所19.7％（前年度19.4％），「一部補助」は806か所68.6％（前年度67.4％）であった。

表22　資格取得への支援・処遇の内容　　　　　　　　　　　　　　　　　　　　　　　　　　　　　　（重複回答）

	障害児入所施設	児童発達支援センター	日中活動事業所	障害者支援施設	計	%
受講料・交通費等受講に係る費用の補助	46	36	657	436	1,175	34.6
資格取得一時金として1回のみ支給	44	19	377	310	750	22.1
昇進昇格等処遇への反映	23	21	304	267	615	18.1
給与手当への反映	76	39	1,139	809	2,063	60.7
その他	19	10	142	135	306	9.0
事業所実数	170	129	1,822	1,276	3,397	100

表23　受講料・交通費等受講に係る費用の補助

	障害児入所施設	児童発達支援センター	日中活動事業所	障害者支援施設	計	%
全額補助	15	10	123	83	231	19.7
一部補助	29	21	453	303	806	68.6
その他	3	4	68	51	126	10.7
補助ありの事業所実数	46	36	657	436	1,175	100

　表24は表22で「資格取得後に給与手当への反映」と回答した2,063事業所の，その対象としている資格について事業所種別毎に整理したものである。全体では圧倒的に三福祉士が多く，介護福祉士1,911か所92.6％（前年度86.0％）社会福祉士1,868か所90.5％（前年度84.8％），精神保健福祉士1,538か所74.6％（前年度68.6％）の順で，次いで保育士736か所35.7％（前年度31.7％）となっている。

表24　資格取得後手当等を支給された資格

	障害児入所施設	児童発達支援センター	日中活動事業所	障害者支援施設	計
介護福祉士	64	28	1049	770	1,911
	84.2	71.8	92.1	95.2	92.6
社会福祉士	65	31	1019	753	1,868
	85.5	79.5	89.5	93.1	90.5
精神保健福祉士	56	20	856	606	1,538
	73.7	51.3	75.2	74.9	74.6
保育士	48	24	375	289	736
	63.2	61.5	32.9	35.7	35.7
知的障害援助専門員	11	2	90	82	185
	14.5	5.1	7.9	10.1	9.0
知的障害福祉士	3	0	46	40	89
	3.9	0.0	4.0	4.9	4.3
介護職員初任者研修修了	12	4	156	92	264
	15.8	10.3	13.7	11.4	12.8
その他	19	16	236	214	485
	25.0	41.0	20.7	26.5	23.5
給与手当への反映事業所数	76	39	1,139	809	2,063

　表25は表22で「資格取得後に給与手当への反映」と回答した2,063事業所が，毎月定額で給与に支給される金額を資格毎に整理したものである。

　給与手当への反映事業所数が最も多いのは，介護福祉士92.6％（前年度86.0％），次いで社会福祉士

90.5%（前年度84.8%），精神保健福祉士74.6%（前年度68.6%），保育士35.7%（前年度31.7%）となっている。

　資格毎にみると，介護福祉士は「3,001～5,000円」が最も多く，次いで「1～3,000円」「5,001～10,000円」の順となっている。社会福祉士では「5,001～10,000円」，次いで「3,001円～5,000円」，精神保健福祉士では「3,001～5,000円」が最も多く，次いで「5,001円～10,000円」，保育士は「1～3,000円」が最も多くなっている。

表25　定額で給与に毎月支給される場合の金額と資格

	1～ 3,000円	3,001～ 5,000円	5,001～ 10,000円	10,001～ 20,000円	20,001円 以上	計	給与手当へ の反映事業 所　数（%）	有効回答 事業所数 （%）
介護福祉士	697 36.5	701 36.7	430 22.5	69 3.6	14 0.7	1,911 100	92.6	56.3
社会福祉士	501 26.8	571 30.6	590 31.6	170 9.1	36 1.9	1,868 100	90.5	55.0
精神保健福祉士	436 28.3	497 32.3	467 30.4	119 7.7	19 1.2	1,538 100	74.6	45.3
保育士	310 42.1	255 34.6	132 17.9	30 4.1	9 1.2	736 100	35.7	21.7
知的障害援助専門員	123 66.5	48 25.9	12 6.5	1 0.5	1 0.5	185 100	9.0	5.4
知的障害福祉士	39 43.8	25 28.1	23 25.8	2 2.2		89 100	4.3	2.6
介護職員初任者研修 修了	197 74.6	46 17.4	13 4.9	6 2.3	2 0.8	264 100	12.8	7.8
その他	233 47.1	131 26.5	84 17.0	33 6.7	14 2.8	495 100	24.0	14.6
事業所実数							2,063	3,397

　表26は表22で「資格取得後に給与手当への反映」と回答した2,063事業所に対し，複数の資格を取得した場合，支給される金額に上限設定が有るか無いかを尋ね整理したものである。支給に「上限がある」は1,362か所66.0%（前年度63.7%），「上限はない」は233か所11.3%（前年度11.6%）であった。

表26　複数資格取得の場合の支給金額の上限の有無

	障害児入所施設	児童発達支援センター	日中活動事業所	障害者支援施設	計	%
上限がある	44	30	728	560	1,362	66.0
上限はない	11	1	122	99	233	11.3
無回答	21	8	289	150	468	22.7
計	76	39	1,139	809	2,063	100

Ⅲ　調査結果Ｂ

1．定員と現在員

表27　定員規模別施設数とその構成比　　　　　　　　　　　　　　　　　　　　（施設数・下段は％）

				～20人	21～30人	31～40人	41～50人	51～60人	61～100人	101～150人	151～200人	201人～	計
児童福祉法		障害児入所施設		51 29.7	53 30.8	31 18.0	16 9.3	10 5.8	9 5.2	1 0.6		1 0.6	172 100
		児童発達支援センター		20 15.3	59 45.0	26 19.8	18 13.7	2 1.5	5 3.8	1 0.8			131 100
		計（Ⅰ）		71 23.4	112 37.0	57 18.8	34 11.2	12 4.0	14 4.6	2 0.7		1 0.3	303 100
障害者総合支援法	日中系	単独型	療養介護										
			生活介護	248 13.9	167 9.4	458 25.7	245 13.7	372 20.9	235 13.2	45 2.5	6 0.3	6 0.3	1,782 100
			自立訓練	5 35.7	6 42.9	2 14.3		1 7.1					14 100
			就労移行支援	7 77.8	1 11.1			1 11.1					9 100
			就労継続支援A型	19 79.2	2 8.3	2 8.3		1 4.2					24 100
			就労継続支援B型	168 50.0	43 12.8	93 27.7	15 4.5	13 3.9	4 1.2				336 100
			計	447 20.6	219 10.1	555 25.6	260 12.0	388 17.9	239 11.0	45 2.1	6 0.3	6 0.3	2,165 100
		多機能型事業所		94 9.9	95 10.0	351 37.1	92 9.7	188 19.9	99 10.5	19 2.0	6 0.6	3 0.3	947 100
		計（Ⅱ）		541 17.4	314 10.1	906 29.1	352 11.3	576 18.5	338 10.9	64 2.1	12 0.4	9 0.3	3,112 100
		うち施設入所支援		11 0.9	144 11.2	341 26.6	331 25.8	206 16.1	206 16.1	33 2.6	1 0.1	8 0.6	1,281 100
合計（Ⅰ＋Ⅱ）				612 17.9	426 12.5	963 28.2	386 11.3	588 17.2	352 10.3	66 1.9	12 0.4	10 0.3	3,415 100

　表27は，定員規模別事業所数と，その構成比を示したものである。

　前年度と比較すると，定員30人以下の事業所は1,038か所（30.4％）となり同比率であった。31～50人の事業所は0.2ポイント増加し1,349か所（39.5％），一方で51～100人の事業所は0.2ポイント減少し940か所（27.5％），101～200人の事業所も0.1ポイント減少し78か所（2.3％）であった。

　日中系事業（単独・多機能型及び施設入所支援を実施する事業所を含む）では31～40人の階層の構成比が最も高く906か所（29.1％），次いで51～60人の階層576か所（18.5％），20人以下の階層541か所（17.4％），41～50人の階層352か所（11.3％），61～100人の階層338か所（10.9％）の順であった。

　日中系事業の単独型事業所を種別毎にみると，生活介護は，日中系事業全体と同じく31～40人の階層が最も多く25.7％で，次いで51～60人の階層で20.9％となっており，報酬の区切りとなる階層が高くなっていることがわかる。一方，就労移行支援や就労継続支援A型では20人以下の階層が大半（77.8％，79.2％）を占めていた。

　なお，居住の場である施設入所支援においては，31～40人の階層が26.6％（341か所）と最も高く，次いで41～50人の階層が25.8％（331か所）となっており，この２階層で52.5％と約半数を占めていた。また，51～100人では32.2％（412か所）となっており，101人以上も3.3％（42か所）であった。

表28 定員と現在員

施設種別		定員	現在員（措置・契約）			令和3年度 充足率（A）	令和2年度 充足率（B）	(A)−(B) 充足率増減
			男	女	計			
児童福祉法	障害児入所施設	6,135	3,180	1,480	4,660	76.0	76.7	▲0.8
	児童発達支援センター	4,587	4,321	1,450	5,771	125.8	124.5	1.3
	計（Ⅰ）	10,722	7,501	2,930	10,431	97.3	95.9	1.4
障害者総合支援法	日中系（単独・多機能含む） 療養介護							
	生活介護	111,304	68,967	44,578	113,545	102.0	102.2	▲0.2
	自立訓練	1,417	627	332	959	67.7	70.4	▲2.8
	就労移行支援	2,264	1,069	512	1,581	69.8	66.8	3.0
	就労継続支援A型	1,193	733	300	1,033	86.6	87.8	▲1.3
	就労継続支援B型	29,349	19,288	11,308	30,596	104.2	104.4	▲0.2
	計（Ⅱ）	145,527	90,684	57,030	147,714	101.5	101.6	▲0.1
	うち施設入所支援	69,966	40,282	26,936	67,218	96.1	96.3	▲0.2
合計（Ⅰ＋Ⅱ）		156,249	98,185	59,960	158,145	101.2	101.2	0.1

　表28は定員に対する現在員の割合（充足率）を示したものである。全体でみると，前年度比と同率の101.2％であった。

　児童福祉法の事業については，障害児入所施設は76.0％と対前年比0.7ポイント減少し，児童発達支援センターについては125.8％と前年度（124.5％）から1.3ポイント増加した。

　成人の日中系事業全体でみると，充足率は101.5％（前年度101.6％）であった。事業種別毎にみると，生活介護102.0％，自立訓練67.7％，就労移行支援69.8％，就労継続支援A型86.6％，就労継続支援B型104.2％と事業によって充足率にばらつきがあることがわかる。特に，利用期限に定めのある自立訓練，就労移行支援は低率であった。

　なお，施設入所支援の充足率は96.1％（前年度96.3％）であった。

２．年齢別施設利用者数

　表29は，年齢別利用者数を事業種別毎に示したものであり，その概況は次のとおりである。

　まず，全体でみると，利用者の最も多い年齢階層は40〜49歳の階層で，次いで50〜59歳，30〜39歳，20〜29歳の順になっており，この4階層だけで72.3％を占めている。

　また，知的障害関係事業所の利用者のなかに，60歳以上の占める率は，毎年僅かに増加しており，今年は18.9％と前年度（18.2％）に比して0.7ポイント増加していた。利用者の年齢構成においても，徐々に高齢化が広がってきているといえる。なお，今年の65歳以上の高齢利用者は，全体で前年度より1,663人多い19,933人であるが，そのうち74.7％（14,892人）は施設入所支援に在籍している。

　全体の男女差をみると，男性が62.1％を占め，例年通りの比率であった。これを年齢階層別にみると，60歳以上で男性51.5％，女性48.5％のほぼ半々である。18〜60歳未満では男性が63.9％で，18歳未満の児童期では男児が72.7％となり，年齢が下がるほど男性の占める率が上がっている。このような男女の構成比は，知的障害事業所特有の特徴といえるであろう。

表29　年齢別施設利用者数　(人)

		年齢	0~2	3~5	6~11	12~14	15~17	18~19	20~29	30~39	40~49	50~59	60~64	65~69	70~74	75~79	80以上	不明	計
児童福祉法	入所施設 障害児入所施設	男	2	71	753	746	1,109	187	99	65	62	52	10	9	11	2	2		3,180
		女	1	24	299	332	526	82	53	41	35	47	14	16	6	3	1		1,480
		計	3	95	1,052	1,078	1,635	269	152	106	97	99	24	25	17	5	3	0	4,660
		うち措置児者	2	85	744	710	959	153	5	1								-	2,659
	児童発達支援センター	男	259	3,960	86		15	1											4,321
		女	106	1,306	33	1	4												1,450
		計	365	5,266	119	1	19	1	0	0	0	0	0	0	0	0	0	0	5,771
		うち措置児者	0	19	3	0	1	0										-	23
	計（Ⅰ）	男	261	4,031	839	746	1,124	188	99	65	62	52	10	9			2		7,501
		女	107	1,330	332	333	530	82	53	41	35	47	14	16		3			2,930
		計	368	5,361	1,171	1,079	1,654	270	152	106	97	99	24	25	17	5	3	0	10,431
		うち措置児者	2	104	747	710	960	153	5	1	0	0	0	0	0	0	0	-	2,682
障害者総合支援法	日中系（単独・多機能含む） 療養介護	男																	0
		女																	0
		計	0	0	0	0	0	0	0	0	0	0	0	0	0	0	0	0	0
	生活介護	男					21	1,438	11,280	12,753	17,515	13,111	4,233	3,672	2,831	1,221	892		68,967
		女					10	729	5,366	6,900	9,677	8,882	3,868	3,529	2,953	1,475	1,189		44,578
		計	0	0	0	0	31	2,167	16,646	19,653	27,192	21,993	8,101	7,201	5,784	2,696	2,081	0	113,545
	自立訓練	男					16	231	196	63	53	45	7	10	2	3	1		627
		女					4	115	106	34	31	25	9	3	4	1			332
		計	0	0	0	0	20	346	302	97	84	70	16	13	6	4	1	0	959
	就労移行	男					36	289	478	109	105	43	6	2	1				1,069
		女					13	135	234	65	45	19	1						512
		計	0	0	0	0	49	424	712	174	150	62	7	2	1	0	0	0	1,581
	就労継続A型	男						5	159	184	192	136	35	19	3				733
		女						4	65	76	87	46	16	3	3				300
		計	0	0	0	0	0	9	224	260	279	182	51	22	6	0	0	0	1,033
	就労継続B型	男					4	594	4,586	4,278	4,369	3,012	1,169	707	426	101	42		19,288
		女					2	305	2,407	2,556	2,676	1,952	620	461	257	50	22		11,308
		計	0	0	0	0	6	899	6,993	6,834	7,045	4,964	1,789	1,168	683	151	64	0	30,596
	計（Ⅱ）	男					77	2,557	16,699	17,387	22,234	16,347	5,450	4,410	3,263	1,325	935	0	90,684
		女					29	1,288	8,178	9,631	12,516	10,924	4,514	3,996	3,217	1,526	1,211	0	57,030
		計	0	0	0	0	106	3,845	24,877	27,018	34,750	27,271	9,964	8,406	6,480	2,851	2,146	0	147,714
	うち施設入所支援	男					42	272	3,069	5,574	11,099	9,764	3,324	2,983	2,327	1,037	791		40,282
		女					16	141	1,325	2,600	5,596	6,435	3,069	2,908	2,490	1,297	1,059		26,936
		計	0	0	0	0	58	413	4,394	8,174	16,695	16,199	6,393	5,891	4,817	2,334	1,850	0	67,218
合計（Ⅰ＋Ⅱ）		男	261	4,031	839	746	1,201	2,745	16,798	17,452	22,296	16,399	5,460	4,419	3,263	1,325	937	0	98,185
		女	107	1,330	332	333	559	1,370	8,231	9,672	12,551	10,971	4,528	4,012	3,217	1,529	1,211	0	59,960
		計	368	5,361	1,171	1,079	1,760	4,115	25,029	27,124	34,847	27,370	9,988	8,431	6,497	2,856	2,149	0	158,145

(1)　児童福祉法事業

①障害児入所施設

　利用者（児）総数4,660人に，本来の対象である18歳未満の児童の占める率は82.9％（3,863人）であり，この事業種別が抱えてきた「過齢児」問題は未だ解消されていないといえる。なお，この事業種別において，利用者の最も多いのは15～17歳の階層の35.1％で，次いで12～14歳の階層23.1％，6～11歳の階層22.6％と続いている。

②児童発達支援センター

この事業種別の利用児5,771人は，6歳未満の幼児が97.6％と非常に高い率を占めている。幼児の「早期療育施設」としての，この事業種別の役割が確立していることの表れともいえる。なお，15歳以上の義務教育終了後の年長児は20人（0.3％）であった。

また，毎年度6〜11歳の階層に5％に満たない程度（2.1％）の利用児があるが，その大部分は就学直前の6歳児であると推測される。

(2)　障害者総合支援法事業

居住サービスである施設入所支援利用者においては，40〜49歳の24.8％と，50〜59歳の24.1％の年齢層が突出して多く，この2階層で48.9％と全体の約半数を占めている。

一方で，日中活動サービスのみを利用する者（日中活動サービス利用者から施設入所支援利用者を引いた数）は，20〜29歳の階層で25.4％，30〜39歳の階層で23.4％，40〜49歳の階層で22.4％となっており，この3階層だけで71.2％を占める。また，この階層の男女差をみると，男性が63.7％を占めており，さらに年齢階層別でみると，年齢が下がるほど男性の占める率が上がる傾向がみられる。

事業種別でみると，介護給付である生活介護に比べ，訓練等給付の各事業種別の年齢層が低い傾向にある。さらに，訓練等給付の事業のうち利用期限の定めのある自立訓練と就労移行支援をみると，18〜29歳までの年齢層だけで，自立訓練では67.6％，就労移行支援では71.9％を占めている。

図1　施設利用者年齢別構成

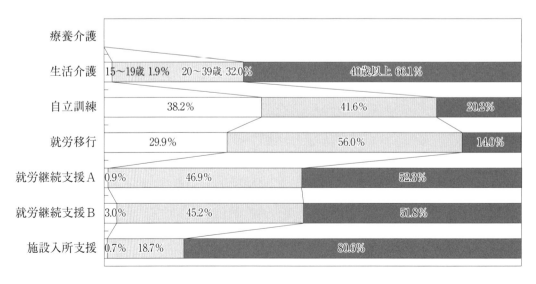

3．施設・事業在籍年数

表30は事業種別毎に利用者（児）の在籍年数を示したものである。また，表31ではその構成比をみた。

表30　施設・事業在籍年数　　　　　　　　　　　　　　　　　　　　　　　　　　　　　　　（人）

在籍年数			0.5年未満	0.5～1年	1～2年	2～3年	3～5年	5～10年	10～15年	15～20年	20～30年	30～40年	40年以上	不明	計
児童福祉法	障害児入所施設	男	306	197	501	410	593	700	236	45	52	46	78	16	3,180
		女	118	102	226	193	238	330	102	27	33	24	84	3	1,480
		計	424	299	727	603	831	1,030	338	72	85	70	162	19	4,660
	児童発達支援センター	男	1,398	518	1,343	767	220	20						55	4,321
		女	474	169	457	264	76	6						4	1,450
		計	1,872	687	1,800	1,031	296	26	0	0	0	0	0	59	5,771
	計（Ⅰ）	男	1,704	715	1,844	1,177	813	720	236	45	52	46	78	71	7,501
		女	592	271	683	457	314	336	102	27	33	24	84	7	2,930
		計	2,296	986	2,527	1,634	1,127	1,056	338	72	85	70	162	78	10,431
障害者総合支援法	日中系（単独・多機能含む） 療養介護	男													0
		女													0
		計	0	0	0	0	0	0	0	0	0	0	0	0	0
	生活介護	男	1,540	1,233	2,660	2,614	5,228	26,631	28,341					720	68,967
		女	1,013	838	1,775	1,625	3,186	17,167	18,496					478	44,578
		計	2,553	2,071	4,435	4,239	8,414	43,798	46,837	0	0	0	0	1,198	113,545
	自立訓練	男	138	132	233	72	23	12	6					11	627
		女	85	58	133	36	9	5	2					4	332
		計	223	190	366	108	32	17	8	0	0	0	0	15	959
	就労移行	男	286	201	371	142	37	11	18					3	1,069
		女	145	96	163	55	25	10	12					6	512
		計	431	297	534	197	62	21	30	0	0	0	0	9	1,581
	就労継続A型	男	36	17	46	44	79	283	219					9	733
		女	7	4	31	22	33	123	76					4	300
		計	43	21	77	66	112	406	295	0	0	0	0	13	1,033
	就労継続B型	男	670	549	1,215	1,316	2,177	7,332	5,928					101	19,288
		女	388	279	738	749	1,190	4,181	3,695					88	11,308
		計	1,058	828	1,953	2,065	3,367	11,513	9,623	0	0	0	0	189	30,596
	計（Ⅱ）	男	2,670	2,132	4,525	4,188	7,544	34,269	34,512					844	90,684
		女	1,638	1,275	2,840	2,487	4,443	21,486	22,281					580	57,030
		計	4,308	3,407	7,365	6,675	11,987	55,755	56,793	0	0	0	0	1,424	147,714
	うち施設入所支援	男	527	603	1,211	1,076	2,182	5,213	5,625	5,110	9,136	5,828	3,638	133	40,282
		女	380	404	863	740	1,427	3,372	3,449	3,167	5,524	4,107	3,382	121	26,936
		計	907	1,007	2,074	1,816	3,609	8,585	9,074	8,277	14,660	9,935	7,020	254	67,218
合計（Ⅰ＋Ⅱ）		男	4,374	2,847	6,369	5,365	8,357	34,989	34,748	45	52	46	78	915	98,185
		女	2,230	1,546	3,523	2,944	4,757	21,822	22,383	27	33	24	84	587	59,960
		計	6,604	4,393	9,892	8,309	13,114	56,811	57,131	72	85	70	162	1,502	158,145

※施設入所支援、障害児入所施設については、旧法からの継続在籍年数で計上

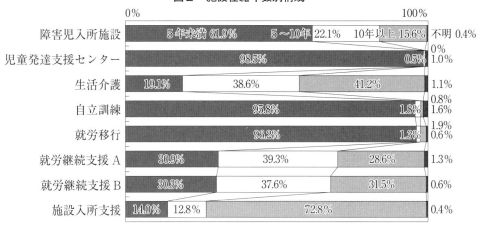

図２　施設在籍年数別構成

障害児入所施設	5年未満 61.9%	5～10年 22.1%	10年以上 15.6%	不明 0.4%
児童発達支援センター	98.5%		0.5%	0% / 1.0%
生活介護	19.1% 38.6%		41.2%	1.1%
自立訓練	95.8%		1.8%	0.8% / 1.6%
就労移行	96.2%		1.3%	1.9% / 0.6%
就労継続支援Ａ	30.9% 39.3%		28.6%	1.3%
就労継続支援Ｂ	30.3% 37.6%		31.5%	0.6%
施設入所支援	14.0% 12.8%	72.8%		0.4%

表31　在籍年数別在所者の構成比　　　　　　　　　　　　　　　　　　　　　　　　　　　　　（％）

	在籍年数	0.5年未満	0.5～1年	1～2年	2～3年	3～5年	5～10年	10～15年	15～20年	20～30年	30～40年	40年以上	不明	計
児童（Ⅰ）	障害児入所施設	9.1	6.4	15.6	12.9	17.8	22.1	7.3	1.5	1.8	1.5	3.5	0.4	100
	児童発達支援センター	32.4	11.9	31.2	17.9	5.1	0.5						1.0	100
	計（Ⅰ）	22.0	9.5	24.2	15.7	10.8	10.1	3.2	0.7	0.8	0.7	1.6	0.7	100
障害者総合支援法	療養介護													
日中系（単独・多機能含む）	生活介護	2.2	1.8	3.9	3.7	7.4	38.6	41.2					1.1	100
	自立訓練	23.3	19.8	38.2	11.3	3.3	1.8	0.8					1.6	100
	就労移行	27.3	18.8	33.8	12.5	3.9	1.3	1.9					0.6	100
	就労継続Ａ型	4.2	2.0	7.5	6.4	10.8	39.3	28.6					1.3	100
	就労継続Ｂ型	3.5	2.7	6.4	6.7	11.0	37.6	31.5					0.6	100
	計（Ⅱ）	2.9	2.3	5.0	4.5	8.1	37.7	38.4					1.0	100
	うち施設入所支援	1.3	1.5	3.1	2.7	5.4	12.8	13.5	12.3	21.8	14.8	10.4	0.4	100
合計（Ⅰ＋Ⅱ）		4.2	2.8	6.3	5.3	8.3	35.9	36.1	0.0	0.1	0.0	0.1	0.9	100

　障害児入所施設では，在籍期間10年未満の在籍者の占める率は84.0％（3,914人）であるが，一方で，20年以上の長期在籍者も，6.8％（317人）存在する。障害児入所施設における長期滞留化は，いわゆる「過齢児」の増加に繋がり，この事業の根幹に関わる問題となっている。

　他方，児童発達支援センターにおいては，在籍期間１年未満の在籍児が44.3％で，この事業種別では在籍児の半数弱は在籍期間１年未満の新入所児であることを示している。また，３年未満の在籍児をみると93.4％を占め，３年以内に大半の児童が入れ替わっていることがわかる。

　障害者総合支援法の施設入所支援については，障害者自立支援法移行前からの在籍年数を問うているが，利用者総数67,218人のうち，在籍期間10年未満の利用者は17,998人（26.8％）である一方，10年以上の利用者は48,966人（72.8％）（前年度72.5％，前々年度71.9％），また，20年以上の在籍者は31,615人（47.1％）（前年度46.9％，前々年度45.1％）と10年以上の在籍者のうち半数以上（64.6％）を占める。このように，長期滞留者が多いことは，この事業種別に高齢者が多いことの理由ともなっている。

　なお，日中系事業の在籍年数については，障害者自立支援法事業の施行（平成18年10月）による新たな事業への移行からカウントしているため，すべての事業において15年以下となっている。しかし，日中系事業６事業の中で利用期限が原則２年（特例３年）となっている自立訓練（生活訓練）と就労移行支援に在籍年数３年以上の利用者が，それぞれ１割未満の57人（5.9％）と113人（7.1％）となっているのでさらなる追跡調査が必要であろう。

４．障害支援区分等の状況

表32は障害支援区分の割合を示した表である。

表32　障害支援区分　（人・下段は％）

	生活介護※	施設入所支援
非該当	60	14
	0.1	0.0
区分1	14	19
	0.0	0.0
区分2	491	161
	0.4	0.2
区分3	5,602	1,666
	4.9	2.5
区分4	21,885	9,893
	19.3	14.7
区分5	34,290	20,195
	30.2	30.0
区分6	49,524	34,530
	43.6	51.4
不明・未判定	104	140
	0.1	0.2
無回答	1,575	600
	1.4	0.9
計	113,545	67,218
	100	100
平均障害支援区分	5.1	5.3

※多機能型「生活介護」を含む
※平均障害支援区分の算出には非該当及び不明・未判定、無回答は含まず

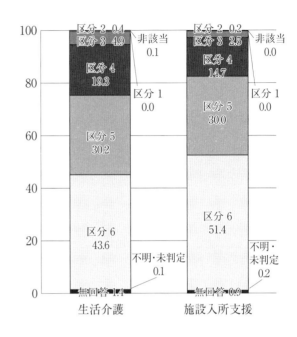

図3　障害支援区分

施設入所支援の利用者数は67,218人（前年度65,094人）で，そのうち支援度が高いとされる区分６が51.4％（前年度51.0％），区分５が30.0％（同29.9％）であり，区分５～６の合計が全体の81.4％（同80.9％）となっている。

生活介護の利用者数は113,545人（同109,181人）で，区分６が43.6％（同43.0％），区分５が30.2％（同30.2％）であり，区分５～６の合計は73.8％（同73.3％）となっている。

区分５～６の合計は施設入所支援，生活介護ともに平成27年度から連続して増加している。

５．療育手帳程度別在所者数

表33は，事業所を利用する者の療育手帳の程度を事業種別毎に示したものである。児童発達支援センターを利用する者の手帳不所持・不明の割合は53.2％と高く，他の事業に比べて突出している。児童発達支援センターにおいては，低年齢から利用されていることから，保護者の障害受容が不確かな時期でもあり，療育手帳所持に繋がっていないことが考えられる。

児童福祉法の障害児入所施設における最重度・重度の割合は，43.9％（前年度40.3％，前々年度41.1％）と減少傾向から増加に転じている。また，児童発達支援センターにおける最重度・重度の割合は，11.8％（前年度13.7％，前々年度13.4％）と微増傾向から減少に転じている。他方，障害者総合支援法の事業における最重度・重度の割合は，前年度調査と比較すると，就労継続支援Ａ型が減少し

ており，自立訓練，就労移行支援，施設入所支援は増加している。

　また，各事業における最重度・重度の割合をみると，生活介護が76.6％，施設入所支援が77.2％と，他の事業と比べて群を抜いて高かった。児童福祉法の障害児入所施設，児童発達支援センター，障害者総合支援法の自立訓練，就労移行支援，就労継続支援Ａ型，就労継続支援Ｂ型では，中軽度の割合が高く，特に障害者総合支援法の４事業のうち就労継続支援Ｂ型を除く３事業は70％以上となっている。

表33　療育手帳の状況

（人・下段は％）

| 療育手帳 | 児童福祉法 | | | 障　害　者　総　合　支　援　法 | | | | | | | うち施設入所支援 | 計（Ⅰ＋Ⅱ） |
	障害児入所施設	児童発達支援センター	計（Ⅰ）	療養介護	生活介護	自立訓練	就労移行	就労継続A型	就労継続B型	計（Ⅱ）		
最重度・重度	2,045	680	2,725		86,985	85	127	58	9,339	96,594	51,920	99,319
	43.9	11.8	26.1		76.6	8.9	8.0	5.6	30.5	65.4	77.2	62.8
中軽度	2,333	1,995	4,328		20,230	687	1,148	788	17,186	40,039	12,753	44,367
	50.1	34.6	41.5		17.8	71.6	72.6	76.3	56.2	27.1	19.0	28.1
不所持・不明	250	3,071	3,321		3,119	164	231	147	2,677	6,338	1,085	9,659
	5.4	53.2	31.8		2.7	17.1	14.6	14.2	8.7	4.3	1.6	6.1
無回答	32	25	57		3,211	23	75	40	1,394	4,743	1,460	4,800
	0.7	0.4	0.5		2.8	2.4	4.7	3.9	4.6	3.2	2.2	3.0
計	4,660	5,771	10,431		113,545	959	1,581	1,033	30,596	147,714	67,218	158,145
	100	100	100		100	100	100	100	100	100	100	100

６．身体障害の状況

表34　身体障害手帳の内訳

（人・下段は％）

| | 児童福祉法 | | | 障　害　者　総　合　支　援　法 | | | | | | | うち施設入所支援 | 計（Ⅰ＋Ⅱ） |
	障害児入所施設	児童発達支援センター	計（Ⅰ）	療養介護	生活介護	自立訓練	就労移行	就労継続A型	就労継続B型	計（Ⅱ）		
視覚	30	13	43		2,596	21	3	4	215	2,839	1,825	2,882
	4.7	3.0	4.0		12.0	26.6	4.9	6.0	8.5	11.7	14.6	11.3
聴覚	49	44	93		2,069	9	7	13	298	2,396	1,490	2,489
	7.7	10.0	8.7		9.6	11.4	11.5	19.4	11.8	9.8	11.9	9.8
平衡	2	1	3		472		2	1	21	496	283	499
	0.3	0.2	0.3		2.2		3.3	1.5	0.8	2.0	2.3	2.0
音声・言語又は咀嚼機能	7	20	27		2,271	2	1	1	112	2,387	1,795	2,414
	1.1	4.6	2.5		10.5	2.5	1.6	1.5	4.4	9.8	14.3	9.5
肢体不自由	207	319	526		14,008	43	42	36	1,474	15,603	7,503	16,129
	32.5	72.8	49.0		64.8	54.4	68.9	53.7	58.4	64.0	59.9	63.4
内部障害	32	48	80		1,843	10	12	8	355	2,228	992	2,308
	5.0	11.0	7.4		8.5	12.7	19.7	11.9	14.1	9.1	7.9	9.1
手帳所持者実数	636	438	1,074		21,631	79	61	67	2,524	24,362	12,535	25,436
	13.6	7.6	10.3		19.1	8.2	3.9	6.5	8.2	16.5	18.6	16.1
現在員	4,660	5,771	10,431		113,545	959	1,581	1,033	30,596	147,714	67,218	158,145
	100	100	100		100	100	100	100	100	100	100	100

表35　身体障害手帳程度別在所者数　　　　　　　　　　　　　　　　　　　　　　　　　（人・下段は％）

	児童福祉法			障　害　者　総　合　支　援　法								計 （I＋II）
	障害児 入所施設	児童発達支 援センター	計（I）	療養介護	生活介護	自立訓練	就労移行	就労継続 A型	就労継続 B型	計（II）	うち施設 入所支援	
1級	357 56.1	262 59.8	619 57.6		7,808 36.1	24 30.4	14 23.0	14 20.9	560 22.2	8,420 34.6	3,425 27.3	9,039 35.5
2級	155 24.4	104 23.7	259 24.1		5,784 26.7	31 39.2	18 29.5	15 22.4	652 25.8	6,500 26.7	3,532 28.2	6,759 26.6
3級	60 9.4	44 10.0	104 9.7		3,462 16.0	5 6.3	13 21.3	7 10.4	511 20.2	3,998 16.4	2,319 18.5	4,102 16.1
4級	30 4.7	12 2.7	42 3.9		2,421 11.2	12 15.2	10 16.4	11 16.4	349 13.8	2,803 11.5	1,833 14.6	2,845 11.2
5級	14 2.2	2 0.5	16 1.5		1,221 5.6		4 6.6	5 7.5	225 8.9	1,455 6.0	810 6.5	1,471 5.8
6級	20 3.1	14 3.2	34 3.2		935 4.3	6 7.6	1 1.6	7 10.4	227 9.0	1,176 4.8	616 4.9	1,210 4.8
不明・無回答						1 1.3	1 1.6	8 11.9		10 0.0		10 0.0
計（A）	636 100	438 100	1,074 100		21,631 100	79 100	61 100	67 100	2,524 100	24,362 100	12,535 100	25,436 100
現在員（B）	4,660	5,771	10,431		113,545	959	1,581	1,033	30,596	147,714	67,218	158,145
（A）／（B）	13.6	7.6	10.3		19.1	8.2	3.9	6.5	8.2	16.5	18.6	16.1

図4　身体障害者手帳保持者の障害内訳

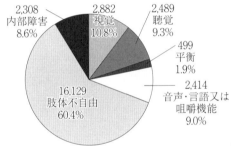

2,308 内部障害 8.6%
2,882 視覚 10.8%
2,489 聴覚 9.3%
499 平衡 1.9%
2,414 音声・言語又は咀嚼機能 9.0%
16,129 肢体不自由 60.4%

　表34は，回答のあった3,415事業所の利用者158,145人における身体障害者手帳の所持状況及び内容を事業種別毎に整理したものである。

　全利用者のうち身体障害者手帳を所持しているのは実数で25,436人，全利用者の16.1％と，約6人に1人は身体障害者手帳を持っていることになる。経年でみると，前年度15.8％，前々年度16.2％，と前年度僅かに減少したが再び増加に転じた。

　手帳所持者の身体障害の内容は，肢体不自由が全体の63.4％と最も多く，事業種別毎にみても同様に肢体不自由が最も多い。「視覚」「聴覚」「音声・言語又は咀嚼機能」「内部障害」は10％程度，「平衡」は2.0％であり，前年度調査結果とあまり変わっていない。

　表35は，身体障害の等級を事業種別毎に示したものである。1・2級は，就労移行支援で52.5％，就労継続支援A型で43.3％，就労継続支援B型で48.0％といずれも約半数を占めている。他は55％以上を占めており，特に児童発達支援センターでは83.6％，障害児入所施設は80.5％と高い数値を示している。

　全体で，上位3位は1級，2級，3級の順となっているが，事業種別毎にみると自立訓練，就労移行支援，就労継続支援A型，就労継続支援B型，施設入所支援では1級と2級の1位2位が逆転している。また，日中活動事業種別で手帳所持者の割合をみると，最も多かったのは生活介護の19.1％で，他の日中活動事業種別と比較して高い数値を示している。

7．精神障害の状況

表36　精神障害の状況　　　　　　　　　　　　　　　　　　　　　　　※重複計上（人・下段は％）

	児童福祉法			障　害　者　総　合　支　援　法								計 （Ⅰ＋Ⅱ）
	障害児 入所施設	児童発達支 援センター	計（Ⅰ）	療養介護	生活介護	自立訓練	就労移行	就労継続 A型	就労継続 B型	計（Ⅱ）	うち施設 入所支援	
自閉スペクトラム症（広汎 性発達障害，自閉症など）	1,546	2,355	3,901		19,119	166	260	68	2,622	22,235	10,990	26,136
	33.2	40.8	37.4		16.8	17.3	16.4	6.6	8.6	15.1	16.3	16.5
統合失調症	23		23		6,116	34	51	48	1,149	7,398	5,219	7,398
	0.5		0.2		5.4	3.5	3.2	4.6	3.8	5.0	7.8	4.7
気分障害（周期性精神 病，うつ病性障害など）	20		20		1,974	28	37	28	423	2,490	1,681	2,510
	0.4		0.2		1.7	2.9	2.3	2.7	1.4	1.7	2.5	1.6
てんかん性精神病	58	8	66		3,292	11	3	6	220	3,532	2,527	3,598
	1.2	0.1	0.6		2.9	1.1	0.2	0.6	0.7	2.4	3.8	2.3
その他（強迫性，心因反 応，神経症様反応など）	47	20	67		2,420	7	26	12	265	2,730	2,126	2,797
	1.0	0.3	0.6		2.1	0.7	1.6	1.2	0.9	1.8	3.2	1.8
現在員	4,660	5,771	10,431		113,545	959	1,581	1,033	30,596	147,714	67,218	158,145
	100	100	100		100	100	100	100	100	100	100	100

表37　精神障害者保健福祉手帳の程度別在所者数　　　　　　　　　　　　　　　　（人・下段は％）

	児童福祉法			障　害　者　総　合　支　援　法								計 （Ⅰ＋Ⅱ）
	障害児 入所施設	児童発達支 援センター	計（Ⅰ）	療養介護	生活介護	自立訓練	就労移行	就労継続 A型	就労継続 B型	計（Ⅱ）	うち施設 入所支援	
1級	19	1	20		1,007	9	13	7	194	1,230	632	1,250
	22.9	8.3	21.1		44.0	6.2	5.4	6.6	12.0	28.0	44.6	27.9
2級	45	5	50		1,128	99	132	74	1,107	2,540	693	2,590
	54.2	41.7	52.6		49.3	67.8	54.5	69.8	68.8	57.8	48.9	57.7
3級	19	6	25		153	38	97	25	309	622	93	647
	22.9	50.0	26.3		6.7	26.0	40.1	23.6	19.2	14.2	6.6	14.4
計（A）	83	12	95		2,288	146	242	106	1,610	4,392	1,418	4,487
	100	100	100		100	100	100	100	100	100	100	100
現在員（B）	4,660	5,771	10,431		113,545	959	1,581	1,033	30,596	147,714	67,218	158,145
（A）／（B）	1.8	0.2	0.9		2.0	15.2	15.3	10.3	5.3	3.0	2.1	2.8

　表36は，現在員の中で精神障害の診断名がついている者の状況を，事業種別毎に整理したものである（複数計上あり）。「自閉スペクトラム症（広汎性発達障害，自閉症など）」が最も多く，全体で26,136人（16.5％），次いで「統合失調症」が7,398人（4.7％），「てんかん性精神病」3,598人（2.3％），「その他（強迫性，心因反応，神経症様反応など）」2,797人（1.8％），「気分障害（周期性精神病，うつ病性障害など）」2,510人（1.6％）の順となっている。この順位は過去4年間の調査と同様であった。

　「自閉スペクトラム症（広汎性発達障害，自閉症など）」は，児童発達支援センターで40.8％，障害児入所施設では33.2％を占め，全体のなかで突出して高い割合を示しており，この点も，前年度調査と変わっていない。

　表37は精神障害者保健福祉手帳所持者の実数を，事業種別と手帳の等級別に示したものである。手帳所持者の実数は4,487人と，現在員数に対する割合は2.8％であり，前年度，前々年度が2.7％と同率であったが0.1ポイント増加している。身体障害者手帳と比して精神障害者保健福祉手帳の所持者の割合が著しく低いことは変わっておらず，精神障害があってもすでに療育手帳を所持しており，新たに申請するケースが少ないことが身体障害者手帳所持者よりも低い割合の理由と考えられる。

　各事業の現在員に占める手帳所持者の割合は，自立訓練15.2％（146人），就労移行支援15.3％（242人），

就労継続支援Ａ型10.3％（106人）の３事業が他の事業より高くなっており，この傾向は前年度，前々年度調査と変わっていない。

８．「てんかん」の状況

表38　「てんかん」の状況　　　　　　　　　　　　　　　　　　　　　　　（人・下段は％）

| | 児童福祉法 | | 計（Ⅰ） | 障 害 者 総 合 支 援 法 | | | | | | 計（Ⅱ） | うち施設入所支援 | 計（Ⅰ＋Ⅱ） |
	障害児入所施設	児童発達支援センター		療養介護	生活介護	自立訓練	就労移行	就労継続A型	就労継続B型			
「てんかん」として現在服薬中のもの	910	258	1,168		33,027	81	82	55	3,515	36,760	21,409	37,928
	19.5	4.5	11.2		29.1	8.4	5.2	5.3	11.5	24.9	31.9	24.0
現在員	4,660	5,771	10,431		113,545	959	1,581	1,033	30,596	147,714	67,218	158,145
	100	100	100		100	100	100	100	100	100	100	100

　表38は，現在員の中で「てんかん」として服薬中の者を事業種別毎に表したものである。現在員158,145人中37,928人（24.0％）と，約４人に１人が現在抗てんかん薬を服薬している。事業種別では，生活介護（29.1％）が最も高く，次いで障害児入所施設（19.5％），就労継続支援Ｂ型（11.5％）となっている。また，施設入所支援（31.9％）も同様に高く，この傾向は前年度，前々年度調査と変わっていない。

９．認知症の状況

表39　認知症の状況　　　　　　　　　　　　　　　　　　　　　　　　（人・下段は％）

| | 児童福祉法 | | 計（Ⅰ） | 障 害 者 総 合 支 援 法 | | | | | | 計（Ⅱ） | うち施設入所支援 | 計（Ⅰ＋Ⅱ） |
	障害児入所施設	児童発達支援センター		療養介護	生活介護	自立訓練	就労移行	就労継続A型	就労継続B型			
医師により認知症と診断されている人数					1,224	4	1	2	72	1,303	1,026	1,303
					1.08	0.42	0.06	0.19	0.24	0.88	1.53	0.82
うちダウン症の人数					383	1		1	21	406	306	406
					31.3	25.0		50.0	29.2	31.2	29.8	31.2
医師以外の家族・支援員等が認知症を疑う人数	1		1		1,871	1	1		100	1,973	1,565	1,974
	0.02		0.01		1.65	0.10	0.06		0.33	1.34	2.33	1.25
うちダウン症の人数					470		1		34	505	347	505
					25.1		100		34.0	25.6	22.2	25.6
現在員	4,660	5,771	10,431		113,545	959	1,581	1,033	30,596	147,714	67,218	158,145
	100	100	100		100	100	100	100	100	100	100	100

うちダウン症の人数の％は，上段の人数を母数にして算出

　表39は，医師により認知症と診断されている人数及び医師以外の家族・支援員等が認知症を疑う人数を事業種別毎に表したものである。

　医師により認知症と診断されている人数は全体の0.82％（1,303人）であり，前年度の0.75％からさらに伸び（26年度の0.46％からは0.36ポイント増加），年々認知症と診断されている人数が増えている。また，そのうちダウン症の割合が31.2％となっており，ダウン症は認知症発症に関連すると推測される。事業種別としては，生活介護が1.08％（1,224人）と最も高く，次いで自立訓練が0.42％（４人）となっていた。なお，認知症と診断されている利用者の78.7％は施設入所支援利用者となっていた。

　医師以外の家族・支援員等が認知症を疑う人数は全体の1.25％（1,974人）であり，前年度の1.22％

（1,854人）から微増となっている。また，前述同様，その内ダウン症の割合が25.6％と高い数値を示していた。事業種別としては生活介護が1.65％（1,871人）で最も高く，次いで就労継続支援Ｂ型が0.33％（100人）となっており，就労継続支援Ａ型には対象者はいなかった。なお，認知症を疑う利用者の79.3％は施設入所支援利用者となっていた。

10. 触法障害者の状況

表40　矯正施設・更生保護施設・指定入院医療機関を退所・退院した利用者数

| | 児童福祉法 | | | 障　害　者　総　合　支　援　法 | | | | | | | | 計(I+II) | 当該設問の回答施設数 | うち施設入所支援 |
	障害児入所施設	児童発達支援センター	計(I)	療養介護	生活介護	自立訓練	就労移行	就労継続A型	就労継続B型	計(II)	うち施設入所支援			
矯正施設	1 3.4		1 3.4		79 54.5	11 73.3	14 87.5	3 75.0	74 72.5	181 64.2	81 57.0	182 58.5	181 65.6	60 66.7
うち3年以内	1 100		1 100		8 10.1	9 81.8	14 100		26 35.1	57 31.5	18 22.2	58 31.9	44 24.3	10 16.7
更生保護施設					1 0.7	4 26.7	2 12.5		8 7.8	15 5.3	4 2.8	15 4.8	15 5.4	4 4.4
うち3年以内					1 100	4 100	2 100		2 25.0	9 60.0	4 100	9 60.0	12 80.0	4 100
指定入院医療機関	28 96.6		28 96.6		65 44.8			1 25.0	20 19.6	86 30.5	57 40.1	114 36.7	80 29.0	26 28.9
うち3年以内	20 71.4		20 71.4		26 40.0				15 75.0	41 47.7	21 36.8	61 53.5	52 65.0	15 57.7
計（A）	29 100		29 100		145 100	15 100	16 100	4 100	102 100	282 100	142 100	311 100	276 100	90 100
うち3年以内	21 72.4		21 72.4		35 24.1	13 86.7	16 100		43 42.2	107 37.9	43 30.3	128 41.2	108 39.1	29 32.2
現在員（B）	4,660	5,771	10,431		113,545	959	1,581	1,033	30,596	147,714	67,218	158,145	3,415	34,152は本調査全体の回答施設数
(A)/(B)	0.62		0.28		0.13	1.56	1.01	0.39	0.33	0.19	0.21	0.20		8.08

矯正施設とは，刑務所，少年刑務所，拘置所，少年院，少年鑑別所，婦人補導院をさす
うち3年以内の人数の％は，上段の人数を母数にして算出

　表40は，現在員の中で，矯正施設・更生保護施設・指定入院医療機関を退院・退所した利用者数を示したものである。利用者数は311人（前年度353人）で，全利用者の0.20％であり，前年度（0.23％）と比べて0.03ポイント下がった。また，事業箇所数は276カ所で，全事業所の8.08％であり，前年度（9.05％）と比べて0.97ポイント下がった。

　障害者総合支援法に基づく事業種別毎にみると，自立訓練（1.56％）での受け入れが最も高率であったが，前年度（1.63％）と比べて0.07ポイント下がった。次いで，就労移行支援（1.01％），障害児入所施設（0.62％）の順であった。一方，地域生活移行個別支援特別加算の対象である施設入所支援での受け入れについては0.21％（前年度0.22％）に留まっていた。また，地域生活移行個別支援特別加算の対象となりうる利用3年以内の人は，自立訓練で15人中13人（86.7％），施設入所支援で142人中43人（30.3％）であった。

　矯正施設・更生保護施設・指定入院医療機関別にみると，全体では「矯正施設」（58.5％）が最も高率で，次いで「指定入院医療機関」（36.7％），「更生保護施設」（4.8％）の順であったが，障害児入所施設においては「指定入院医療機関」（96.6％）が最も高率であった。

表41　地域生活移行個別支援特別加算を受けている利用者数

（下段は％）

	自立訓練 （宿泊型）	施設入所 支援	計
人数	1	10	11
	0.26	0.01	0.02
該当事業種別の現在員	392	67,218	67,610
対象者のいる施設数	1	9	10
	4.55	0.70	0.77
該当事業種別の施設数	22	1,281	1,303

※地域生活移行個別支援特別加算の対象及び対象だった利用者11人は、該当事業種別の現在員67,610人の0.02％にあたる。

※上記利用者のいる10施設は、該当事業種別の施設数1,303施設の0.77％にあたる。

　表41は，施設入所支援及び自立訓練（宿泊型）において，地域生活移行個別支援特別加算を受けている利用者数を示したものである。加算の対象者は11人（前年度17人）で該当事業種別の現在員の0.02％であり，前年度（0.03％）と比べて0.01ポイント下がった。対象者のいる施設数は10カ所で，該当事業種別の施設数の0.77％（前年度1.20％）であった。なお，自立訓練（宿泊型）では4.55％（前年度13.64％）が加算を受けており，22.0カ所に1カ所は加算対象者を受け入れていることがわかる。また，地域生活移行個別支援特別加算の対象となりうる利用3年以内の人（表40）のうち，自立訓練で13人中1人（7.69％），施設入所支援で43人中10人（23.26％）が加算の対象であった。利用3年以内の人のうち80.36％の人が，何らかの理由で加算を受けていない。

11．支援度

　支援度は，表42〈支援度の指標〉をもとに，「常時全ての面で支援が必要」とする1級から，「ほとんど支援の必要がない」とする5級まで，支援の必要な度合いを1級刻みの5段階で評価したもので，表43-1～表43-3は日常生活面，行動面，保健面の3つの側面について，それぞれに支援度を集計したものである。

表42 ＜支援度の指標＞

支援の程度／項目	1級 常時全ての面で支援が必要	2級 常時多くの面で支援が必要	3級 時々又は一時的にあるいは一部支援が必要	4級 点検、注意又は配慮が必要	5級 ほとんど支援の必要がない
日常生活面	基本的生活習慣が形成されていないため，常時全ての面での介助が必要。それがないと生命維持も危ぶまれる。	基本的生活習慣がほとんど形成されていないため，常時多くの面での介助が必要。	基本的生活習慣の形成が不十分なため，一部介助が必要。	基本的生活習慣の形成が不十分ではあるが，点検助言が必要とされる程度。	基本的生活習慣はほとんど形成されている。自主的な生活態度の養成が必要。
行動面	多動，自他傷，拒食などの行動が顕著で常時付添い注意が必要。	多動，自閉などの行動があり，常時注意が必要。	行動面での問題に対し注意したり，時々指導したりすることが必要。	行動面での問題に対し，多少注意する程度。	行動面にはほとんど問題がない。
保健面	身体健康に厳重な看護が必要。生命維持の危険が常にある。	身体的健康につねに注意，看護が必要。発作頻発傾向。	発作が時々あり，あるいは周期的精神変調がある等のため一時的又は時々看護の必要がある。	服薬等に対する配慮程度。	身体的健康にはほとんど配慮を要しない。

表43-1　支援度－日常生活面－

(人・下段は％)

支援度	障害児入所施設	児童発達支援センター	計(Ⅰ)	療養介護	生活介護	自立訓練	就労移行	就労継続A型	就労継続B型	計(Ⅱ)	うち施設入所支援	計(Ⅰ+Ⅱ)
1級	755	378	1,133		22,315	9		1	175	22,500	15,130	23,633
	16.2	6.5	10.9		19.7	0.9		0.1	0.6	15.2	22.5	14.9
2級	881	1,657	2,538		36,874	48	40	23	1,661	38,646	23,610	41,184
	18.9	28.7	24.3		32.5	5.0	2.5	2.2	5.4	26.2	35.1	26.0
3級	1,172	1,959	3,131		33,519	289	217	108	7,167	41,300	19,385	44,431
	25.2	33.9	30.0		29.5	30.1	13.7	10.5	23.4	28.0	28.8	28.1
4級	993	1,056	2,049		15,123	366	566	322	11,403	27,780	7,327	29,829
	21.3	18.3	19.6		13.3	38.2	35.8	31.2	37.3	18.8	10.9	18.9
5級	528	441	969		3,546	245	682	576	9,163	14,212	1,368	15,181
	11.3	7.6	9.3		3.1	25.5	43.1	55.8	29.9	9.6	2.0	9.6
不明	331	280	611		2,168	2	76	3	1,027	3,276	398	3,887
	7.1	4.9	5.9		1.9	0.2	4.8	0.3	3.4	2.2	0.6	2.5
計	4,660	5,771	10,431		113,545	959	1,581	1,033	30,596	147,714	67,218	158,145
	100	100	100		100	100	100	100	100	100	100	100

表43-2　支援度－行動面－　　　　　　　　　　　　　　　　　　　　　　　　　　　　　　（人・下段は％）

| 支援度 | 児童福祉法 | | | 障　害　者　総　合　支　援　法 | | | | | | | | 計(I+II) |
	障害児入所施設	児童発達支援センター	計(I)	療養介護	生活介護	自立訓練	就労移行	就労継続A型	就労継続B型	計(II)	うち施設入所支援	
1級	867	430	1,297		19,407	9	1	2	232	19,651	13,023	20,948
	18.6	7.5	12.4		17.1	0.9	0.1	0.2	0.8	13.3	19.4	13.2
2級	984	1,813	2,797		31,942	59	35	28	1,946	34,010	20,423	36,807
	21.1	31.4	26.8		28.1	6.2	2.2	2.7	6.4	23.0	30.4	23.3
3級	1,455	1,987	3,442		37,547	359	371	155	9,485	47,917	22,747	51,359
	31.2	34.4	33.0		33.1	37.4	23.5	15.0	31.0	32.4	33.8	32.5
4級	709	881	1,590		16,705	275	510	277	9,803	27,570	8,641	29,160
	15.2	15.3	15.2		14.7	28.7	32.3	26.8	32.0	18.7	12.9	18.4
5級	339	379	718		5,442	254	596	569	8,030	14,891	1,767	15,609
	7.3	6.6	6.9		4.8	26.5	37.7	55.1	26.2	10.1	2.6	9.9
不明	306	281	587		2,502	3	68	2	1,100	3,675	617	4,262
	6.6	4.9	5.6		2.2	0.3	4.3	0.2	3.6	2.5	0.9	2.7
計	4,660	5,771	10,431		113,545	959	1,581	1,033	30,596	147,714	67,218	158,145
	100	100	100		100	100	100	100	100	100	100	100

表43-3　支援度－保健面－　　　　　　　　　　　　　　　　　　　　　　　　　　　　　　（人・下段は％）

| 支援度 | 児童福祉法 | | | 障　害　者　総　合　支　援　法 | | | | | | | | 計(I+II) |
	障害児入所施設	児童発達支援センター	計(I)	療養介護	生活介護	自立訓練	就労移行	就労継続A型	就労継続B型	計(II)	うち施設入所支援	
1級	395	71	466		6,746	2		6	86	6,840	5,085	7,306
	8.5	1.2	4.5		5.9	0.2		0.6	0.3	4.6	7.6	4.6
2級	254	126	380		18,751	17	5	5	656	19,434	13,276	19,814
	5.5	2.2	3.6		16.5	1.8	0.3	0.5	2.1	13.2	19.8	12.5
3級	822	248	1,070		37,112	138	109	47	4,277	41,683	23,535	42,753
	17.6	4.3	10.3		32.7	14.4	6.9	4.5	14.0	28.2	35.0	27.0
4級	1,993	679	2,672		39,430	463	442	302	12,291	52,928	22,561	55,600
	42.8	11.8	25.6		34.7	48.3	28.0	29.2	40.2	35.8	33.6	35.2
5級	946	4,358	5,304		8,717	334	946	671	12,130	22,798	2,130	28,102
	20.3	75.5	50.8		7.7	34.8	59.8	65.0	39.6	15.4	3.2	17.8
不明	250	289	539		2,789	5	79	2	1,156	4,031	631	4,570
	5.4	5.0	5.2		2.5	0.5	5.0	0.2	3.8	2.7	0.9	2.9
計	4,660	5,771	10,431		113,545	959	1,581	1,033	30,596	147,714	67,218	158,145
	100	100	100		100	100	100	100	100	100	100	100

　児童福祉法における障害児入所施設・児童発達支援センターの場合，日常生活面は1，2，3級を合わせると65.2％，行動面についても同級合計が72.2％となり，支援度が高いことがわかる。また保健面については，障害児入所施設では4級（42.8％）が最も高率であり，比較的支援度は低いものの，服薬等に対する配慮が必要な児童が多いことがわかる。児童発達支援センターでは5級（75.5％）が最も高率となっており，これらの傾向は例年と変化はみられない。

障害者総合支援法による事業は，各事業の利用対象者を明確にしていることから，事業間の支援度に顕著な相違がみられた。

　日常生活面をみると，生活介護が1，2，3級の合計が全体の8割を超え支援度の高さが顕著であるのに対して，自立訓練を除いた就労系の3事業においては4，5級が多数を占めていた。また1〜2級の総数，割合は前年度と大差なく，どの事業においても日常生活面において重度化の傾向にあることがうかがえる。

　また施設入所支援では，支援度の高い1，2級の割合が他の事業に比して，日常生活面，行動面，保健面ともに高率となっていた。

12. 医療的ケアの実施状況

　表44は事業所内における医療的ケアの実施状況を示したものであり，延べ5,383人（3.40%）が医療的ケアを必要としている。

　障害者総合支援法による事業は，各事業の利用対象者を明確にしていることから，事業間の医療的ケアの実施状況において顕著な相違がみられた。

　生活介護においては，「カテーテルの管理」が最も高く0.60%（683人），次いで「経管栄養の注入・水分補給」0.55%（627人），「喀痰吸引」0.55%（621人）となっていた。一方，自立訓練，就労移行支援，就労継続支援A型においては，糖尿病によるインシュリン療法の支援等一部存在しているものの，医療的ケアはほとんど必要とされていないことがうかがえる。

　障害児入所施設では，「経管栄養の注入・水分補給」が最も高く4.18%（195人）となっており，次いで「喀痰吸引」が3.37%（157人），「気管切開の管理」が1.59%（74人）となっていた。また，児童発達支援センターでは，「経管栄養の注入・水分補給」が最も高く0.83%（48人），次いで「喀痰吸引」が0.57%（33人）となっており，障害児入所施設同様，高度な医療的ケアが提供されていることがわかる。

表44　医療的ケアの実施状況　　　　　　　　　　　（上段は延べ人数・中段は該当者計の％・下段は事業種別全利用者数の％）

	児童福祉法			障害者総合支援法								計（Ⅰ＋Ⅱ）
	障害児入所施設	児童発達支援センター	計（Ⅰ）	療養介護	生活介護	自立訓練	就労移行	就労継続A型	就労継続B型	計（Ⅱ）	うち施設入所支援	
点滴の管理（持続的）					5					5	1	5
					0.1					0.1	0.0	0.1
					0.00					0.00	0.00	0.00
中心静脈栄養（ポートも含む）	1	3	4		4					4	2	8
	0.2	1.9	0.5		0.1					0.1	0.1	0.1
	0.02	0.05	0.04		0.00					0.00	0.00	0.01
ストーマの管理（人工肛門・人工膀胱）	9	3	12		299			1	15	315	237	327
	1.4	1.9	1.5		6.7			50.0	12.0	6.9	9.5	6.1
	0.19	0.05	0.12		0.26			0.10	0.05	0.21	0.35	0.21
酸素療法	65	18	83		153	1			4	158	64	241
	10.0	11.6	10.3		3.4	11.1			3.2	3.5	2.6	4.5
	1.39	0.31	0.80		0.13	0.10			0.01	0.11	0.10	0.15
吸入	43	7	50		218				10	228	77	278
	6.6	4.5	6.2		4.9				8.0	5.0	3.1	5.2
	0.92	0.12	0.48		0.19				0.03	0.15	0.11	0.18
人工呼吸器の管理（侵襲，非侵襲含む）	47	5	52		57					57	4	109
	7.2	3.2	6.4		1.3					1.2	0.2	2.0
	1.01	0.09	0.50		0.05					0.04	0.01	0.07
気管切開の管理	74	24	98		181					181	5	279
	11.3	15.5	12.1		4.1					4.0	0.2	5.2
	1.59	0.42	0.94		0.16					0.12	0.01	0.18
喀痰吸引（口腔・鼻腔・カニューレ内）	157	33	190		621					621	135	811
	24.1	21.3	23.5		14.0					13.6	5.4	15.1
	3.37	0.57	1.82		0.55					0.42	0.20	0.51
経管栄養の注入・水分補給（胃ろう・腸ろう・経鼻経管栄養）	195	48	243		627				1	628	113	871
	29.9	31.0	30.1		14.1				0.8	13.7	4.5	16.2
	4.18	0.83	2.33		0.55				0.00	0.43	0.17	0.55
インシュリン療法	9	2	11		274	8	1	1	62	346	180	357
	1.4	1.3	1.4		6.2	88.9	100	50.0	49.6	7.6	7.2	6.6
	0.19	0.03	0.11		0.24	0.83	0.06	0.10	0.20	0.23	0.27	0.23
導尿	24	8	32		331				15	346	241	378
	3.7	5.2	4.0		7.5				12.0	7.6	9.7	7.0
	0.52	0.14	0.31		0.29				0.05	0.23	0.36	0.24
カテーテルの管理（コンドーム・留置・膀胱ろう）	14	2	16		683				12	695	588	711
	2.1	1.3	2.0		15.4				9.6	15.2	23.6	13.2
	0.30	0.03	0.15		0.60				0.04	0.47	0.87	0.45
摘便	8	2	10		497				2	499	453	509
	1.2	1.3	1.2		11.2				1.6	10.9	18.2	9.5
	0.17	0.03	0.10		0.44				0.01	0.34	0.67	0.32
じょく瘡の処置	5		5		455				4	459	368	464
	0.8		0.6		10.3				3.2	10.0	14.8	8.6
	0.11		0.05		0.40				0.01	0.31	0.55	0.29
疼痛の管理（がん末期のペインコントロール）	1		1		34					34	20	35
	0.2		0.1		0.8					0.7	0.8	0.7
	0.02		0.01		0.03					0.02	0.03	0.02
計	652	155	807		4,439	9	1	2	125	4,576	2,488	5,383
	100	100	100		100	100	100	100	100	100	100	100
	13.99	2.69	7.74		3.91	0.94	0.06	0.19	0.41	3.10	3.70	3.40
全利用者実数	4,660	5,771	10,431		113,545	959	1,581	1,033	30,596	147,714	67,218	158,145
	100	100	100		100	100	100	100	100	100	100	100

13. 複数事業利用者の状況

　表45は，児童発達支援センター及び日中活動事業の利用者で，定期的に複数の事業もしくは同一事業を複数個所で利用している者の状況を調査したものである。

　児童発達支援センター及び日中活動事業利用者全体の6.8％が，複数の事業もしくは同一事業を複数個所で利用しており，前年度（6.9％）とほぼ同率となっている。事業種別毎にみると，児童発達支援センターで現在員の27.1％（1,565人）となっており，4人に1人以上が幼稚園や保育園を併用していることがわかる。また障害者総合支援法に基づく事業においては，全体で6.0％と前年度（6.2％）より0.2ポイント減っている。また事業種別毎でみると生活介護6.9％（前年度6.9％）と就労継続B型3.2％（同3.5％）で前年度とほぼ同割合であるが，それ以外の事業においては自立訓練が3.2％（31人）で前年度8.7％（91人），就労移行が0.9％（14人）で同3.8％（62人），就労継続A型が2.9％（30人）で同6.1％（67人）と割合，実数ともに大幅に減少している。

表45　複数事業利用者数

		児童福祉法（Ⅰ）	障　害　者　総　合　支　援　法							合計
		児童発達支援センター	日中系（単独・多機能含む）						計（Ⅱ）	（Ⅰ＋Ⅱ）
			療養介護	生活介護	自立訓練	就労移行	就労継続A型	就労継続B型		
複数事業利用人数	人	1,565		7,860	31	14	30	974	8,909	10,474
	％	27.1		6.9	3.2	0.9	2.9	3.2	6.0	6.8
複数利用ありの事業所数		84		1,132	10	5	1	282	1,430	1,514
現在員		5,771	0	113,545	959	1,581	1,033	30,596	147,714	153,485

14. 日中活動利用者の生活の場の状況

　表46は，日中活動利用者の生活の場の状況を示したものである。全体では「施設入所支援」の割合が最も高く37.6％（前年度36.6％），次いで「家庭」からの通所者が35.3％（同35.2％）と両項目合計で全体の7割以上を占める。また「グループホーム・生活寮等」の利用者数の割合は14.8％（同14.0％）と前年度より0.8ポイントの増加となっている。なお，「施設入所支援」においては，事業の特性上，生活介護が47.7％と最も高率となっていた。

　一方，事業種別毎にみると生活介護以外の4事業においてはすべて「家庭」からの通所者が最も高率であり，就労系の3事業については，「グループホーム・生活寮等」からの通勤割合も高くなっている。

表46　日中活動利用者の生活の場の状況

（人・下段は％）

| | 障害者総合支援法 | | | | | |
| | 日中系（単独・多機能含む） | | | | | 計 |
	療養介護	生活介護	自立訓練	就労移行	就労継続A型	就労継続B型	
家庭		31,767	302	1,093	494	18,444	52,100
		28.0	31.5	69.1	47.8	60.3	35.3
アパート等		498	22	50	111	1,012	1,693
		0.4	2.3	3.2	10.7	3.3	1.1
グループホーム・生活寮等		12,568	47	201	417	8,603	21,836
		11.1	4.9	12.7	40.4	28.1	14.8
自立訓練（宿泊型）		62	36	5		51	154
		0.1	3.8	0.3		0.2	0.1
福祉ホーム		138		1	1	88	228
		0.1		0.1	0.1	0.3	0.2
施設入所支援		54,188	120	120		1,142	55,570
		47.7	12.5	7.6		3.7	37.6
その他		518	12	7	1	143	681
		0.5	1.3	0.4	0.1	0.5	0.5
不明・無回答		13,806	420	104	9	1,113	15,452
		12.2	43.8	6.6	0.9	3.6	10.5
計		113,545	959	1,581	1,033	30,596	147,714
		100	100	100	100	100	100

15. 施設入所支援利用者の日中活動の場の状況

　表47は，施設入所支援利用者の日中活動の場の状況を示したものであるが，突出して高いのは「同一法人敷地内で活動」の90.2％であった。同項目では概ね90％前後の高率が続いており，大きな変化はみられない。

表47　施設入所支援利用者の日中活動の場の状況

	人数	％
同一法人敷地内で活動	60,644	90.2
同一法人で別の場所（敷地外）で活動	2,505	3.7
他法人・他団体が運営する日中活動事業所等で活動	373	0.6
その他の日中活動事業所等で活動	107	0.2
不明・無回答	3,589	5.3
計	67,218	100

16. 成年後見制度の利用状況

　表48は，成年後見制度の利用状況を示したものである。成年後見制度を利用しているのは16,853人で前年（15,989人）より864人の増加がみられ，全事業所の現在員（158,145人）の10.7％で前年度（10.5％），前々年度（9.5％）と年々増加傾向にあり，制度利用が進んでいることがうかがえる。事業種別毎にみると，施設入所支援（20.6％）での利用が最も高率で，次いで生活介護（13.7％），就労継続支援Ｂ型（4.0％）の順であった。また，成年後見制度の類型毎にみると「後見」（93.0％）が最も高率で，次いで「保佐」（6.2％），「補助」（0.8％）の順であった。障害児入所施設では，全員が「後見」であった。

表48　成年後見制度の利用状況　　　　　　　　　　　　　　　　　　　　　　　　　　　　　　　　　　　（人・下段は%）

	児童福祉法		計（I）	障害者総合支援法						計（II）	うち施設入所支援	計（I＋II）
	障害児入所施設	児童発達支援センター		療養介護	生活介護	自立訓練	就労移行	就労継続A型	就労継続B型			
後見	57 100		57 100		14,738 95.1	13 59.1	19 67.9	17 56.7	828 68.0	15,615 93.0	13,257 95.9	15,672 93.0
保佐					670 4.3	9 40.9	8 28.6	11 36.7	349 28.7	1,047 6.2	481 3.5	1,047 6.2
補助					91 0.6		1 3.6	2 6.7	40 3.3	134 0.8	82 0.6	134 0.8
計（A）	57 100		57 100		15,499 100	22 100	28 100	30 100	1,217 100	16,796 100	13,820 100	16,853 100
現在員（B）	4,660	5,771	10,431		113,545	959	1,581	1,033	30,596	147,714	67,218	158,145
（A）／（B）	1.2		0.5		13.7	2.3	1.8	2.9	4.0	11.4	20.6	10.7

17.　入退所の状況

　表49は，2020年度（2020年4月1日〜2021年3月31日の1年間）における新規利用者総数と新規利用率（入所率）を示したものである。1年間の新規利用者数（入所者数）は全体で10,753人，新規利用率（入所率）は6.9%であったが，前年度（7.4%）と比べて0.5ポイント下がった。

　事業種別毎にみると，児童発達支援センターはその特性から52.2%と他事業に比して高く，利用期限のない生活介護（3.9%），就労継続支援B型（6.5%），就労継続支援A型（8.0%）は，利用が有期限である就労移行支援（37.2%），自立訓練（31.5%）と比べると低率であった。また，居住の場である障害児入所施設は12.5%，施設入所支援は3.0%であり，障害児入所施設の方が高率であった。

　表50は，2020年度における退所者総数と退所率を示したものである。1年間の退所者数は全体で9,962人，退所率は5.9%であったが，前年度（6.1%）と比べて0.2ポイント下がった。事業種別毎にみると，就労移行支援の退所率（33.4%）が最も高率で，次いで，自立訓練（32.7%），児童発達支援センター（28.7%）の順であった。生活介護（3.3%）と施設入所支援（3.2%）は他事業に比して低率であった。

表49　新規利用者総数と入所率

施設種別	児童福祉法		計（I）	障害者総合支援法						計（II）	うち施設入所支援	計（I＋II）
	障害児入所施設	児童発達支援センター		療養介護	生活介護	自立訓練	就労移行	就労継続A型	就労継続B型			
入所者総数（人）	766	2,396	3,162		4,292	447	842	95	1,915	7,591	2,119	10,753
入所率（%）	12.5	52.2	29.5		3.9	31.5	37.2	8.0	6.5	5.2	3.0	6.9

※新規利用者（入所率）＝新規利用者総数／定員×100

表50　退所者総数と退所率

施設種別	児童福祉法		計（I）	障害者総合支援法						計（II）	うち施設入所支援	計（I＋II）
	障害児入所施設	児童発達支援センター		療養介護	生活介護	自立訓練	就労移行	就労継続A型	就労継続B型			
入所者総数（人）	863	2,321	3,184		3,818	467	792	83	1,618	6,778	2,222	9,962
退所率（%）	15.6	28.7	23.4		3.3	32.7	33.4	7.4	5.0	4.4	3.2	5.9

※　退所率＝退所者数／（現員＋退所者数）×100

(1) 入所前の状況

　表51は，2020年度（2020年4月1日～2021年3月31日の1年間）における新規利用者の入所前（利用前）の生活の場を示したものである。全体では「家庭」（73.1%）が最も高率であり，前年度（71.8%）と比べて1.3ポイント上がった。次いで「グループホーム・生活寮等」（9.1%），「施設入所支援」（5.9%）の順であった。

　児童発達支援センターも含めた日中活動事業では，どの種別においても「家庭」が最も高率であり，児童発達支援センターでは99.3%が「家庭」であった。就労移行支援や就労継続支援A型，就労継続支援B型，生活介護では「家庭」に次いで「グループホーム・生活寮等」が，自立訓練では「家庭」に次いで「児童養護施設」が高率であった。入所系事業でみると，障害児入所施設では「家庭」（73.6%）に次いで「児童養護施設」（8.9%）が高率であったが，施設入所支援では，「家庭」（43.3%）に次いで「施設入所支援」（19.4%）が高率であった。

表51　入所前の状況　－生活の場－

(%)

入所前の生活の場	児童福祉法			障害者総合支援法							計(Ⅱ)	うち施設入所支援	計(Ⅰ+Ⅱ)
	障害児入所施設	児童発達支援センター	計(Ⅰ)	療養介護	生活介護	自立訓練	就労移行	就労継続A型	就労継続B型				
1．家庭（親・きょうだいと同居）	73.6	99.3	93.1		60.4	68.0	77.4	63.2	68.4	64.8	43.3	73.1
2．アパート等（主に単身）					1.3	2.9	3.7	4.2	5.4	2.7	1.1	1.9
3．グループホーム・生活寮等	0.4		0.1		13.3	4.5	9.0	16.8	15.0	12.8	15.4	9.1
4．社員寮・住み込み等						0.1	0.2	1.1	0.2	0.1	0.1	0.1
5．職業能力開発校寄宿舎												
6．特別支援学校寄宿舎	0.1		0.0		1.1	4.5	1.7		1.3	1.4	1.7	1.0
7．障害児入所施設（福祉型・医療型）	4.7		1.2		3.7	4.9	0.8	1.1	0.6	2.6	7.0	2.2
8．児童養護施設	8.9	0.5	2.5		0.3	6.0	1.0			0.7	0.8	1.2
9．乳児院	2.9	0.2	0.8									0.2
10．児童自立支援施設	1.2		0.3		0.1	0.2	0.1			0.1	0.2	0.1
11．知的障害者福祉ホーム					0.1		0.2	1.1	0.3	0.2	0.1	0.1
12．救護施設	0.1		0.0		0.1		0.1	1.1	0.2	0.2	0.2	0.2
13．老人福祉・保健施設					0.1					0.1	0.1	0.1
14．一般病院・老人病院	0.9		0.2		0.8	0.2			0.1	0.5	1.0	0.4
15．精神科病院	3.3		0.8		3.5	2.9	0.4		2.5	2.8	6.6	2.2
16．施設入所支援	0.8		0.2		12.1	3.6	3.9		3.0	8.3	19.4	5.9
17．自立訓練（宿泊型）					0.2	0.2	0.4		0.6	0.3	0.4	0.2
18．少年院・刑務所等の矯正施設	0.1		0.0			1.1	1.1		0.6	0.4	0.3	0.3
19．その他・不明	3.0		0.7		1.2	0.7	0.2	1.1	0.4	0.9	2.3	0.8
不明					1.4				10.5	1.1	1.2	0.9
計	100	100	100		100	100	100	100	100	100	100	100

表52は，1年間の新規利用者の入所前（利用前）の活動の場を示したものである。全体では「特別支援学校（高等部含む）」（19.2%）が最も高率で，次いで「生活介護」（18.5%），「家庭のみ」（15.7%）の順であった。事業別にみると，生活介護では同じ事業種別からの移行が他に比して高率であった。同事業種別の他事業所からの新規利用が背景として考えられる。また，就労継続支援A型は，「一般就労」（18.9%）からの移行が他に比して高率になっており，事業の特性が反映されていた。自立訓練や就労移行支援，就労継続支援B型は，「特別支援学校（高等部含む）」からの新規利用が他に比して高率であった。

表52　入所前の状況　－活動の場等－

(%)

| 入所前の活動の場等 | 児童福祉法 | | | 障害者総合支援法 | | | | | | | うち施設入所支援 | 計(Ⅰ+Ⅱ) |
	障害児入所施設	児童発達支援センター	計(Ⅰ)	療養介護	生活介護	自立訓練	就労移行	就労継続A型	就労継続B型	計(Ⅱ)		
1. 家庭のみ	4.6	34.6	27.4		8.3	15.0	12.1	10.5	15.1	10.9	7.6	15.7
2. 一般就労					0.8	12.5	19.0	18.9	9.8	6.0	1.1	4.2
3. 福祉作業所	0.1		0.0		2.1	1.1	1.0	1.1	2.2	1.9	2.7	1.4
4. 職業能力開発校						0.2	0.5	3.2	0.2	0.1	0.0	0.1
5. 特別支援学校（高等部含む）	29.2		7.1		22.0	38.9	29.1	8.4	24.3	24.2	7.3	19.2
6. 小中学校（普通学級）	4.6		1.1			0.2				0.1		0.4
7. 小中学校（特別支援学級）	38.5	0.2	9.5		1.1	1.6	2.6	8.4	0.7	1.3	1.0	3.7
8. その他の学校	1.0	0.1	0.3		0.1	2.7	3.6	1.1	0.2	0.7	0.1	0.6
9. 保育所・幼稚園	5.6	34.8	27.7									8.2
10. 障害児入所施設（福祉型・医療型）	1.6	1.0	1.1		2.1	0.4			0.2	1.2	3.4	1.2
11. 児童発達支援センター・児童発達支援事業等	1.4	27.2	20.9									6.2
12. 児童養護施設	2.0	0.4	0.8		0.1	0.2	0.4			0.1	0.2	0.3
13. 乳児院	2.6	0.2	0.8									0.2
14. 救護施設	0.1		0.0		0.1		0.1		0.3	0.1	0.2	0.1
15. 老人福祉・保健施設					0.3		0.1		0.1	0.2	0.2	0.1
16. 一般病院・老人病院（入院）	0.8		0.2		0.9		0.2		0.3	0.6	1.4	0.5
17. 精神科病院（入院）	2.9		0.7		3.4	2.9	0.5		2.0	2.6	6.0	2.1
18. 療養介護											0.1	0.0
19. 生活介護	0.3		0.1		44.2	2.7	0.2		4.1	26.2	53.9	18.5
20. 自立訓練	0.1		0.0		0.6	3.8	10.6		2.6	2.4	1.2	1.7
21. 就労移行支援					0.2	2.9	6.4	13.7	8.0	3.2	0.3	2.3
22. 就労継続支援A型					0.2	1.8	1.5	12.6	3.6	1.5	0.4	1.0
23. 就労継続支援B型					10.5	6.7	8.4	15.8	23.1	13.3	7.4	9.4
24. 地域活動支援センター等					0.9	0.7	0.5	1.1	0.9	0.8	0.5	0.6
25. 少年院・刑務所等の矯正施設						0.9	1.0		0.6	0.3	0.3	0.2
26. その他・不明	0.8	1.0	0.9		1.9	1.8	1.7	5.3	1.8	1.9	2.3	1.6
不明	3.8	0.5	1.3		3.1	0.4			0.2	0.2	1.9	0.5
計	100	100	100		100	100	100	100	100	100	100	100

(2) 退所後の状況

　表53は，退所後の生活の場を示したものである。全体では「家庭（親・きょうだいと同居）」（48.6%）が最も高率であり，前年度（47.7%）と比べて0.9ポイント上がった。次いで「グループホーム・生活寮等」（15.9%），「施設入所支援」（11.2%）の順であった。施設入所支援から「グループホーム・生活寮等」，「社員寮・住み込み等」，「アパート等」に移った人は合わせて13.8%であり，前年度（14.8%）と比べ1.0ポイント下がった。また，施設入所支援から「一般病院・老人病院」（13.2%）と「老人福祉・保健施設」（10.8%）への移行は合わせて24.0%であり，前年度（22.9%）より1.1ポイント上がった。障害児入所施設では「グループホーム・生活寮等」（35.3%）が最も高率であり，「家庭」（26.1%），「施設入所支援」（24.1%）の順であった。

　退所後の生活の場が「精神科病院（入院）」である人は全体の1.6%であり，そのうち生活介護及び施設入所支援が他事業種別に比して高率であった。「死亡退所」は全体の10.4%であったが，前年度（10.7%）と比べて0.3ポイント下がった。生活介護では退所者の約4人に1人が，施設入所支援では退所者の約2.7人に1人が死亡退所であった。

表53　退所後の状況　ー生活の場ー　　　　　　　　　　　　　　　　　　　　　　　　　　　　　　（%）

| 退所後の生活の場 | 児童福祉法 | | | 障害者総合支援法 | | | | | | 計（Ⅱ） | うち施設入所支援 | 計（Ⅰ＋Ⅱ） |
	障害児入所施設	児童発達支援センター	計（Ⅰ）	療養介護	生活介護	自立訓練	就労移行	就労継続A型	就労継続B型			
1. 家庭（親・きょうだいと同居）	26.1	99.0	79.2		18.1	39.6	73.9	62.7	50.0	34.3	5.9	48.6
2. アパート等（主に単身）	0.5		0.1		0.9	6.2	4.2	14.5	7.4	3.3	0.4	2.3
3. グループホーム・生活寮等	35.3		9.6		15.0	37.9	15.0	18.1	24.0	18.8	13.4	15.9
4. 社員寮・住み込み等	0.5		0.1			0.2	1.8		0.1	0.2		0.2
5. 職業能力開発校寄宿舎	0.3		0.1									0.0
6. 特別支援学校寄宿舎	0.3		0.1									0.0
7. 障害児入所施設（福祉型・医療型）	5.0	0.3	1.6		0.5	1.3	0.1		0.2	0.4	0.7	0.8
8. 児童養護施設	0.5	0.3	0.4			0.2						0.1
9. 知的障害者福祉ホーム	0.2		0.1		0.1	0.4	0.1			0.1		0.1
10. 救護施設					0.1					0.1	0.1	0.1
11. 老人福祉・保健施設	0.1		0.0		7.8	0.9			1.7	4.9	10.8	3.3
12. 一般病院・老人病院	0.2		0.1		8.4				1.1	5.0	13.2	3.4
13. 精神科病院	0.8		0.2		2.9	2.4	0.3	1.2	1.8	2.3	4.5	1.6
14. 施設入所支援	24.1	0.1	6.6		18.8	9.2	2.1	2.4	8.0	13.4	13.4	11.2
15. 自立訓練（宿泊型）	1.6		0.4		0.1	1.5	0.6		0.6	0.3	0.1	0.4
16. 少年院・刑務所等の矯正施設	0.3		0.1				0.1		0.3	0.1		0.1
17. その他・不明	1.6	0.1	0.5		0.8	0.2	0.5		0.9	0.8	0.6	0.7
18. 死亡退所	1.5	0.1	0.5		25.1			1.2	3.9	15.1	37.1	10.4
不明	0.9		0.3		1.2		1.3			0.8		0.7
計	100	100	100		100	100	100	100	100	100	100	100

退所後の活動の場（表54）について，全体では「生活介護」（21.4％）が最も高率であり，前年度（21.2％）より0.2ポイント上がった。次いで「死亡退所」（10.4％），「就労継続支援B型」（9.8％）の順であった。生活介護と就労継続支援Ｂ型の退所後の活動の場は，同じ事業が最も高率であった。同業他所への新規利用が背景として考えられる。

　障害児入所施設では「生活介護」（32.2％）が最も高率であったが，前年度（33.6％）と比べて1.4ポイント下がった。次いで「就労継続支援Ｂ型」（15.2％），「一般就労」（9.8％），「特別支援学校（高等部含む）」（8.2％）の順であった。障害福祉サービスへの移行だけではない様子がうかがわれた。児童発達支援センターでは「特別支援学校（高等部含む）」（30.0％）が最も高率であったが，前年度（31.2％）と比べて1.2ポイント下がった。次いで「小中学校（特別支援学級）」（26.8％），「保育所・幼稚園」（25.9％）の順であった。

　退所後の活動の場のうち「一般就労」の内訳をみると，事業の特性からか就労移行支援（55.6％）が最も高率で，次いで自立訓練（36.4％），就労継続支援Ａ型（21.7％）の順であった。

表54　退所後の状況　－活動の場等－　　　　　　　　　　　　　　　　　　　　　　　　　　　　(%)

退所後の活動の場等	児童福祉法		計(Ⅰ)	障害者総合支援法						計(Ⅱ)	うち施設入所支援	計(Ⅰ+Ⅱ)
	障害児入所施設	児童発達支援センター		療養介護	生活介護	自立訓練	就労移行	就労継続A型	就労継続B型			
1. 家庭のみ	2.5	0.9	1.4		4.1	5.4	4.9	18.1	13.2	6.6	2.2	4.9
2. 一般就労	9.8		2.7		0.3	36.4	55.6	21.7	9.2	11.7	1.2	8.8
3. 福祉作業所・小規模作業所	4.9	0.1	1.4		0.8	2.6	0.4	4.8	2.1	1.2	0.5	1.3
4. 職業能力開発校	0.3		0.1				0.1	1.2	0.2	0.1		0.1
5. 特別支援学校(高等部含む)	8.2	30.0	24.1				0.9		0.1	0.1		7.8
6. 小中学校(普通学級)	1.0	5.7	4.5									1.4
7. 小中学校(特別支援学級)	5.3	26.8	21.0			0.2						6.7
8. その他の学校	1.3	1.0	1.1			0.2	0.1		0.1	0.1		0.4
9. 保育所・幼稚園	0.8	25.9	19.1		0.1							6.1
10. 障害児入所施設(福祉型・医療型)	1.3	0.4	0.6		0.5	1.3			0.2	0.4	0.2	0.5
11. 児童発達支援センター・児童発達支援事業等		8.7	6.3									2.0
12. 児童養護施設												
13. 救護施設					0.1				0.2	0.1		0.1
14. 老人福祉・保健施設	0.1		0.0		8.6	0.9			3.0	5.6	9.9	3.8
15. 一般病院・老人病院(入院)	0.2		0.1		7.8				0.9	4.6	12.2	3.2
16. 精神科病院(入院)	0.8		0.2		3.2	1.9	0.9	2.4	2.6	2.7	4.4	1.9
17. 療養介護	0.5		0.1		1.0				0.5	0.7	1.5	0.5
18. 生活介護	32.2		8.7		37.4	4.9	1.1	2.4	24.0	27.3	23.3	21.4
19. 自立訓練	2.1		0.6		0.1	0.6	0.8		0.9	0.4	0.2	0.5
20. 就労移行支援	3.4		0.9		0.1	20.3	1.5	6.0	3.0	2.4	1.0	1.9
21. 就労継続支援A型	3.2		0.9		0.3	2.4	5.9	4.8	3.1	1.8	0.3	1.5
22. 就労継続支援B型	15.2		4.1		3.9	18.8	22.3	34.9	25.0	12.5	3.3	9.8
23. 地域活動支援センター等	0.1		0.0		0.2	1.1	0.3		0.5	0.3	0.1	0.2
24. 少年院・刑務所等の矯正施設	0.3		0.1				0.1		0.3	0.1		0.1
25. その他・不明	3.4	0.4	1.2		3.7	2.4	5.1	2.4	6.8	4.5	2.1	3.5
26. 死亡退所	1.5	0.1	0.5		25.1			1.2	3.9	15.1	34.5	10.4
不明	1.4		0.4		2.5	0.6			0.1	1.5	3.2	1.1
計	100	100	100		100	100	100	100	100	100	100	100

18. 就職の状況

1年間の就職者（一般就労）の総数は，717人（前年度792人）であった。就職率は全体で0.48％（前年度0.54％）と，就職者数，就職率ともに前年度の数値を下回った。

表55 就職の状況

		障害児入所	生活介護	自立訓練	就労移行	就労継続A	就労継続B	計
就職者数	男	50	4	8	295	8	110	475
	女	34	7	2	138	7	45	233
	不明	0	0	0	9	0	0	9
	計	84	11	10	442	15	155	717
	就職率（％）	3.34	0.01	1.03	21.85	1.43	0.50	0.48
平均年齢	男	18.1	29.0	31.5	27.7	39.0	34.6	28.5
	女	18.1	39.3	36.5	29.1	33.9	35.0	29.3
程度（人）	最重度	0	0	0	1	0	2	3
	重度	2	2	1	24	0	5	34
	中度	9	3	3	114	2	54	185
	軽度	72	5	2	213	6	61	359
	知的障害なし	1	1	4	84	7	28	125
	不明	0	0	0	6	0	5	11
年金（人）	有：1級	0	0	2	16	0	7	25
	有：2級	0	8	4	224	7	110	353
	有：その他	1	0	0	8	1	2	12
	無	83	3	4	175	7	29	301
	不明	0	0	0	19	0	7	26
平均月額給与（円）		101,758	95,500	130,486	101,994	104,615	94,915	101,127
生活の場（人）	家庭	20	3	4	340	8	89	464
	アパート等	3	1	0	14	5	9	32
	グループホーム・生活寮等	50	6	1	73	1	53	184
	社員寮等	3	0	0	5	0	0	8
	自立訓練（宿泊型）	3	0	5	3	0	0	11
	福祉ホーム	0	0	0	1	0	0	1
	その他	4	0	0	0	0	0	4
	不明	1	1	0	6	1	4	13

※就職率＝就職者数／（現員（15歳以上）＋就職者数）×100

就職率を事業種別毎にみると，事業の特性からか就労移行支援が21.85％（前年度22.45％）と突出しており，次いで障害児入所施設3.34％（前年度3.16％），就労継続支援A型1.43％（前年度1.35％）の順であった。就職者の平均年齢は，全体で男性28.5歳，女性29.3歳であるが，事業種別でみると男女ともに障害児入所施設が最も低く（男18.1歳，女18.1歳），男性で高いのは就労継続支援A型（39.0歳），女性で高いのは生活介護（39.3歳）であった。

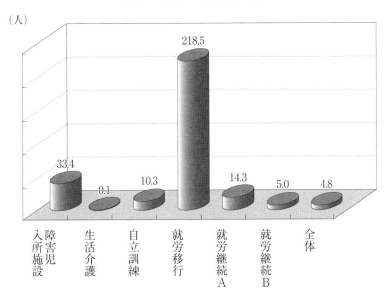

図5　就職率（対1,000人比）

（人）

218.5

33.4　0.1　10.3　　　　　14.3　5.0　4.8

障害児入所施設　生活介護　自立訓練　就労移行　就労継続A　就労継続B　全体

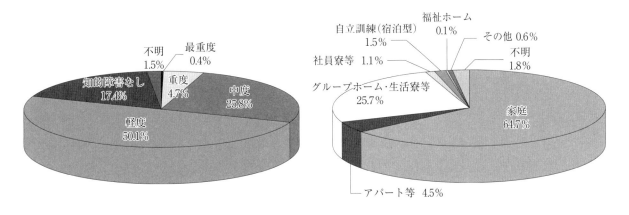

図6　就職者の程度別構成

不明 1.5%
最重度 0.4%
知的障害なし 17.4%
重度 4.7%
中度 25.8%
軽度 50.1%

図7　就職者の生活の場

福祉ホーム 0.1%
自立訓練(宿泊型) 1.5%
その他 0.6%
社員寮等 1.1%
不明 1.8%
グループホーム・生活寮等 25.7%
家庭 64.7%
アパート等 4.5%

　障害程度別では，「中度」と「軽度」を合わせた544人で75.87％を占め，年金受給者は「1級」と「2級」を合わせた378人で52.72％であった。就職者の生活の場では，前年度と同様に最も多いのが「家庭」の464人（64.71％），次いで「グループホーム・生活寮等」が184人（25.66％）であった。

表56-1　就職の状況（産業分類別）－令和３年度－　　　　　　　　　　　　　　　　　　　　　　　（人）

		業種	児童福祉法 障害児入所施設	障害者総合支援法（単独・多機能含む） 生活介護	自立訓練	就労移行	就労継続A	就労継続B	合計	割合（%）
A	01	農業		1		12	1	15	29	4.0
	02	林業								
B	03～04	漁業, 水産養殖業								
C	5	鉱業, 採石業, 砂利採取業								
D	06	総合工事業	1			1	1	1	4	0.6
	07, 08	職別工事業, 設備工事業								
	09, 10	食料品製造業, 飲料・たばこ・飼料製造業	7		1	70	1	16	95	13.2
	11	繊維工業	1			2		2	5	0.7
	12	木材・木製品製造業（家具除く）			1	1			2	0.3
	13	家具・装備品製造業								
	14	パルプ・紙・紙加工品製造業				2		1	3	0.4
	15	印刷・同関連業	1			2			3	0.4
	16～18	化学工業, 石油製品・石炭製品製造業, プラスチック製品製造業				5			5	0.7
	19, 20	ゴム製品製造業, なめし革・同製品・毛皮製造業	1						1	
E	21	窯業・土石製品製造業						1	1	0.1
	22	鉄鋼業				1		1	2	
	23	非鉄金属製造業				2			2	
	24	金属製品製造業	1			1	1		3	0.4
	25～27	はん用機械器具製造業, 生産用機械器具製造業, 業務用機械器具製造業				2			2	0.3
	28, 29	電子部品・デバイス・電子回路製造業, 電気機械器具製造業	1			1			2	0.3
	30	情報通信機械器具製造業								
	31	輸送用機械器具製造業	1		4	2		1	8	1.1
	32	その他の製造業				4	1		5	0.7
F	33～36	電気・ガス・熱供給・水道業				3			3	
G	37～41	情報通信業				5		3	8	1.1
H	42～49	鉄道業, 道路旅客運送業, 道路貨物運送業, 水運業, 航空運輸業, 倉庫業, 運輸に付随するサービス業, 郵便業（信書便事業を含む）	3			30		8	41	5.7
I	50～55	各種商品卸売業, 繊維・衣服等卸売業, 飲食料品卸売業, 建築材料鉱物・金属材料等卸売業, 機械器具卸売業, その他の卸売業				3	1	2	6	0.8
	56～61	各種商品小売業, 織物・衣服・身の回り品小売業, 飲食品小売業, 機械器具小売業, その他の小売業, 無店舗小売業	20	1		69	2	19	111	15.5
J	62～67	金融業, 保険業			1	3		2	6	0.8
K	68～70	不動産, 物品賃貸業				10		1	11	1.5
L	71～74	学術研究, 専門・技術サービス業				2		1	3	0.4
M	75	宿泊業	1	1		1		3	6	0.8
	76～77	飲食店, 持ち帰り・配達飲食サービス業	8	2		15	2	16	43	6.0
	78	洗濯・理容・美容・浴場業	1			15		1	17	2.4
N	79	その他の生活関連サービス業	1			5	1		7	1.0
	80	娯楽業								
O	81～82	教育・学習支援業				13		3	17	2.4
P	83	医療業	1			30		7	38	5.3
	84	保健衛生								
	85	社会保険・社会福祉・介護事業	20	4	1	70	3	28	126	17.6
Q	86～87	郵便局, 協同組合				2			2	0.3
	88	廃棄物処理業	2		1	29		12	44	6.1
	89, 90	自動車整備業, 機械等修理業								
	91	職業紹介・労働者派遣業				2			2	0.3
R	92	その他の事業サービス業	1			2			3	0.4
	93, 94	政治・経済・文化団体, 宗教								
	95	その他のサービス業								
	96	外国公務								
S	97～98	国家公務, 地方公務		2		15		4	21	2.9
		不明	12		1	10		7	30	4.2
		計	84	11	10	442	15	155	717	100

※上記分類は総務省「日本標準産業分類（平成25年10月改訂）」による。

表56－2　就職の状況（産業分類別）－令和２年度－　　　　　　　　　　　　　　　　　　　　（人）

		業種	児童福祉法 障害児入所施設	障害者総合支援法（単独・多機能含む） 生活介護	自立訓練	就労移行	就労継続A	就労継続B	合計	割合（%）
A	01	農業	1	2		12	1	23	39	4.9
	02	林業				1				
B	03～04	漁業，水産養殖業								
C	5	鉱業，採石業，砂利採取業								
D	06	総合工事業	1			4		6	11	1.4
	07，08	職別工事業，設備工事業	2			5	2	1	10	1.3
	09，10	食料品製造業，飲料・たばこ・飼料製造業	17	1	1	58	2	15	94	11.9
	11	繊維工業			1	3			4	0.5
	12	木材・木製品製造業（家具除く）	1			1			2	0.3
	13	家具・装備品製造業								
	14	パルプ・紙・紙加工品製造業				1			1	0.1
	15	印刷・同関連業				3			3	0.4
	16～18	化学工業，石油製品・石炭製品製造業，プラスチック製品製造業				7		2	9	1.1
	19，20	ゴム製品製造業，なめし革・同製品・毛皮製造業								
E	21	窯業・土石製品製造業				1			1	0.1
	22	鉄鋼業								
	23	非鉄金属製造業								
	24	金属製品製造業				2			2	0.3
	25～27	はん用機械器具製造業，生産用機械器具製造業，業務用機械器具製造業	5			16		9	30	3.8
	28，29	電子部品・デバイス・電子回路製造業，電気機械器具製造業	1			1			2	0.3
	30	情報通信機械器具製造業								
	31	輸送用機械器具製造業	3			3			6	0.8
	32	その他の製造業				2			2	0.3
F	33～36	電気・ガス・熱供給・水道業								
G	37～41	情報通信業				2	1		3	0.4
H	42～49	鉄道業，道路旅客運送業，道路貨物運送業，水運業，航空運輸業，倉庫業，運輸に付随するサービス業，郵便業（信書便事業を含む）	4			39	3	13	59	7.4
I	50～55	各種商品卸売業，繊維・衣服等卸売業，飲食料品卸売業，建築材料鉱物・金属材料等卸売業，機械器具卸売業，その他の卸売業	2			9		7	18	2.3
	56～61	各種商品小売業，織物・衣服・身の回り品小売業，飲食品小売業，機械器具小売業，その他の小売業，無店舗小売業	9			47		19	75	9.5
J	62～67	金融業，保険業	1	1		3		1	6	0.8
K	68～70	不動産，物品賃貸業				8		2	10	1.3
L	71～74	学術研究，専門・技術サービス業				5		2	7	0.9
M	75	宿泊業				7		2	9	1.1
	76～77	飲食店，持ち帰り・配達飲食サービス業	11			30	2	14	57	7.2
	78	洗濯・理容・美容・浴場業	2	1		14	1	3	21	2.7
N	79	その他の生活関連サービス業				2				
	80	娯楽業				5		1	6	0.8
O	81～82	教育・学習支援業				12		10	22	2.8
	83	医療業	2			19	1	5	27	3.4
P	84	保健衛生								
	85	社会保険・社会福祉・介護事業	10	5		94	1	30	140	17.7
Q	86～87	郵便局，協同組合		1					1	0.1
	88	廃棄物処理業	8	1		19	1	16	45	5.7
	89，90	自動車整備業，機械等修理業	2			2		2	6	0.8
	91	職業紹介・労働者派遣業				2			2	0.3
R	92	その他の事業サービス業				1			1	0.1
	93，94	政治・経済・文化団体，宗教								
	95	その他のサービス業								
	96	外国公務								
S	97～98	国家公務，地方公務				15		13	28	3.5
		不明	2		2	20		6	30	3.8
		計	84	12	4	475	15	202	792	100

※上記分類は総務省「日本標準産業分類（平成25年10月改訂）」による。

表56-1と表56-2は，令和3（2021）年度と令和2（2020）年度のそれぞれ1年間に就職した人の就職先を「日本標準産業分類（総務省）」に落としたものである。令和3（2021）年度に最も就職者が多かった産業は「社会保険・社会福祉・介護事業」の17.6％（126人）（前年度17.7％（140人）），次いで「各種商品小売業・（略）」15.5％（111人）（前年度9.5％（75人）），「食料品製造業・飲料・たばこ・飼料製造業」13.2％（95人）（前年度11.9％（94人））の順になっており，上位3項目は前年度と同じであった。

19. 介護保険サービスへの移行状況

表57は，この1年間に介護保険サービスへ移行又は併給を開始した人数を事業種別毎（施設入所支援利用者は日中系事業に内包）に表したものである。介護保険サービスに移行・併給を開始した人数は，前年度（423人）より34人減の389人であり，65歳以上（19,933人・表29）に占める割合は2.0％であった。令和元年度は421人（2.3％），令和2年度は423人（2.3％）であり，過去2年より0.3ポイント減少した。介護保険サービス利用対象となる40歳以上（92,138人・表29）に対する移行又は併給を開始した人の割合は0.4％（前年度0.5％）であり，昨年度とほぼ同値であった。移行又は併給した人が最も多い事業種別は生活介護となっており，83.0％を占めていた。

年齢階層別にみると，「介護保険法の保険給付優先」とされる65歳以上のうち，「65〜69歳」が140人（36.0％）と前年度（39.0％）より3.0ポイント減少しているが，最も割合が高かった。次いで，「70〜74歳」が86人（22.1％），「75〜79歳」が45人（11.6％）と続いている。この傾向は前年度，前々年度と同様であった。

また，40歳から64歳までで介護保険サービスへの移行又は併給を開始した人数は64人であり，この年齢階級の人数72,205人（表29）に占める割合は0.1％未満，介護保険サービス移行又併給を開始した人数389人に占める割合は，16.5％だった。

表57　新規に介護保険サービスへの移行又は併給を開始した人の年齢別構成　　　　　　　　　（人・下段は％）

| 年齢 | 障害者総合支援法 | | | | | | 計 |
	療養介護	生活介護	自立訓練	就労移行	就労継続A型	就労継続B型	
40～44歳		4 1.2					4 1.0
45～49歳		3 0.9				2 3.0	5 1.3
50～54歳		9 2.8				3 4.5	12 3.1
55～59歳		17 5.3				2 3.0	19 4.9
60～64歳		22 6.8				2 3.0	24 6.2
65～69歳		109 33.7				31 47.0	140 36.0
70～74歳		70 21.7				16 24.2	86 22.1
75～79歳		38 11.8				7 10.6	45 11.6
80歳～		41 12.7				1 1.5	42 10.8
無回答		10 3.1				2 3.0	12 3.1
計		323 100				66 100	389 100

表58は，介護保険サービスに移行又は併給を開始した人の知的障害の程度について表したものである。知的障害の程度は，「重度」が129人（33.2％）と前年度（31.9％）より1.3ポイント増加し，最も割合が高かった。次いで，「中度」が111人（28.5％），「最重度」が86人（22.1％）と続いた。「重度」と「最重度」を合わせて215人（55.3％）と全体の5割を超えていた。

表58　新規に介護保険サービスへの移行又は併給を開始した人の知的障害の程度

（上段は人・中段は年齢区分の％・下段は知的障害程度の％）

程度＼年齢	40～44歳	45～49歳	50～54歳	55～59歳	60～64歳	65～69歳	70～74歳	75～79歳	80歳～	無回答	計
最重度	1	1	2	6	8	27	18	13	7	3	86
	25.0	20.0	16.7	31.6	33.3	19.3	20.9	28.9	16.7	25.0	22.1
	1.2	1.2	2.3	7.0	9.3	31.4	20.9	15.1	8.1	3.5	100
重度	1	1	6	7	8	39	35	20	11	1	129
	25.0	20.0	50.0	36.8	33.3	27.9	40.7	44.4	26.2	8.3	33.2
	0.8	0.8	4.7	5.4	6.2	30.2	27.1	15.5	8.5	0.8	100
中度	1	1	2	3	3	42	27	10	21	1	111
	25.0	20.0	16.7	15.8	12.5	30.0	31.4	22.2	50.0	8.3	28.5
	0.9	0.9	1.8	2.7	2.7	37.8	24.3	9.0	18.9	0.9	100
軽度		2	2	3		9	5	1	1	4	27
		40.0	16.7	15.8		6.4	5.8	2.2	2.4	33.3	6.9
		7.4	7.4	11.1		33.3	18.5	3.7	3.7	14.8	100
知的障害なし	1				4	13	1	1	1	2	23
	25.0				16.7	9.3	1.2	2.2	2.4	16.7	5.9
	4.3				17.4	56.5	4.3	4.3	4.3	8.7	100
無回答					1	10			1	1	13
					4.2	7.1			2.4	8.3	3.3
					7.7	76.9			7.7	7.7	100
計	4	5	12	19	24	140	86	45	42	12	389
	100	100	100	100	100	100	100	100	100	100	100
	1.0	1.3	3.1	4.9	6.2	36.0	22.1	11.6	10.8	3.1	100

表59は，新規に介護保険サービスへの移行又は併給を開始した人の年齢と障害支援区分について表したものである。介護保険への移行年齢では，65歳～69歳が全体の36%（140人）で最も多く，次いで70歳～74歳が22.1%（86人），75歳～79歳が11.6%（45人）と続き，65歳以上が全体の80.4%（313人）を占めている。

なお，比較的年齢が若い40歳から64歳までの階層は16.5%（64人）と少ないが，区分4～6に54人（84.4%）と集中している。

表59　新規に介護保険サービスへの移行又は併給を開始した人の障害支援区分

（上段は人・中段は年齢区分の％・下段は障害支援区分の％）

区分＼年齢	40～44歳	45～49歳	50～54歳	55～59歳	60～64歳	65～69歳	70～74歳	75～79歳	80歳～	無回答	計
区分1			1			2	3	1			7
			8.3			1.4	3.5	2.2			1.8
			14.3			28.6	42.9	14.3			100
区分2						6	6			2	14
						4.3	7.0			16.7	3.6
						42.9	42.9			14.3	100
区分3			1	1	3	27	9	6	1	3	51
			8.3	5.3	12.5	19.3	10.5	13.3	2.4	25.0	13.1
			2.0	2.0	5.9	52.9	17.6	11.8	2.0	5.9	100
区分4	2	2	4	3	2	36	9	7	3	3	71
	50.0	40.0	33.3	15.8	8.3	25.7	10.5	15.6	7.1	25.0	18.3
	2.8	2.8	5.6	4.2	2.8	50.7	12.7	9.9	4.2	4.2	100
区分5	1		2	5	7	34	20	9	13	1	92
	25.0		16.7	26.3	29.2	24.3	23.3	20.0	31.0	8.3	23.7
	1.1		2.2	5.4	7.6	37.0	21.7	9.8	14.1	1.1	100
区分6	1	2	3	9	11	28	34	22	22	3	135
	25.0	40.0	25.0	47.4	45.8	20.0	39.5	48.9	52.4	25.0	34.7
	0.7	1.5	2.2	6.7	8.1	20.7	25.2	16.3	16.3	2.2	100
無回答		1	1	1	1	7	5		3		19
		20.0	8.3	5.3	4.2	5.0	5.8		7.1		4.9
		5.3	5.3	5.3	5.3	36.8	26.3		15.8		100
計	4	5	12	19	24	140	86	45	42	12	389
	100	100	100	100	100	100	100	100	100	100	100
	1.0	1.3	3.1	4.9	6.2	36.0	22.1	11.6	10.8	3.1	100

表60は，介護保険サービスへの移行又は併給開始前の生活の場と開始後の生活の場の変化を住居別に表したものである。開始前の生活の場は，「施設入所支援」が159人（40.9%）と前年度（38.8%）より2.1ポイント増加し，最も割合が高かった。次いで，「グループホーム・生活寮等」が103人（26.5%），「家庭」が68人（17.5%）と続いた。この傾向は前年度，前々年度と同様であった。

介護保険サービスへの移行又は併給開始後の生活の場は，「特別養護老人ホーム」が前年度（29.6%）より1.1ポイント減少し，111名（28.5%）と最も割合が高かった。次いで，「グループホーム（障害福祉）」が68人（17.5%），「家庭」が58人（14.9%）と続いた。平成29年度までは「グループホーム（障害福祉）」よりも「家庭」の方が多かったが，次年度以降は「グループホーム（障害福

祉)」が「家庭」を上回っている。

　開始前の生活の場が「施設入所支援」であった159人のうち，開始後の生活の場が「特別養護老人ホーム」の人は83人（52.2％）と，前年度（65.2％）より13ポイント減少したが，最も割合が高く，次いで，「介護老人保健施設」が35人（22.0％）であった。この傾向は前年度と同様だった。なお，介護療養型医療施設16人（10.1％）「その他」も16人（10.1％）であった。

　また，開始前の生活の場が「グループホーム・生活寮等」であった103人のうち，開始後の生活の場が同じく「グループホーム（障害福祉）」であった人は63人（61.2％）で前年度（69.8％）より8.6ポイント増加し，最も割合が高く，次いで「特別養護老人ホーム」が21人（20.4％）と続いた。なお，表60と表62にある介護保険サービスの中で，「デイサービス・デイケア」133人に次いで利用されたサービスが「特別養護老人ホーム」の111人だった。

表60　新規に介護保険サービスへの移行又は併給開始前後の生活の場の変化

（上段は人・中段は開始後の％・下段は開始前の％）

開始前 ＼ 開始後	家庭	アパート	グループホーム（障害福祉）	グループホーム（認知症対応）	特別養護老人ホーム	介護老人保健施設	介護療養型医療施設	その他	無回答	計
家庭（親・きょうだいと同居）	50 86.2 73.5	2 6.9 2.9	1 1.5 1.5	4 36.4 5.9	4 3.6 5.9	3 7.0 4.4		4 10.8 5.9		68 17.5 100
アパート等（主に単身）	2 3.4 5.1	27 93.1 69.2	2 2.9 5.1		3 2.7 7.7	1 2.3 2.6		4 10.8 10.3		39 10.0 100
グループホーム・生活寮等	2 3.4 1.9		63 92.6 61.2	2 18.2 1.9	21 18.9 20.4	4 9.3 3.9	2 10.0 1.9	8 21.6 7.8	1 8.3 1.0	103 26.5 100
社員寮・住み込み等				1 9.1 50.0				1 2.7 50.0		2 0.5 100
知的障害者福祉ホーム							1 5.0 100			1 0.3 100
施設入所支援	4 6.9 2.5		1 1.5 0.6	4 36.4 2.5	83 74.8 52.2	35 81.4 22.0	16 80.0 10.1	16 43.2 10.1		159 40.9 100
自立訓練（宿泊型）							1 5.0 100			1 0.3 100
その他・不明								4 10.8 100		4 1.0 100
無回答			1 1.5 8.3						11 91.7 91.7	12 3.1 100
計	58 100 14.9	29 100 7.5	68 100 17.5	11 100 2.8	111 100 28.5	43 100 11.1	20 100 5.1	37 100 9.5	12 100 3.1	389 100 100

　表61は，介護保険サービスに移行又は併給を開始した人の介護認定区分と障害支援区分を表したものである。介護認定区分は，「要介護3」「要介護5」がともに64人（16.5％）と最も割合が高かった。次いで「要介護2」が52人（13.4％），「要介護4」が50人（12.9％）だった。平成27年度以降の調査で最も割合が高かった介護認定区分は区分3または区分5で，年度によって変動している。これら上位の介護認定区分を比較しても特徴的な傾向は見出されないが，「要支援1」「要支援2」の介護

認定区分が「要介護１〜５」に比べて低い割合である傾向はみてとれる。

　障害支援区分は，「区分６」が135人（34.7％）と前年度（32.6％）より2.1ポイント増加し，最も割合が高かった。次いで区分５が92人（23.7％），区分４が71人（18.3％）であった。

　障害支援区分が「区分６」である135人のうち，介護認定区分が「要介護５」となった人は48人（35.6％）と前年度（33.3％）に対し2.3％増加し，最も割合が高かった。また，介護保険制度の施設サービスを受けられる要介護３以上の人が100人（74.1％）だった一方で，「要介護２」以下になった人が21人（15.6％）いた。「区分５」の92人では，介護認定区分が「要介護３」となった人が20人（21.7％）と最も多く，「要介護３」以上が46人（50.0％），「要介護２」以下が32人（34.8％）だった。また，「区分４」の71人では，介護認定区分が「要介護１」となった人が14人（19.7％）と最も割合が高く，「要介護３」以上が22人（31.0％），「要介護２」以下が36人（50.7％）だった。「区分６」では「要介護２」以下は１割強だが，区分５及び区分４では，「要介護２」以下の認定となるケースが３割強〜５割程度あり，介護保険の施設サービス利用がやや困難になっていると推察される。

表61　新規に介護保険サービスへの移行又は併給を開始する人の介護認定区分と障害支援区分

（上段は人・中段は障害支援区分の％・下段は介護認定区分の％）

障害支援区分／介護認定区分	区分１	区分２	区分３	区分４	区分５	区分６	無回答	計
要支援１	1	6	10	7	1		4	29
	14.3	42.9	19.6	9.9	1.1		21.1	7.5
	3.4	20.7	34.5	24.1	3.4		13.8	100
要支援２		2	8	6	2	1	3	22
		14.3	15.7	8.5	2.2	0.7	15.8	5.7
		9.1	36.4	27.3	9.1	4.5	13.6	100
要介護１	1	2	10	14	10	6	3	46
	14.3	14.3	19.6	19.7	10.9	4.4	15.8	11.8
	2.2	4.3	21.7	30.4	21.7	13.0	6.5	100
要介護２		1	5	9	19	14	4	52
		7.1	9.8	12.7	20.7	10.4	21.1	13.4
		1.9	9.6	17.3	36.5	26.9	7.7	100
要介護３	1		3	13	20	26	1	64
	14.3		5.9	18.3	21.7	19.3	5.3	16.5
	1.6		4.7	20.3	31.3	40.6	1.6	100
要介護４	2		3	6	13	26		50
	28.6		5.9	8.5	14.1	19.3		12.9
	4.0		6.0	12.0	26.0	52.0		100
要介護５				3	13	48		64
				4.2	14.1	35.6		16.5
				4.7	20.3	75.0		100
不明・無回答	2	3	12	13	14	14	4	62
	28.6	21.4	23.5	18.3	15.2	10.4	21.1	15.9
	3.2	4.8	19.4	21.0	22.6	22.6	6.5	100
計	7	14	51	71	92	135	19	389
	100	100	100	100	100	100	100	100
	1.8	3.6	13.1	18.3	23.7	34.7	4.9	100

　表62は，表60以外の介護保険サービスを利用開始した人のサービス種別を表したものである。この設問は，複数回答可であるため延べ人数となっているが，全体で前年度（471人）より82人減の389人であった。そのうち，「不明・無回答」を除き，「デイサービス・デイケア」が133人（34.2％）と前年度（31.6％）より2.6ポイント増加し，最も割合が高かった。次いで，「訪問・居宅介護（ホームヘルプサービス）」41人（10.5％），「短期入所（ショートステイ）」24人（6.2％）と続いた。なお，「その他」

は26人（6.7%）であった。

また，表60と表62にある介護保険サービス全体の中で，最も利用されたサービスが「デイサービス・デイケア」（133人34.2%）であった。

表62　介護保険サービスへ移行・併給を開始した後に利用した表60以外の介護保険サービス　※重複計上（人・下段は%）

介護保険サービス ＼ 年齢	40〜44歳	45〜49歳	50〜54歳	55〜59歳	60〜64歳	65〜69歳	70〜74歳	75〜79歳	80歳〜	無回答	計
デイサービス・デイケア	2	3	5	7	6	64	26	11	5	4	133
	50.0	60.0	41.7	36.8	25.0	45.7	30.2	24.4	11.9	33.3	34.2
訪問・居宅介護（ホームヘルプサービス）			2	4	4	20	5	2		4	41
			16.7	21.1	16.7	14.3	5.8	4.4		33.3	10.5
短期入所（ショートステイ）	1	1	1		1	7	5	5	1		24
	25.0		8.3		4.2	5.0	5.8	11.1	2.4		6.2
訪問看護	1			1	1	2	4	2	1	3	15
				5.3	4.2	1.4		4.4	2.4	25.0	3.9
その他	1	1			3	9	5	4	2	1	26
	25.0	20.0			12.5	6.4	5.8	8.9	4.8	8.3	6.7
不明・無回答		1.0		3.0	5.0	20.0	14.0	9.0	12.0	2.0	66
		20.0		15.8	20.8	14.3	16.3	20.0	28.6	16.7	17.0
不明・無回答			5	5	7	34	35	13	21		120
			41.7	26.3	29.2	24.3	40.7	28.9	50.0		30.8
介護保険移行利用者実数	4	5	12	19	24	140	86	45	42	12	389
	100	100	100	100	100	100	100	100	100	100	100

表63は，介護保険サービスへ移行・併給を開始した理由を表したものである。「加齢により支援が限界となったため事業所側から移行・併給を働きかけた」が180人（46.3%）と前年度（47.6%）より1.3ポイント減少したが，最も割合が高かった。次いで，「その他」61人（15.7%），「家族の希望により」60人（15.7%），「市町村等行政から65歳になったので移行指示があった」が52人（13.4%）と続いた。障害福祉サービス事業所で，高齢化した利用者への支援体制がまだ不十分であることや障害者総合支援法第7条の介護保険優先原則を機械的に適用している市町村が少なくないのかもしれないが，いずれにせよ，「本人の希望により」移行・併給を開始した割合が9.0%と1割未満でしかないことは課題であろう。「本人の希望により」と「家族の希望により」を合わせても24.4%と全体の3割に満たなかった。

また，最も割合が高かった「加齢により支援が限界となったため事業所側から移行・併給を働きかけた人のうち，「70〜74歳」が50人（27.8%）で最も割合が高く，次いで「65〜69歳」が41人（22.8%）とこの2つの階層で5割を超えた。他方で，理由が「加齢により支援が限界となったため事業所側から移行・併給を働きかけた」であるにもかかわらず，40〜64歳で利用開始した人が27人（15.0%）いた。

表63　介護保険サービスへ移行・併給を開始した理由　　　　　　　　　　　※重複計上（人・下段は％）

理由 ＼ 年齢	40～44歳	45～49歳	50～54歳	55～59歳	60～64歳	65～69歳	70～74歳	75～79歳	80歳～	無回答	計
1．市町村等行政から65歳になったので移行指示があった					1	39	6	2		4	52
						27.9	7.0	4.4			13.4
2．加齢により支援が限界となったため事業所側から移行・併給を働きかけた	1	2	3	11	10	41	50	27	30	5	180
		40.0	25.0	57.9	41.7	29.3	58.1	60.0	71.4	41.7	46.3
3．本人の希望により				1	2	16	4	8	3	1	35
						11.4	4.7	17.8	7.1		9.0
4．家族の希望により	2	1	4	7	7	18	12	4	5		60
	50.0	20.0	33.3	36.8	29.2	12.9	14.0	8.9	11.9		15.4
5．その他	1	2	5	3	6	21	12	6	3	2	61
	25.0	40.0	41.7	15.8	25.0	15.0	14.0	13.3	7.1		15.7
6．不明・無回答					1	7	5		2		15
					4.2	5.0	5.8				3.9
計	4	5	12	19	24	140	86	45	42	12	389
	100	100	100	100	100	100	100	100	100	100	100

20．死亡の状況

　表64は，死亡時の年齢階級別及び知的障害の程度別の構成を表している。1年間の死亡者数は1,085人（前年度997人）であった。年代別でみると「60～69歳」の60代が284人と最も多く，続いて「70～79歳」の70代が235人となっている。年齢階級別でみると，「50～59歳」が208人（19.2％）と最も高く，50代での死亡割合も高い傾向が数年続いている。次いで，「65～69歳」154人（14.2％），「40～49歳」149人（13.7％），「70～74歳」142人（13.1％），「60～64歳」130人（12.0％）と続いた。程度では，「最重度」が490人（45.2％）と前年度（40.2％）より5ポイント増加しており，最も割合が高かった。なお，「最重度」と「重度」を合わせると，全体の75.9％であった。

表64　死亡時の年齢階級別構成及び程度別構成　　　　　　　　　　　　　　　　　（人・下段は％）

	9歳以下	10～19歳	20～29歳	30～39歳	40～49歳	50～59歳	60～64歳	65～69歳	70～74歳	75～79歳	80歳～	不明	計
最重度		6	15	31	84	107	62	63	50	31	41		490
		50.0	57.7	59.6	56.4	51.4	47.7	40.9	35.2	33.3	35.7		45.2
重度	1	5	6	12	41	60	38	41	54	36	37	2	333
		41.7	23.1	23.1	27.5	28.8	29.2	26.6	38.0	38.7	32.2		30.7
中度		1	4	2	13	29	19	34	24	19	27		172
		8.3	15.4	3.8	8.7	13.9	14.6	22.1	16.9	20.4	23.5		15.9
軽度			1	3	2	7	4	8	11	6	7		49
			3.8	5.8	1.3	3.4	3.1	5.2	7.7	6.5	6.1		4.5
知的障害なし				3	7	5	7	7	2	1	1		33
				5.8	4.7	2.4	5.4	4.5	1.4	1.1	0.9		3.0
不明				1	2			1	1		2	1	8
				1.9	1.3			0.6					0.7
計	1	12	26	52	149	208	130	154	142	93	115	3	1,085
	0.1	1.1	2.4	4.8	13.7	19.2	12.0	14.2	13.1	8.6	10.6	0.3	100

表65は，年齢階級別の死亡率を対1,000人比で表している。20代以上については年齢が高くなるに従って死亡率が増加する傾向がみられる。前年度と同様に，「80歳以上」が53.5人（対1,000人比）と最も高い。

表65　年齢階級別死亡率（対1,000人比）

(人)

年齢	5歳以下	6〜19歳	20〜29歳	30〜39歳	40〜49歳	50〜59歳	60〜64歳	65〜69歳	70〜74歳	75〜79歳	80歳〜	全体
死亡率	0.2	1.5	1.0	1.9	4.3	7.6	13.0	18.3	21.9	32.6	53.5	6.9
							15.4			25.1		

図8　年齢階級別死亡率（対1,000人比）

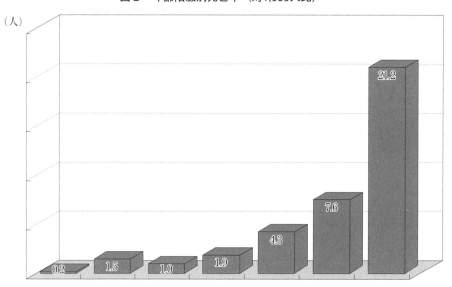

(人)

　表66は，死亡場所を表している。死亡場所は，「病院」が76.0％と前年度78.3％より2.3ポイント減少したが，最も割合が高かった。次いで，「施設」が13.7％と前年度（12.2％）より1.5ポイント増加した。死亡場所が「施設」であることは，毎年度，一定割合存在している。

表66　死亡場所

(%)

死亡場所	施設	病院	家庭	その他	不明	計
構成比	13.7	76.0	8.3	1.8	0.1	100

　表67は，死亡時の年齢階級別及び死因別の構成を表している。9歳以下を除きどの年齢階級においても，死因が「病気」の割合が最も高く，91.9％であった。死因のうち，「病気」は60歳未満の年齢階級に占める割合（87.1％）よりも60歳以上の年齢階級に占める割合（95.3％）の方が高率であるのに対し，「事故」は60歳以上の年齢階級に占める割合（2.4％）よりも60歳未満の年齢階級に占める割合（6.5％）の方が高率であった。

表67　死亡時の年齢階級別構成及び死因別構成 （人）

	9歳以下	10〜19歳	20〜29歳	30〜39歳	40〜49歳	50〜59歳	小計（1）	割合（%）
病気		7	24	43	121	195	390	87.1
事故	1	3		5	13	7	29	6.5
その他		2	2	3	15	6	28	6.3
不明				1			1	0.2
合計	1	12	26	52	149	208	448	100
割合（%）	0.2	2.7	5.8	11.6	33.3	46.4	100	−

	60〜64歳	65〜69歳	70〜74歳	75〜79歳	80歳以上	小計（2）	割合（%）	不明	合計	割合（%）
病気	123	146	137	89	109	604	95.3	3	997	91.9
事故	5	4	3	3		15	2.4		44	4.1
その他	2	4	2	1	6	15	2.4		43	4.0
不明									1	0.1
合計	130	154	142	93	115	634	100	3	1,085	100
割合（%）	20.5	24.3	22.4	14.7	18.1	100	−	0.3	100	−

御中

全国知的障害児・者施設・事業所　実態調査票【事業所単位】
（令和3年6月1日現在）

≪留意事項≫

1．**本調査は1事業所につき1調査としています。**
当該事業所全体の状況について、 | 事業所単位 | でご作成ください。

① 日中活動を実施する事業所、並びに日中活動に併せて施設入所支援を実施する事業所を対象としています。

「Ⅰ施設・事業所概要」の「施設・事業所の種類」に記載された事業の状況についてのみご回答ください。

（短期入所事業・地域生活支援事業等は除く）

② 日中活動が多機能型の場合は、1事業所としてご作成ください。

例1：日中活動が多機能型で自立訓練と生活介護を実施　→　調査票は1部作成（日中活動の多機能型事業所として1部）

③ 日中活動に併せて施設入所支援を実施する場合（障害者支援施設等）は、1事業所としてご作成ください。

例2：日中活動の生活介護と施設入所支援を実施　→　調査票は1部作成（障害者支援施設として1部）

例3：日中活動の多機能型（生活介護と就労継続支援B型）と施設入所支援を実施　→　調査票は1部作成（障害者支援施設として1部）

2．設問は特別の指示がない場合にはすべて**令和3年6月1日現在**でご回答ください。

3．マークのある欄は同じ数値が入ります。指示のない限り整数でご回答ください。
※人数等に幅（1～2人など）を持たせないでください。

4．本調査の結果は、統計的に処理をするためご回答いただいた個別の内容が公表されることはありません。

なお、日本知的障害者福祉協会会員データへの反映には、別途「全国知的障害関係施設・事業所名簿」巻末の"変更届"にて変更内容を記載し、ご提出（FAX：03-3431-1803）いただく必要がございます。

Ⅰ　**施設・事業所概要**　※下記の印字内容に誤り若しくは変更がございましたら、赤ペン等で修正してください。（印字がない部分はご記入ください。）

施設・事業所の名称		
施設・事業所の種類	※施設・事業所の種類に誤り若しくは変更がある場合には、右枠より該当する番号を選択してください。	【施設・事業所の種類】 　01.障害児入所施設（福祉型・医療型） 　02.児童発達支援センター（福祉型・医療型） ┌ 03.日中活動 └ 04.障害者支援施設（日中活動＋施設入所支援） ‥‥‥‥‥‥‥‥‥‥‥‥‥‥‥‥‥‥‥‥ →【日中活動の内訳】 ※実施する日中活動のすべての□にレ点を記入のこと。 □療養介護　　　　　□生活介護　　　　□自立訓練（生活訓練・機能訓練） □自立訓練（宿泊型）　□就労移行支援　□就労継続支援A型 □就労継続支援B型

定員	（日中）　　　　　人	現在員	（日中）　　　　　人	開設年月	（障害者総合支援法以前からの開設年月）
	（夜間）　　　　　人		（夜間）　　　　　人		
年間利用率（令和2年度） ※小数第一位（第二位を四捨五入）まで回答のこと		（日中）　　　　　％	※利用率＝12か月の延べ利用者数÷定員÷12か月の開所日数×100		
		（夜間）　　　　　％			

※施設入所支援を実施する事業所については、夜間の定員と現員も各々回答のこと。

※上記「施設・事業所の種類」の各種事業を利用する利用者の数（短期入所事業等は除く）を計上のこと。また、多機能型事業所の場合は、すべての事業の合計数を計上のこと。

施設コード	

Ⅱ 事業所の運営状況
1．開所日数ならびに開所時間の状況
※児童発達支援センター及び日中活動を実施する事業所（障害児入所施設・施設入所支援・自立訓練（宿泊型）を実施する事業所は除く）のみ回答のこと。

令和2年度の総開所日数	日	一日あたりの平均開所時間 （平均サービス提供時間：送迎時間は除く）	時間

2．職員の数と構成
※職員1名1職種とし、資格等を複数保持する場合にも主たる職種へ計上のこと。
※『①常勤専従』には正規職員の就業規程の労働時間で専ら当該事業所並びに当該職種に専従で勤務する職員を、
　　『②常勤兼務』には常勤であっても、法人内で他の事業所または他の職種と兼務をしている職員を、
　　『③非常勤』にはそれ以外の職員（パート等）の人数を計上のこと。
※『換算数』は常勤に換算し小数点第2位を四捨五入すること。（業務を兼務している場合は兼務の割合で記入）
※正規、非正規に関わらず、勤務形態（常勤、非常勤の別）で計上のこと。
※休職等をしている方は含めず、代替で勤務している職員等は含めて計上のこと。

職種名		指定基準上の配置義務員数	①常勤専従（換算数不要）	②常勤兼務	常勤兼務の換算数	③非常勤	非常勤の換算数
①施設長・管理者					．		．
②サービス管理責任者・児童発達支援管理責任者					．		．
直接支援職員	③保育士	―人			．		．
	④生活支援員・児童指導員				．		．
	⑤職業指導員・就労支援員				．		．
	⑥看護師（准看護師）・保健師				．		．
	⑦その他 ※O.T（作業療法士）,S.T（言語聴覚士）, P.T（理学療法士）,心理担当職員,ソーシャルワーカー等				．		．
⑧医師（雇用契約のある医師のみ計上）※嘱託医は含めず					．		．
⑨管理栄養士					．		．
⑩栄養士					．		．
⑪調理員					．		．
⑫送迎運転手					．		．
⑬事務員					．		．
⑭その他職種（　　　　　）					．		．
合　計			人	人	．人	人	．人

3．職員の年齢・性別ならびに勤務年数
※すべての職員について計上のこと。※計の数字はそれぞれ一致すること。
※『正規』には雇用期間の定めのない、フルタイムかつ直接雇用の職員を、『非正規』にはそれ以外の職員の人数を計上のこと。

		年齢区分	20歳未満	20代	30代	40代	50代	60～64歳	65～69歳	70歳以上	計	
[1]年齢と性別	男	正規										
		非正規										
	女	正規										
		非正規										
	計	正規	人	人	人	人	人	人	人	★		人
		非正規	人	人	人	人	人	人	人	☆		人

		勤務年数	1年未満	3年未満	5年未満	10年未満	20年未満	20年以上	計	
[2]同一法人内での勤務年数	男	正規								
		非正規								
	女	正規								
		非正規								
	計	正規	人	人	人	人	人	人	★	人
		非正規	人	人	人	人	人	人	☆	人

4．職員の勤務状況

※障害児入所施設及び施設入所支援を実施する事業所のみ回答のこと。

夜間の勤務形態	□①夜勤体制のみ　　　　　　　　→	夜間（1日）職員＿＿＿＿＿人
	□②夜勤体制と宿直体制併用→	夜間（1日）職員＿＿＿人（夜勤＿＿＿人、宿直＿＿＿人）

5．施設・事業所の建物の状況

※建物が複数ある場合には、日ごろ利用者が居住又は利用している建物について回答のこと。

老朽化等による建替えの必要性	□①ある　→　築［　　　　　］年　　　□②ない　　　□③現在建て替え中

6．居室の状況

※障害児入所施設及び施設入所支援を実施する事業所のみ回答のこと。

※居室の定員・空き部屋の有無にかかわらず、実際の利用状況を回答のこと。

利用状況	個室利用	2人利用	3人利用	4人利用	5人以上利用	計
	室	室	室	室	室	室

Ⅲ　加算・減算の状況

主な加算・減算の状況

※令和3年5月1日〜5月31日の状況で回答。

各種加算・減算の状況 （該当のすべてを選択のこと）	共　通	□①福祉・介護職員処遇改善加算（Ⅰ）
		□②福祉・介護職員処遇改善加算（Ⅱ）
		□③福祉・介護職員処遇改善加算（Ⅲ）
		□④福祉・介護職員処遇改善加算（Ⅳ）
		□⑤福祉・介護職員処遇改善加算（Ⅴ）
		□⑥福祉・介護職員処遇改善特別加算
		□⑦特定処遇改善加算
		□⑧福祉専門職員配置等加算（Ⅰ）
		□⑨福祉専門職員配置等加算（Ⅱ）
		□⑩福祉専門職員配置等加算（Ⅲ）
	入所系	□⑪夜勤職員配置体制加算
		□⑫重度障害者支援加算（Ⅰ）
		□⑬重度障害者支援加算（Ⅱ）
	生活介護	□⑭人員配置体制加算（職員数 対 利用者数） 　→　□①（1 対 1.7）　□②（1 対 2.0）　□③（1 対 2.5）
		□⑮重度障害者支援加算
	通所系	□⑯食事提供体制加算
		□⑰送迎加算
		□⑱延長支援加算
		□⑲開所時間減算

Ⅳ　法人後見※の実施状況

自法人での法人後見（成年後見）の実施状況

自法人での法人後見の実施状況	□①実施している　　　　　　□②実施していない

※法人後見とは、社会福祉法人や社団法人、NPOなどの法人が成年後見人、保佐人もしくは補助人になり、ご親族等が個人で
成年後見人等に就任した場合と同様に、判断能力が不十分な人の保護・支援を行うことを言います。

Ⅴ 事業所の取り組み

短期入所の状況

[1]短期入所の実施	□①設置している → ［2］短期入所の種別へ　　□②設置していない → 設問Ⅵへ
[2]短期入所の種別 （複数選択可）	□①併設事業所（定員＿＿＿人）　　　　　　　　□②空床利用型事業所 ※法人内ではなく、貴事業所のみの該当する定員を回答のこと ※単独型事業所は本調査対象外とする
[3]利用実績 （令和3年4月から6月 の3か月間）	①利用実人数＿＿＿＿＿＿人　②利用延べ件数●＿＿＿＿＿＿件　③利用延べ日数＿＿＿＿＿＿泊 　┗ ②-1 うち緊急利用加算を取得した件数＿＿＿＿＿＿件 例）ある利用者が4月から6月までの間に短期入所を1泊2日、3泊4日、2泊3日と利用した場合、「①利用実人数1人」「②利用延べ件数3件」「③利用延べ日数6泊」と回答のこと。 1件の泊数を計算する場合、調査期間内（4月から6月の3か月間）の報酬の対象となった泊数の合計を計上すること。

[4]現在利用中（滞在中）の方の最長泊数	調査基準日である令和3年6月1日現在、短期入所利用中の方の最長利用泊数を回答のこと。							泊

[5]上記3か月間における1回あたりの利用期間 ※[2]②と合計●が一致すること	1泊	2泊	3泊	4～6泊	7～13泊	14～28泊	29泊以上	計（件）
	件	件	件	件	件	件	件	● 件

[6]長期利用の人数	令和2年度の短期入所の総利用日数が180日以上の利用人数を回答のこと。	○ 人

[7]年間180日以上利用する方の理由 （1人につき主たる理由を1つ選択し、人数を計上すること） ※[6]と人数計○が一致すること	①障害者支援施設への入所待機のために利用	人
	②グループホームへの入居待機のために利用	人
	③その他福祉施設等への入所待機のために利用	人
	④地域での自立した生活をするための事前準備のために利用	人
	⑤本人の健康状態の維持管理のために利用	人
	⑥家族の病気等のために利用	人
	⑦その他（　　　　　　　　　　　　　　　　　　　　　）	人
	計	○　人

Ⅵ 職員のスキルアップ、処遇改善等への取り組み

資格取得（資格取得の促進を含む）・処遇の状況

	保有資格	人数	保有資格	人数
[1]職員の資格取得状況 （重複計上可）	①介護福祉士	人	⑤知的障害援助専門員	人
	②社会福祉士	人	⑥知的障害福祉士	人
	③精神保健福祉士	人	⑦介護職員初任者研修修了（旧：ヘルパー1級、2級）	人
	④保育士	人	⑧その他（　　　　　　　）	人

[2]取得を促進している資格 （複数選択可）	□①介護福祉士	□②社会福祉士	□③精神保健福祉士	□④保育士
	□⑤知的障害援助専門員	□⑥知的障害福祉士	□⑦介護職員初任者研修修了	□⑧その他（　　　）

[3]資格取得への支援・処遇の内容 （複数選択可）	□①受講中または受講前に受講料・交通費等受講に係る費用の補助 　→　□①全額補助　□②一部補助　□③その他（　　　　　　　　　　） □②資格取得後に資格取得一時金等として1回のみ支給 □③資格取得後に昇進昇格（昇給）等処遇への反映 □④資格取得後に給与手当への反映 → ［4］資格取得後の手当て等の支給状況へ □⑤その他（　　　　　　　　　　　　　　　　　　　　　）

[4]資格取得後の手当て等の支給状況 ※［3］④を選択の場合のみ回答すること ※1つの資格で金額に幅がある場合は平均的な額とすること（金額に幅を持たせないこと）	資格の種類	定額で給与に毎月支給される場合の金額
	①介護福祉士	¥　　　　　　　／月
	②社会福祉士	¥　　　　　　　／月
	③精神保健福祉士	¥　　　　　　　／月
	④保育士	¥　　　　　　　／月
	⑤知的障害援助専門員	¥　　　　　　　／月
	⑥知的障害福祉士	¥　　　　　　　／月
	⑦介護職員初任者研修修了	¥　　　　　　　／月
	⑧その他（　　　　　　　）	¥　　　　　　　／月
	複数資格を取得の場合の取り扱い	支給の金額に　1．上限がある　2．上限はない

ご協力いただき誠にありがとうございます

※この調査票は、施設入所支援、生活介護（障害者支援施設のみ）、療養介護事業、就労継続支援Ａ型事業、就労継続支援Ｂ型事業、就労移行支援事業、自立訓練事業のみご回答ください。

全国知的障害児・者施設・事業 利用者実態調査票【事業利用単位】

（令和3年6月1日現在）

記入責任者 氏　名		職　名	

《留意事項》

1. 本調査は1事業につき1調査としています。

当該事業を利用する利用者の状況について、 事業利用単位 でご作成ください。

①日中活動が「多機能型」の場合には、個々の事業ごとに各々作成してください。

例1：「多機能型」で自立訓練と生活介護の事業を実施

→ 調査票は2部作成（「自立訓練」で1部・「生活介護」で1部）

②日中活動に併せて「施設入所支援」の事業を実施する場合は、日中活動と施設入所支援を各々作成してください。

※同じ利用者が日中活動と施設入所支援の両方を利用する場合であっても各々計上してください。

例2：生活介護と施設入所支援 → 調査票は2部作成

（「生活介護」で1部・「施設入所支援」で1部）

例3：多機能型日中活動（生活介護と就労移行支援）と施設入所支援 → 調査票は3部作成

（「生活介護」で1部・「就労移行支援」で1部・「施設入所支援」で1部）

③従たる事業については、当該事業の利用者を主たる事業に含めてご回答ください。

2. 設問は特別の指示がない場合にはすべて令和3年6月1日現在でご回答ください。

3. マークのある欄は同じ数値が入ります。指示のない限り整数でご回答ください。

※人数等に幅（1〜2人など）を持たせないでください。

4. 本調査の結果は、統計的に処理をするためご回答いただいた個別の内容が公表されることはありません。

☆下記の印字内容に誤り若しくは変更がございましたら、赤ペン等で修正してください。（印字がない部分はご記入ください。）

なお、日本知的障害者福祉協会会員データへの反映には、別途「全国知的障害関係施設・事業所名簿」巻末の"変更届"にて変更内容を記載し、ご提出（FAX：03-3431-1803）いただく必要がございます。

施設・事業所の名称		電　話	
上記の所在地			
経営主体の名称			
施設・事業の種類 ※1つの事業所で2つ以上の事業を実施している場合は、1事業ごとに調査票（コピー）を作成してください。	※施設・事業の種類に誤り若しくは変更がある場合には、右枠より該当の番号を選択してください。	01．障害児入所施設（福祉型・医療型） 02．児童発達支援センター（福祉型・医療型） 11．療養介護 12．生活介護 13．自立訓練（生活訓練・機能訓練） 14．自立訓練（宿泊型） 15．就労移行支援 16．就労継続支援Ａ型 17．就労継続支援Ｂ型 18．施設入所支援	20．多機能型 20-11．療養介護 20-12．生活介護 20-13．自立訓練（生活訓練・機能訓練） 20-14．自立訓練（宿泊型） 20-15．就労移行支援 20-16．就労継続支援Ａ型 20-17．就労継続支援Ｂ型

該当する場合にはチェックをしてください。

上記事業に付帯して、□①自立生活援助 □②就労定着支援 □③居宅訪問型児童発達支援 を行っている。

［1］定　員	人	開設年月		移行年月	

☆恐れ入りますが、調査票3ページ右下枠内に番号を転記してください。 → 施設コード

<table>
<tr><td colspan="2">（1）契約・措置利用者数（合計）</td><td colspan="2">①男　★　　　人</td><td colspan="2">②女　☆　　　人</td><td colspan="3">計　●　　　　　　人</td></tr>
</table>

| [2]現在員

(1)(2)(4)の男女別人員計は一致すること | （2）年齢別在所者数　※「6～11歳」のうち6歳児の未就学児数のみを左下枠内に計上のこと |

年齢	2歳以下	3～5歳	6～11歳 ※	12～14歳	15～17歳	18～19歳	20～29歳	30～39歳	40～49歳	50～59歳	60～64歳	65～69歳	70～74歳	75～79歳	80歳以上	計
1.男			※													★
2.女			※													☆
計	人	人	人 ※	人	人	人	人	人	人	人	人	人	人	人	人	● 人
うち措置児・者	人	人	人 ※	人	人	人	人	人	人	人	人	人	人	人	人	人

<table>
<tr><td>（3）平均年齢　※小数点第2位を四捨五入すること</td><td>．　　歳</td></tr>
</table>

（4）利用・在籍年数別在所者数※障害者自立支援法事業の施行（平成18年10月）による新たな事業への移行から利用・在籍している年数で計上のこと
※「18.施設入所支援」，「01.障害児入所施設（福祉型・医療型）」は旧法施設からの利用・在籍年数で計上のこと

在所年数	0.5年未満	0.5～1年未満	1～2年未満	2～3年未満	3～5年未満	5～10年未満	10～15年未満	15～20年未満	20～30年未満	30～40年未満	40年以上	計
1.男												★
2.女												☆
計	人	人	人	人	人	人	人	人	人	人	人	● 人

[3]障害支援区分別在所者数
※「療養介護」，「生活介護」，「18.施設入所支援」のみ回答のこと
※[2]の人員計と一致すること
※「01.障害児入所施設（福祉型・医療型）」に併せて経過的施設入所支援，経過的生活介護を実施する場合は対象者のみ計上のこと

非該当	区分1	区分2	区分3	区分4	区分5	区分6	不明・未判定	計
人	人	人	人	人	人	人	人	● 人

[4]療育手帳程度別在所者数
※[2]の人員計と一致すること

1．最重度・重度	2．中軽度	3．不所持・不明	計
人	人	人　●	人

[5]身体障害の状況
※身体障害者手帳所持者についてのみ回答のこと

手帳所持者実数 ○　　　人	手帳に記載の障害の内訳 ※重複計上可	1．視覚 人	2．聴覚 人	3．平衡 人	4．音声・言語又は咀嚼機能 人	5．肢体不自由 人	6．内部障害 人

[6]身体障害者手帳程度別在所者数
※[5]の手帳所持者実数と一致すること
※重複の場合は総合等級を回答

1級	2級	3級	4級	5級	6級	計
人	人	人	人	人	人	○　人

[7]精神障害者保健福祉手帳の程度別在所者数

1級	2級	3級	計
人	人	人	人

[8]精神障害の状況
※医師の診断名がついているもののみ記入すること
※てんかんとてんかん性精神病は区別し，てんかん性精神病のみ計上のこと
※その他の欄に精神遅滞は計上しないこと

1．自閉スペクトラム症 （広汎性発達障害、自閉症など）　人	4．てんかん性精神病　人
2．統合失調症　人	5．その他 （強迫性心因反応、神経症様反応など）　人
3．気分障害 （周期性精神病、うつ病性障害など）　人	計　人

[9]「てんかん」の状況 ※てんかんとして現在服薬中の人数　　人	[10]認知症の状況	1．医師により認知症と診断されている人数		2．医師以外の家族・支援員等が認知症を疑う人数	
			うちダウン症の人数		うちダウン症の人数
		人	人	人	人

[11]矯正施設・更生保護施設・指定入院医療機関を退所・退院した利用者数
※矯正施設とは、刑務所、少年刑務所、拘置所、少年院、少年鑑別所、婦人補導院をさす（基準日現在）

1．矯正施設		2．更生保護施設		3．指定入院医療機関		計	
	うち3年以内		うち3年以内		うち3年以内		うち3年以内
人	人	人	人	人	人	人	人

[12]上記[11]のうち地域生活移行個別支援特別加算を受けている利用者数
※「18.施設入所支援」「自立訓練（宿泊型）」のみ回答のこと

	人

[13]支援度	支援度の指標	1 級 常時全ての面で支援が必要	2 級 常時多くの面で支援が必要	3 級 時々又は一時的にあるいは一部支援が必要	4 級 点検、注意又は配慮が必要	5 級 ほとんど支援の必要がない	
[13]－A 日常生活面 ※[2]の人員計と一致すること	内　容	基本的生活習慣が形成されていないため、常時全ての面での介助が必要。それがないと生命維持も危ぶまれる。	基本的生活習慣がほとんど形成されていないため、常時多くの面で介助が必要。	基本的生活習慣の形成が不十分なため、一部介助が必要。	基本的生活習慣の形成が不十分ではあるが、点検助言が必要とされる程度。	基本的生活習慣はほとんど形成されている、自主的な生活態度の養成が必要。	計
	人　員	人	人	人	人	● 人	人
[13]－B 行動面 ※[2]の人員計と一致すること	内　容	多動、自他傷、拒食などの行動が顕著で常時付添い注意が必要。	多動、自閉などの行動があり、常時注意が必要。	行動面での問題に対し注意したり、時々指導したりすることが必要。	行動面での問題に対し多少注意する程度。	行動面にはほとんど問題がない。	計
	人　員	人	人	人	人	● 人	人
[13]－C 保健面 ※[2]の人員計と一致すること	内　容	身体的健康に厳重な看護が必要。生命維持の危険が常にある。	身体的健康につねに注意、看護が必要。発作頻発傾向。	発作が時々あり、あるいは周期的精神変調がある等のため一時的又は時々看護の必要がある。	服薬等に対する配慮程度。	身体的健康にはほとんど配慮を要しない。	計
	人　員	人	人	人	人	● 人	人

[14]日常的に医療行為等を必要とする利用者数 ※事業所内（職員・看護師）によるもののみ計上のこと ※医療機関への通院による医療行為等は除く	1．点滴の管理（持続的）　※1	人	6．人工呼吸器の管理　※4 （侵襲、非侵襲含む）	人	11．導尿	人
	2．中心静脈栄養　※2 （ポートも含む）	人	7．気管切開の管理	人	12．カテーテルの管理 （コンドーム・留置・膀胱ろう）	人
	3．ストーマの管理　※3 （人工肛門・人工膀胱）	人	8．喀痰吸引 （口腔・鼻腔・カニューレ内）	人	13．摘便	人
	4．酸素療法	人	9．経管栄養の注入・水分補給 （胃ろう・腸ろう・経鼻経管栄養）	人	14．じょく瘡の処置	人
	5．吸入	人	10．インシュリン療法	人	15．疼痛の管理 （がん末期のペインコントロール）	人
	※1…長時間（24時間）にわたり点滴をおこない、針の刺し直し（針刺・抜針）も含む ※2…末梢からの静脈点滴が難しい方におこなう処置 ※3…皮膚の炎症確認や汚物の廃棄 ※4…カニューレ・気管孔の異常の発見と管理				計	人

[15]複数事業（所）利用者数 ※日中活動事業（所）・「02．児童発達支援センター」のみ回答のこと ※定期的に利用する日中活動サービスが他にある場合のみ回答のこと ※同一事業を複数個所で利用している場合も計上のこと	人	※定期的に利用する日中活動サービスとは 療養介護、生活介護、自立訓練（宿泊型は除く）、就労移行支援、就労継続支援A型、就労継続支援B型の6事業及び幼稚園、保育園とする

[16]日中活動利用者の生活の場の状況 ※[2]と人員計が一致すること ※日中活動事業（所）・「02．児童発達支援センター」のみ回答のこと ※利用契約をしている利用者の実数を回答のこと	1．家庭（親・きょうだいと同居）	人	5．福祉ホーム	人
	2．アパート等（主に単身・配偶者有り）	人	6．施設入所支援	人
	3．グループホーム・生活寮等	人	7．その他	人
	4．自立訓練（宿泊型）	人	計	● 人

[17]施設入所支援利用者の日中活動の状況 ※[2]と人員計が一致すること ※1ページ目に「18．施設入所支援」と印字されている調査票のみ回答のこと ※「01．障害児入所施設（福祉型・医療型）」に併せて実施する経過的施設入所支援は除く	1．同一法人敷地内で活動	人
	2．同一法人で別の場所（敷地外）で活動	人
	3．他法人・他団体が運営する日中活動事業所等で活動	人
	4．その他の日中活動の場等で活動	人
	計	● 人

[18]成年後見制度の利用者数 ※当該事業の利用者のみ対象	1．後見	2．保佐	3．補助
	人	人	人

☆恐れ入りますが、調査票1ページ右下枠内の番号を転記してください。　→　　施設コード

[19]－A 令和2年度新規入所者の入所前（利用前）の状況
（令和2年4月1日～令和3年3月31日の1年間）

イ．家業の手伝いで低額であっても賃金を受け取る場合には一般就労とする
ロ．（1）と（2）の人員計が一致すること

※該当期間に他の事業種別に転換した事業所はすべての利用者について回答のこと

（1）生活の場		（人）		（2）活動の場		（人）
1.家庭（親・きょうだいと同居）	15.精神科病院			1.家庭のみ	15.老人福祉・保健施設	
2.アパート等（主に単身）	16.施設入所支援			2.一般就労	16.一般病院・老人病院（入院）	
3.グループホーム・生活寮等	17.自立訓練（宿泊型）			3.福祉作業所・小規模作業所	17.精神科病院（入院）	
4.社員寮・住み込み等	18.少年院・刑務所等の矯正施設			4.職業能力開発校	18.療養介護	
5.職業能力開発校寄宿舎	19.その他・不明			5.特別支援学校（高等含む）	19.生活介護	
6.特別支援学校寄宿舎				6.小中学校（普通学級）	20.自立訓練	
7.障害児入所施設（福祉型・医療型）				7.小中学校（特別支援学級）	21.就労移行支援	
8.児童養護施設				8.その他の学校	22.就労継続支援A型	
9.乳児院	※前年度1年間に新規で入所された方の状況のみ計上してください。			9.保育所・幼稚園	23.就労継続支援B型	
10.児童自立支援施設				10.障害児入所施設（福祉型・医療型）	24.地域活動支援センター等	
11.知的障害者福祉ホーム				11.児童発達支援センター・児童発達支援事業等	25.少年院・刑務所等の矯正施設	
12.救護施設				12.児童養護施設	26.その他・不明	
13.老人福祉・保健施設				13.乳児院		
14.一般病院・老人病院	計			14.救護施設	計	

[19]－B 令和2年度退所者の退所後（契約・措置解除後）の状況
（令和2年4月1日～令和3年3月31日の1年間）

イ．家業の手伝いで低額であっても賃金を受け取る場合には一般就労とする
ロ．（1）と（2）の人員計が一致すること
※退所後6か月程度で死亡したケースも記入すること

（1）生活の場		（人）		（2）活動の場		（人）
1.家庭（親・きょうだいと同居）	14.施設入所支援			1.家庭のみ	15.一般病院・老人病院（入院）	
2.アパート等（主に単身）	15.自立訓練（宿泊型）			2.一般就労	16.精神科病院（入院）	
3.グループホーム・生活寮等	16.少年院・刑務所等の矯正施設			3.福祉作業所・小規模作業所	17.療養介護	
4.社員寮・住み込み等	17.その他・不明			4.職業能力開発校	18.生活介護	
5.職業能力開発校寄宿舎	小計			5.特別支援学校（高等部含む）	19.自立訓練	
6.特別支援学校寄宿舎	18.死亡退所※			6.小中学校（普通学級）	20.就労移行支援	
7.障害児入所施設（福祉型・医療型）				7.小中学校（特別支援学級）	21.就労継続支援A型	
8.児童養護施設				8.その他の学校	22.就労継続支援B型	
9.知的障害者福祉ホーム	※前年度1年間に退所された方の状況のみ計上してください。			9.保育所・幼稚園	23.地域活動支援センター等	
10.救護施設				10.障害児入所施設（福祉型・医療型）	24.少年院・刑務所等の矯正施設	
11.老人福祉・保健施設				11.児童発達支援センター・児童発達支援事業等	25.その他・不明	
12.一般病院・老人病院				12.児童養護施設	小計	
13.精神科病院				13.救護施設	26.死亡退所※	
	計			14.老人福祉・保健施設	計	

[20]介護保険サービスへの移行・併給状況

※1ページ目施設・事業の種類「18.施設入所支援」は除く。生活介護と施設入所支援を行う事業所の重複回答を避けるため、両方の事業を行う場合は1ページ目「18.施設入所支援」と印字された調査票以外、回答のこと。

イ．令和2年4月1日～令和3年3月31日の1年間に新規に移行又は併給を開始した者を計上すること

No.	移行・併給開始年齢	性別	知的障害の程度（別表1より）	障害支援区分	移行前の生活の場（別表4より）	移行後の生活の場（別表5より）	介護認定区分（別表6より）	移行・併給後に利用を開始した別表（5）のうち4～7以外の介護保険サービス（別表7より）複数選択可	移行・併給開始の理由（別表8より）
1									
2									
3									
4									
5									
6									

[21]就職の状況　※「児童発達支援センター」,「自立訓練（宿泊型）」,「施設入所支援」は除く。職場適応訓練は除く。

イ．令和2年4月1日〜令和3年3月31日の1年間を調査すること
ロ．家業の手伝いで低額であっても賃金を受け取る場合も記入のこと
ハ．「事業利用（在所）年月」の欄は、現事業（所）での利用（在所）期間を記入のこと
ニ．「知的障害の程度」は、児童相談所または更生相談所の判定より記入すること
ホ．〔19〕-B、（2）活動の場、2一般就労　の人数と一致すること

No.	就職時年齢	性別	事業利用（在所）年月	知的障害の程度（別表1より）	年金受給の有無（別表2より）	雇用先の業種	仕事の内容	就職時の給与（月額）	就職時の生活の場（別表3より）
例	20歳	男	2年 か月	4	4	飲食店	接客・食器洗浄	￥ 80,000	1
1			年 か月						
2			年 か月						
3			年 か月						
4			年 か月						
5			年 か月						
6			年 か月						
7			年 か月						
8			年 か月						
9			年 か月						
10			年 か月						

[22]死亡の状況　※1ページ目施設・事業の種類「18.施設入所支援」は除く。生活介護と施設入所支援を行う事業所の重複回答を避けるため、両方の事業を行う場合は1ページ目「18.施設入所支援」と印字された調査票以外、回答のこと。

イ．令和2年4月1日〜令和3年3月31日の1年間を調査すること
ロ．退所後6か月程度で死亡したケースも記入すること
ハ．〔19〕-B、（1）生活の場、18死亡退所　の人数と一致すること

No.	死亡時年齢	性別	知的障害の程度（別表1より）	死亡場所（別表9より）	死因（右より選択）	
1	歳					
2						1．病気
3						2．事故
4						3．その他
5						
6						

別表1	1．最重度 2．重度 3．中度 4．軽度 5．知的障害なし				
別表2	1．有：1級 2．有：2級 3．有：その他（厚生年金・共済年金） 4．無				
別表3	1．家庭 2．アパート等 3．グループホーム・生活寮等 4．社員寮等 5．自立訓練（宿泊型） 6．福祉ホーム 7．その他 8．不明				
別表4	1．家庭（親・きょうだいと同居） 2．アパート等（主に単身） 3．グループホーム・生活寮等 4．社員寮・住み込み等 5．知的障害者福祉ホーム 6．施設入所支援 7．自立訓練（宿泊型） 8．その他・不明				
別表5	1．家庭 2．アパート 3．グループホーム（障害福祉） 4．グループホーム（認知症対応） 5．特別養護老人ホーム 6．介護老人保健施設 7．介護療養型医療施設 8．その他				
別表6	1．要支援1 2．要支援2 3．要介護1 4．要介護2 5．要介護3 6．要介護4 7．要介護5				
別表7	1．デイサービス・デイケア 2．訪問・居宅介護（ホームヘルプサービス）3．短期入所（ショートステイ） 4．訪問看護 5．その他 6．利用なし				
別表8	1．市町村等行政から65歳になったので移行指示があった。 2．加齢により支援が限界となったため事業所側から移行・併給を働きかけた 3．本人の希望により 4．家族の希望により 5．その他				
別表9	1．施設 2．病院 3．家庭 4．その他				

ご協力いただき誠にありがとうございます

令和 3 年度

全国知的障害児入所施設
実 態 調 査 報 告

公益財団法人日本知的障害者福祉協会
児童発達支援部会

は じ め に

　令和３年度の全国知的障害児入所施設実態調査を報告するにあたり，各施設におかれましては，新型コロナウイルスの感染防止をはじめとする対応等，ご多忙な中，本調査にご協力いただき厚く御礼申し上げます。

　今年度の調査については，前年度調査に引き続き新型コロナウイルス感染症による影響が利用者の帰省回数，家族等との面会の減少（家族の訪問なしが22.4％から33.9％）に顕著に表れています。また，福祉教育事業であるボランティア（小中高校生，民間ボランティア3,546人から598人）の受け入れや教員，教職免許の体験（580人から122人），単位実習（保育士，社会福祉士等計2,144人から1,209人）の実施についても大幅に減少しています。「福祉を学ぶ」，「障害について知る」機会が減ったことによる福祉人材の育成・確保にかかる影響が懸念されます。

　短期入所の利用実績数については，前回調査に比べて，わずかに増加（H30：15,448人　H31：16,760人　R２：10,242人　R３：10,786人）しましたが，コロナ禍以前の利用実績数には達していない状況にあります。

　昨年，「障害児の新たな移行調整の枠組みに向けた実務者会議」（厚生労働省）における議論を受けて，移行支援に向けて令和６年度より都道府県（政令市）が移行調整の責任主体となり協議の場を設置することが決まりました。本調査では，みなし規定の延長が当初令和３年度末までとなっていたことが起因していると思われますが，20歳以上の在籍率（０％の施設が50施設から151施設）及び在所延長児童数（882人から478人）が前回調査より大幅に減少しています。

　本調査報告書については，当該年度だけではなく，前年度，前々年度など過去の調査結果と比較していただきますと，その趨勢などを把握できる項目がありますので，是非ご活用ください。

　本調査は，各施設が直面している課題等の解消，政策要望・提言につながる基礎資料となります。調査回答の負担が大きく，大変ご面倒をおかけいたしますが，今後とも趣旨を御理解の上，皆様のご協力をよろしくお願いいたします。

　令和４年３月

　　　　　　　　　　　　　　　　　児童発達支援部会

　　　　　　　　　　　　　　　　　　　副部会長　　福　山　大　介

目　　次

はじめに………………………………………………………………………………………77

調査経過………………………………………………………………………………………80

Ⅰ　施設の状況………………………………………………………………………………81
　1．施設数
　2．設立年代
　3．経過的障害者支援施設の指定状況
　4．児童の出身エリア
　5．定員の状況
　6．在籍の状況
　　(1)　在籍数
　　(2)　在籍率
　7．措置・契約の状況

Ⅱ　児童の状況………………………………………………………………………………88
　1．年齢の1．年齢の状況
　　(1)　在籍児の年齢の状況
　　(2)　在所延長児童の状況
　　(3)　入所時の年齢
　2．在籍期間
　3．入所の状況
　　(1)　入所児数
　　(2)　一時保護が必要とされた児童の受け入れ状況
　　(3)　入所の理由
　　(4)　虐待による入所の状況
　4．退所の状況
　　(1)　退所児数
　　(2)　入退所の推移
　　(3)　進路の状況
　5．家庭の状況
　　(1)　家庭の状況
　　(2)　帰省・面会の状況
　6．就学の状況
　7．障害の状況
　　(1)　障害程度の状況
　　(2)　重度認定の状況

⑶　重複障害の状況

8．行動上の困難さの状況

9．医療対応の状況

⑴　医療機関の受診状況

⑵　服薬の状況

⑶　入院の状況

⑷　契約制度の影響

Ⅲ　施設の設備・環境と暮らしの状況……………………………………………………… 111

1．施設建物の形態

2．居住スペースと生活支援スタッフの構成

⑴　生活単位の設置数

⑵　専任スタッフ数

⑶　児童と直接支援職員の比率

3．「自活訓練事業」の実施状況

Ⅳ　地域生活・在宅サービスの状況………………………………………………………… 116

1．障害児等療育支援事業の実施状況

2．短期入所事業の実施状況

3．日中一時支援事業の実施状況

4．福祉教育事業の実施状況

5．地域との交流

Ⅴ　施設運営・経営の課題…………………………………………………………………… 121

1．施設の運営費

⑴　加算の認定状況

⑵　自治体の補助の状況

2．在所延長規定廃止に伴う今後の施設整備計画

⑴　障害者支援施設の指定状況

⑵　今後の対応方針

⑶　今後の児童施設の定員

⑷　障害種別の一元化に向けた対応

3．在所延長している児童の今後の見通し

4．児童相談所との関係

⑴　措置後の児童福祉司等の施設訪問

⑵　児童相談所との連携

⑶　18歳以降の対応

5．利用者負担金の未収状況

6．苦情解決の実施状況

調　査　票　C ……………………………………………………………………………… 128

調 査 経 過

　本調査は，公益財団法人日本知的障害者福祉協会の会員である知的障害児施設，自閉症児施設に対して調査票を送付して回答を得た結果の報告である。

調査対象　本会に加入する障害児入所施設（福祉型・医療型）（229施設）に送付
調 査 日　令和３年６月１日
回 答 数　172施設　回収率　75.1％

○調査データは，令和３年６月１日を基本とし，令和２年度（2020.4.1〜2021.3.31）の実績を対象としている。

○割合は，原則として小数第２位以下四捨五入で表示している。基礎数は回答施設数，定員，在籍数とし，必要に応じて設置主体別の数を基礎として比較している。

○設置主体は，公立公営（事業団含む），公立民営，民立民営に分類し，データ報告については，公立と民立に分けているが，この場合の公立は，公立公営・公立民営を総称している。

○地区区分は，協会の地区区分により９地区に分けて整理している。

○児童福祉法対象年齢を超えた満18歳以上については，年齢超過児ないし過齢児と記している。

○「令和２年調査」「前年度調査」の表記は，令和２年度全国知的障害児施設実態調査報告をさし，「全国調査」は調査・研究委員会が取りまとめた全国知的障害児者施設・事業実態調査を引用している。

○総数と内訳の合計数が一致しない項目があるが，不明処理等によるものである。

○項目間により総数に不一致がみられることがあるが，各々の項目の有効回答を最大限活かして集計したためである。

I 施設の状況

回答施設県別一覧

地区		都道府県	対象施設数	回答施設	回収率	定員	現員	うち措置	契約	充足率	措置率	R2年充足率	R2年措置率
北海道	1	北海道	11	11	100	671	619	163	456	92.3	26.3	89.6	59.2
東　北	2	青　森	7	5	71.4	144	105	28	77	72.9	26.7	64.6	30.3
	3	岩　手	4	4	100	140	98	46	52	70	46.9	84.0	21.4
	4	宮　城	1	1	100	60	44	34	10	73.3	77.3	78.6	52.7
	5	秋　田	3	0	0	0	0	0	0	0	0	85.7	36.7
	6	山　形	3	2	66.7	60	33	12	21	55	36.4	53.3	37.5
	7	福　島	8	7	87.5	245	158	77	81	64.5	48.7	77.6	36.3
		小計	26	19	73.1	649	438	197	241	67.5	45.0	73.4	34.3
関　東	8	茨　城	7	4	57.1	130	128	70	58	98.5	54.7	96.8	58.2
	9	栃　木	4	4	100	70	65	58	7	92.9	89.2	90.6	74.0
	10	群　馬	3	3	100	106	90	48	42	84.9	53.3	92.5	59.2
	11	埼　玉	5	5	100	215	132	84	48	61.4	63.6	57.6	59.3
	12	千　葉	9	6	66.7	122	76	54	22	62.3	71.1	73.8	68.1
	13	東　京	6	5	83.3	224	188	81	107	83.9	43.1	77.5	41.1
	14	神奈川	15	10	66.7	430	376	264	112	87.4	70.2	78.6	63.3
	15	山　梨	1	1	100	70	39	33	6	55.7	84.6	64.3	82.2
	16	長　野	1	1	100	30	29	15	14	96.7	51.7	96.7	51.7
		小計	51	39	76.5	1,397	1,123	707	416	80.4	63.0	78.5	59.2
東　海	17	静　岡	9	9	100	292	229	187	42	78.4	81.7	68.1	76.3
	18	愛　知	7	5	71.4	233	181	167	14	77.7	92.3	87.7	87.3
	19	岐　阜	2	1	50	30	30	24	6	100	80	85.0	76.5
	20	三　重	4	3	75	80	71	51	20	88.8	71.8	87.5	74.3
		小計	22	18	81.8	635	511	429	82	80.5	84.0	79.0	80.1
北　陸	21	新　潟	8	7	87.5	123	83	42	41	67.5	50.6	73.0	29.8
	22	富　山	2	2	100	100	47	32	15	47	68.1	48.0	68.8
	23	石　川	4	2	50	90	23	16	7	25.6	69.6	21.0	71.4
	24	福　井	1	1	100	20	16	10	6	80	62.5	90.0	55.6
		小計	15	12	80	333	169	100	69	50.8	59.2	51.0	48.5
近　畿	25	滋　賀	4	3	75	259	93	55	38	35.9	59.1	42.3	54.5
	26	京　都	3	3	100	110	104	37	67	94.5	35.6	95.5	35.2
	27	大　阪	8	6	75	310	255	208	47	82.3	81.6	89.0	74.3
	28	兵　庫	10	5	50	141	116	66	50	82.6	56.9	97.2	24.6
	29	奈　良	2	2	100	106	67	47	20	63.2	70.1	83.3	0
	30	和歌山	2	1	50	30	39	15	24	130	38.5	82.0	75.6
		小計	29	20	69.0	956	674	428	246	70.5	63.5	80.6	46.4
中　国	31	鳥　取	2	1	50	14	7	0	7	50	0	0	0
	32	島　根	6	5	83.3	110	72	47	25	65.5	65.3	64.5	43.7
	33	岡　山	4	3	75	115	72	60	12	62.6	83.3	81.3	57.4
	34	広　島	10	6	60	121	91	61	30	75.2	67.0	68.9	73.8
	35	山　口	2	1	50	40	38	20	18	95	52.6	76.0	55.3
		小計	24	16	66.7	400	280	188	92	70	67.1	71.1	58.7
四　国	36	徳　島	3	3	100	110	89	54	35	80.9	60.7	78.2	58.1
	37	香　川	2	2	100	56	43	29	14	76.8	67.4	71.4	67.5
	38	愛　媛	6	4	66.7	90	67	18	49	74.4	26.9	64.5	23.9
	39	高　知	2	0	0	0	0	0	0	0	0	0	0
		小計	13	9	69.2	256	199	101	98	77.7	50.8	71.4	47.7
九　州	40	福　岡	7	4	57.1	140	95	82	13	67.9	86.3	74	88.3
	41	佐　賀	2	2	100	70	42	16	26	60	38.1	55	72.7
	42	長　崎	2	2	100	80	71	36	35	88.8	50.7	97.5	48.7
	43	熊　本	8	6	75	200	156	84	72	78	53.8	75.8	47.8
	44	大　分	3	2	66.7	60	46	14	32	76.7	30.4	78.3	40.4
	45	宮　崎	5	4	80	130	108	68	40	83.1	63.0	82.9	56.9
	46	鹿児島	7	5	71.4	88	78	26	52	88.6	33.3	87.8	30.2
	47	沖　縄	4	3	75	70	51	20	31	72.9	39.2	73.0	50
		小計	38	28	73.7	838	647	346	301	77.2	53.5	78.0	54.5
	総計		229	172	75.1	6,135	4,660	2,659	2,001	76.0	57.1	76.7	55.2

調査全般において，障害児入所施設から障害者支援施設への移行，もしくは施設の閉鎖等の大きな変動が起こっている時期であり，前年度との比較による分析が難しくなっている項目があることを踏まえての調査結果の分析とする。

1．施設数

〔表1〕は調査対象229施設のうち，回答のあった172施設の状況である。設置主体別では，児童福祉法の施行当初から昭和50年代までに公的責任において自治体が施設を設置してきた背景から公立施設が全体に占める比率が高かったが，近年は指定管理制度，民間委譲が徐々に進んできている。地区別では北陸が公立施設の割合が高くなっている。

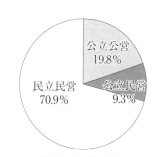

設置主体別の状況

表1　施設数

	施設数	%	北海道	東北	関東	東海	北陸	近畿	中国	四国	九州
計	172		11	19	39	18	12	20	16	9	28
%	100		6.4	11.0	22.7	10.5	7.0	11.6	9.3	5.2	16.3
公立公営	34	19.8	2	6	4	7	6	4	0	1	4
公立民営	16	9.3	0	2	6	1	1	3	0	0	3
民立民営	122	70.9	9	11	29	10	5	13	16	8	21
※地区別民立施設比率			81.8	57.9	74.4	55.6	41.7	65.0	100	88.9	75

2．設立年代

設立年代〔表2〕では，昭和30年から49年の約20年間に120施設が設立され，50年代前半で施設設置は概ね済んだといえる。その後，昭和60年以降に20施設が設立されている。

表2　設立年代

	施設数	%
〜大正15年	1	0.6
昭和元年〜29年	22	12.8
昭和30年〜34年	17	9.9
昭和35年〜39年	32	18.6
昭和40年〜44年	56	32.6
昭和45年〜49年	15	8.7
昭和50年〜54年	8	4.7
昭和55年〜59年	1	0.6
昭和60年〜	20	11.6
計	172	100

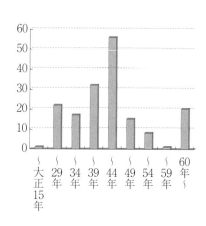

3．経過的障害者支援施設の指定状況

表3　経過的障害者支援施設の指定状況

	施設数	％
指定を受けている	66	38.4
指定を受けていない	106	61.6
計	172	100

　経過的障害者支援施設の指定状況〔表3〕は，「指定を受けている」施設は66施設（38.4％），「指定を受けていない」施設が106施設（61.6％）。指定を受けていない事業所は，すでに事業の移行を済ませたものと推察される。

4．児童の出身エリア

　措置及び支給決定している児童相談所の数〔表4〕は，前年度調査と比較して大きな変化はなかった。

　児童相談所については，令和3年4月1日現在，都道府県，政令指定都市等，全国に225 か所あり，10か所以上（神奈川15，東京14，愛知13，大阪10）設置している自治体もあるが，支所・分室を除けば都道府県に2か所から3か所の設置が（24都道府県，51.1％）最も多い状況にある。なお，半数を超える施設が2から4ヵ所の児童相談所と関わりを有している。

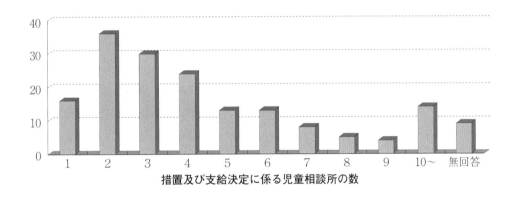

措置及び支給決定に係る児童相談所の数

表4　措置及び支給決定している児童相談所の数

か所数	施設数	％
1 か所	16	9.3
2 か所	36	20.9
3 か所	30	17.4
4 か所	24	14.0
5 か所	13	7.6
6 か所	13	7.6
7 か所	8	4.7
8 か所	5	2.9
9 か所	4	2.3
10か所～	14	8.1
無回答	9	5.2
計	172	100

都道府県の数〔表5〕では，1都道府県が100施設（58.1％）と最も多く，次いで2都道府県が38施設（22.1％）となっている。

表5　都道府県の数

	施設数	％
1都道府県	100	58.1
2都道府県	38	22.1
3都道府県	13	7.6
4都道府県	7	4.1
5都道府県以上	2	1.2
無回答	12	7.0
計	172	100

出身区市町村の数〔表6〕では，「6～10区市町村」が49施設（28.5％）と最も多く，次いで「1～5区市町村」が43施設（25％）となり，併せると5割を超える。

また11区市町村以上については63施設（36.6％）あり，移行支援では業務範囲が広域に及んでいることが推察される。

表6　出身区市町村の数

	施設数	％
1～5区市町村	43	25
6～10区市町村	49	28.5
11～15区市町村	35	20.3
16～20区市町村	11	6.4
21～25区市町村	10	5.8
26～30区市町村	5	2.9
31区市町村～	2	1.2
無回答	17	9.9
計	172	100

5．定員の状況

回答施設の定員数〔表7〕の総計は6,135人。1施設当たりの平均定員数は35.7人。設置主体別に公立系は2,109人（34.4％），民立は4,026人（65.6％）であった。

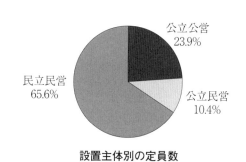

設置主体別の定員数

表7　定員数

	定員計	%	北海道	東北	関東	東海	北陸	近畿	中国	四国	九州
定員数	6,135	—	671	649	1,397	635	333	956	400	256	838
%	—	100	10.9	10.6	22.8	10.4	5.4	15.6	6.5	4.2	13.7
公立公営	1,469	23.9	57	185	259	303	173	282	0	35	175
公立民営	640	10.4	0	90	230	50	20	150	0	0	100
民立民営	4,026	65.6	614	374	908	282	140	524	400	221	563
＊民立定員比率（％）			91.5	57.6	65.0	44.4	42.0	54.8	100	86.3	67.2

　定員規模別施設数〔表8〕は，定員11人〜29人と，定員30人の施設が45施設（26.2％）と最も多く，次いで31人〜40人の施設が31施設（18.0％）であった。

表8　定員規模別施設数

	施設数	%	公立	%	民立	%
〜10人	14	8.1	2	4	12	9.8
11〜29人	45	26.2	9	18	36	29.5
30人	45	26.2	12	24	33	27.0
31〜40人	31	18.0	7	14	24	19.7
41〜50人	16	9.3	9	18	7	5.7
51〜70人	12	7.0	5	10	7	5.7
71人以上	9	5.2	6	12	3	2.5
計	172	100	50	100	122	100

6．在籍の状況

(1)　在籍数

　在籍数〔表9〕は，4,660人（定員6,135人）である。設置主体別では，公立公営969人（20.8％）公立民営453人（9.7％），民立民営3,238人（69.5％）であった。男女別では大きな変化はみられない。

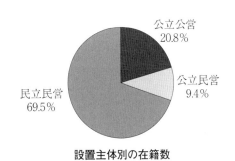

設置主体別の在籍数

表9　在籍数の状況（全体）

		計	%	北海道	東北	関東	東海	北陸	近畿	中国	四国	九州
在籍数	男	3,180	68.2	368	326	796	332	118	481	190	131	438
	女	1,480	31.8	251	112	327	179	51	193	90	68	209
	計	4,660	100	619	438	1,123	511	169	674	280	199	647
公立公営	男	665	68.6	22	74	102	154	70	140	0	18	85
	女	304	31.4	11	25	39	80	29	69	0	7	44
	計	969	100	33	99	141	234	99	209	0	25	129
公立民営	男	309	68.2	0	53	119	22	5	62	0	0	48
	女	144	31.8	0	11	58	18	3	28	0	0	26
	計	453	100	0	64	177	40	8	90	0	0	74
民立民営	男	2,206	68.1	346	199	575	156	43	279	190	113	305
	女	1,032	31.9	240	76	230	81	19	96	90	61	139
	計	3,238	100	586	275	805	237	62	375	280	174	444

(2)　在籍率

　回答施設の充足率〔表11〕は，全体で76.0％前回と比較して0.7ポイント減少した。

　充足率（定員比）状況〔表10〕をみると，「90〜100％未満」が39施設（22.7％），「70〜80％未満」が28施設（16.3％），の順で多く，充足率90％以上の施設は64施設（37.2％）である。充足率90％以上の施設を設置主体別でみると，公立8施設（16％），民立56施設（45.9％）となっている。

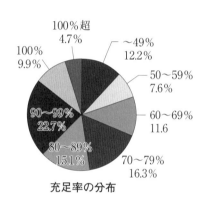

充足率の分布

表10　充足率（定員比）の状況

	〜49%	50〜60%未満	60〜70%未満	70〜80%未満	80〜90%未満	90〜100%未満	100%	100%超	計
施設数	21	13	20	28	26	39	17	8	172
%	12.2	7.6	11.6	16.3	15.1	22.7	9.9	4.7	100
公立	12	7	5	10	8	6	2	0	50
%	24.0	14.0	10.0	20.0	16.0	12.0	4.0	0	100
民立	9	6	15	18	18	33	15	8	122
%	7.4	4.9	12.3	14.8	14.8	27.0	12.3	6.6	100

表11　設置主体別充足率

	施設数	定員	在籍数	充足率（%）
公立公営	34	1,469	969	66.0
公立民営	16	640	453	70.8
民立民営	122	4,026	3,238	80.4
計	172	6,135	4,660	76.0

7．措置・契約の状況

全在籍数〔表12〕の4,660人のうち措置が2,659人（57.1％），契約が2,001人（42.9％）となっている。

地区別では，東海の措置率84.0％で最も高く，公立民立ともに高い。措置率が低い東北も45.0％となった。なお，北海道が前年度調査59.2％から26.3％と急減したことは，回答施設の在籍人数（前年度309人）の増加によるものであり，その多くが医療型障害児入所施設の在籍者であることが推察される。措置率については冒頭の回答施設県別一覧に示されたとおり都道府県ごとの格差が著しい状況が続いている。

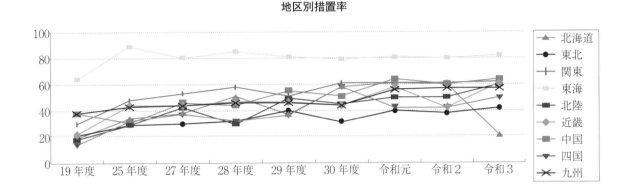

地区別措置率

表12　措置・契約の状況

		％	計	北海道	東北	関東	東海	北陸	近畿	中国	四国	九州
在籍数	男	68.2	3,180	368	326	796	332	118	481	190	131	438
	女	31.8	1,480	251	112	327	179	51	193	90	68	209
	計	100	4,660	619	438	1,123	511	169	674	280	199	647
	うち措置	57.1	2,659	163	197	707	429	100	428	188	101	346
措置率			57.1	26.3	45.0	63.0	84.0	59.2	63.5	67.1	50.8	53.5
公立公営	男	68.6	665	22	74	102	154	70	140	0	18	85
	女	31.4	304	11	25	39	80	29	69	0	7	44
	計	100	969	33	99	141	234	99	209	0	25	129
	うち措置	63.6	616	4	35	77	197	54	162	0	20	67
公立民営	男	68.2	309	0	53	119	22	5	62	0	0	48
	女	31.8	144	0	11	58	18	3	28	0	0	26
	計	100	453	0	64	117	40	8	90	0	0	74
	うち措置	62.5	283	0	39	132	39	5	42	0	0	26
民立民営	男	68.1	2,206	346	199	575	156	43	279	190	113	305
	女	31.9	1,032	240	76	230	81	19	96	90	61	139
	計	100	3,238	586	275	805	237	62	375	280	174	444
	うち措置	54.4	1,760	159	123	498	193	41	224	188	81	253

Ⅱ 児童の状況

1. 年齢の状況

(1) 在籍児の年齢の状況

回答のあった172施設の在籍児童数は3施設4,660人で、前年度調査（回答175施設4,933人）と比較して3施設273人減少している。

在籍児を年齢区分別にみると、5歳以下が98人（2.1％）、6歳から11歳が1,052人（22.6％）、12歳から14歳が1,078人（23.1％）、15歳から17歳が1,635人（35.1％）で、前年度調査と同様に年齢が上がるにしたがって在籍数は増えている。全

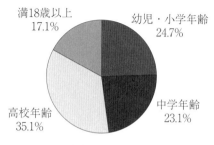

学年別在籍数

在籍児童数4,660人に占める18歳未満3,863人の割合は82.9％で前年度調査より1.5ポイント上がった。

在籍児全体に占める措置（2,659人）の割合は57.1％であるが、18歳未満の児童に限ってみると措置率は64.7％となっている。それぞれ前年度調査の全体の措置割合55.2％、18歳未満の措置割合62.5％と比べ、措置児童の割合は全体で1.9ポイント、18歳未満では2.2ポイント増加している。

措置児童の割合を年齢区分別にみると、5歳以下が88.8％（前年度調査82.4％）、6歳から11歳が70.7％（同67.1％）、12歳から14歳が65.9％（同64.2％）、15歳から17歳が58.7％（同57.1％）となっており、年齢が上がるにしたがって措置率が低くなる傾向は前年度調査と同様であるが、全ての年代で前年度より措置率が上がっている。

また、在所延長年齢の18歳から19歳の措置率は56.9％（前年度調査54.8％）で、半数以上が20歳までの措置延長が適用されており、この年代においても前年度調査から若干措置率が上がっている。

表13　年齢構成（全体）

	人数	％
合計	4,660	100
男	3,180	68.2
女	1,480	31.8
うち措置 （再掲）	2,659	57.1

	5歳以下	6～11歳	12～14歳	15～17歳	小計	％
人数	98	1,052	1,078	1,635	3,863	82.9
％	2.1	22.6	23.1	35.1	82.9	
男	73	753	746	1,109	2,681	57.5
女	25	299	332	526	1,182	25.4
うち措置 （再掲）	87	744	710	959	2,500	

	18～19歳	20～29歳	30～39歳	40歳～	不明	小計	％
人数	269	152	106	270	0	797	17.1
％	5.8	3.3	2.3	5.8	0	17.1	
男	187	99	65	148	0	499	10.7
女	82	53	41	122	0	298	6.4
うち措置 （再掲）	153	5	1	0	0	159	

在籍児童の平均年齢〔表14〕は、「10歳未満」が2施設（1.2％）、「10〜15歳未満」が77施設（44.8％）、「15〜18歳未満」が26施設（15.1％）となっている。平均年齢18歳未満の施設については、105施設で無回答の施設を除いて全体に占める割合を比較してみると、前年度調査で91.2％、今年度調査は92.9％と高い割合で推移していることからも、回答施設の多くが児童施設としての役割である移行支援を計画的に進めていることが推察される。

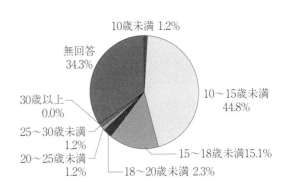

平均年齢別施設数

表14 平均年齢

	施設数	％
10歳未満	2	1.2
10〜15歳未満	77	44.8
15〜18歳未満	26	15.1
18〜20歳未満	4	2.3
20〜25歳未満	2	1.2
25〜30歳未満	2	1.2
30歳以上	0	0
無回答	59	34.3
計	172	100

(2) 在所延長児童の状況

在所延長児童数は、全体で前年度調査（882人）から大幅に減少し478人となった。この全体数は、過去の調査の中で最も少ない結果となっており、地区ごとに前年度の人数と比較すると、ほぼ全ての地区で減少傾向にあり、特に関東地区（前年度調査210人）、近畿地区（前年度327人）、九州地区（前年度96人）で大きな減少となっている。

表15 過齢児数及び地区別加齢児比率

	全体	北海道	東北	関東	東海	北陸	近畿	中国	四国	九州
人数	478	18	76	122	27	10	102	16	52	55
％	10.3	2.9	17.4	10.9	5.3	5.9	15.1	5.7	26.1	8.5

「満20歳以上の在籍率の状況」〔表16〕は、0％が151施設（87.8％）と、前年度調査の50施設（28.6％）から大幅に増加した。回答施設の多くで、すでに20歳に達した在所延長児童や20歳未満で次のライフステージにつなげる移行調整を計画的に図ってきた成果がうかがえる。

表16　満20歳以上の在籍率の状況

割合	施設数	%	公	民
0%	151	87.8	46	105
10%未満	6	3.5	1	5
10～20%未満	5	2.9	0	5
20～30%未満	2	1.2	0	2
30～40%未満	4	2.3	2	2
40～50%未満	2	1.2	1	1
50～60%未満	1	0.6	0	1
60～80%未満	1	0.6	0	1
80～100%未満	0	0	0	0
100%	0	0	0	0
計	172	100	50	122

⑶　入所時の年齢

　児童の入所時の年齢〔表17〕をみると，小学校入学年齢の6歳が最も多く437人（9.4%），次いで中学校卒業年齢の15歳が436人（9.4%），小学校卒業年齢の12歳が348人（7.5%）となっている。5歳以下の児童は643人（13.8%）で前年度調査より7人の減となった。前年度調査と同様に，小学校卒業年齢から中学校卒業年齢で入所する児童の割合が高く，やはり児童の体力の増加やその他家庭内での行動面での対応などの困難さが出現してくる時期ということが関連していると思われる。一方で就学前及び小学就学年齢の児童は合わせると1,080人（23.2%）を占めており，一人親家庭の増加や貧困などの実情にも目を向けて，社会的養護の必要な子どもへの視点ももちながら丁寧な支援を継続していく必要があろう。

表17　児童の入所時の年齢

	1歳	2歳	3歳	4歳	5歳	小計
合計	9	41	166	190	237	643
%	0.2	0.9	3.6	4.1	5.1	13.8
男	5	26	112	149	169	461
女	4	15	54	41	68	182

	不明	合計
合計	462	4,660
%	9.3	100

	6歳	7歳	8歳	9歳	10歳	11歳	12歳	13歳	14歳	15歳	16歳	17歳	小計
合計	437	250	260	274	286	276	348	332	310	436	185	171	3,555
%	9.4	5.4	5.6	5.9	6.1	5.9	7.5	6.9	6.7	9.4	4.0	3.7	76.3
男	324	177	176	186	189	195	229	210	212	297	124	116	2,435
女	113	73	84	88	97	81	119	112	98	139	61	55	1,120

2．在籍期間

「在籍期間」〔表18〕は，5年から10年未満が1,030人（22.1％）と最も多く，次いで3年から5年未満が831人（17.8％）となっている。また，6ヶ月未満から2～3年未満までの児童数を合わせると2,053人（44.1％）と前年度調査とほぼ同割合で，入所時の年齢と在籍期間の状況からも，通過型施設として移行支援に取り組んでいる成果であろう。

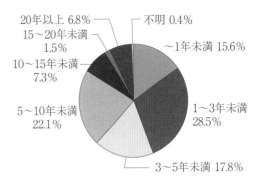

在籍期間別の在籍数

表18　在籍期間

	6ヶ月未満	6ヶ月～1年未満	1～2年未満	2～3年未満	3～5年未満	5～10年未満	10～15年未満	15～20年未満	20年以上	不明	計
合計	424	299	727	603	831	1,030	338	72	317	19	4,660
％	9.1	6.4	15.6	12.9	17.8	22.1	7.3	1.5	6.8	0.4	100
男	306	197	501	410	593	700	236	45	176	16	3,180
女	118	102	226	193	238	330	102	27	141	3	1,480

3．入所の状況

⑴　入所児数

令和2年度中の新規入所児童数〔表19〕は，全体で890人，前年比7人の増で，回答施設が3施設減ったにもかかわらず，新規入所児童数が増えていることは，それぞれの施設で積極的な移行支援と合わせ，新規の入所受入れを行っていると捉えることができる。内訳は措置が令和2年度入所児童全体の61.8％（550人），契約が38.2％（340人）で，前年度調査と同様に措置が契約を上回っているが，措置の割合が前年度と比べ4.7ポイント減少した（前年度調査の措置割合66.5％）。障害児入所施

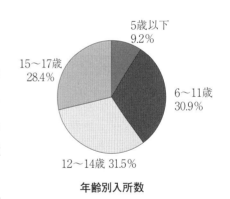

年齢別入所数

設における措置と契約という二つの入所形態が存在する制度については，都道府県によって措置率に差があるという実態もふまえ，今後も課題点等を整理しながらこの制度の在り方について検討を進めていく必要がある。

　年齢区分別では，5歳以下が82人（9.2％），6歳から11歳が275人（30.9％），12歳から14歳が280人（31.5％），15歳から17歳が253人（28.4％）で，前年度調査では6歳から11歳の新規入所児童が最も多かったが，今年度調査では12歳から14歳の入所児童数が最も多い結果となった。

表19　令和２年度中の新規入所児数（全体）

	人数	5歳以下	6～11歳	12～14歳	15～17歳
全体	890	82	275	280	253
措置	550	76	190	177	107
	100	13.8	34.5	32.2	19.5
契約	340	6	85	103	146
	100	1.8	25.0	30.3	42.9

$$入所率＝\frac{入所者総数}{定員}×100$$

令和２年度入所率	14.5%

表20　年間新規入所数の状況

入所数	施設数	％	公立	民立
0人	15	8.7	4	11
1人	21	12.2	5	16
2人	22	12.8	6	16
3人	18	10.5	6	12
4人	17	9.9	3	14
5人	17	9.9	6	11
6人	13	7.6	5	8
7人	18	10.5	4	14
8人	5	2.9	2	3
9人	0	0	0	0
10人	9	5.2	2	7
11人以上	17	9.9	7	10
計	172	100	50	122

　年間新規入所児童数の状況〔表20〕は，新規入所児童数０人が15施設（8.7％）と前年度調査より４施設減少し，10人以上の新規入所があったという施設が26施設（15.1％）となった。18歳という年齢で移行期限が定められている児童施設においては，それぞれの施設で在籍児童の年齢に偏りがあった場合に，その年度によって移行支援の対象となる児童の集中や入退所児童数が大きく変動する状況が生じていることが推察される。

⑵　一時保護が必要とされた児童の受け入れ状況

　一時保護の委託を受けている事業所は，142施設（82.6％）となっており，一時保護に対する保護者の拒否や，同意がスムーズに取れない場合に，子どもの最善の利益を守るためのセーフティネットとしての機能を果たすべく取り組んでいる施設の姿勢がうかがえる。このことはまさに社会的養護そのものであり，報酬等についての，実態に即して全国統一した整理等が求められる。委託を受けている場合の受け入れ児童数〔表22〕からは，委託を受けている142施設のうち，117施設82.4％が実際に委託を受け支援していることがみてとれる。

表21　一時保護の委託の状況

	施設数	％	公立	民立
一時保護の委託を受けている	142	82.6	43	99
委託を受けていない	12	7.0	4	8
無回答	18	10.5	3	15
計	172	100	50	122

表22　委託を受けている場合の受け入れ人数

入所数	施設数	％	公立	民立
0人	25	17.6	10	15
1人	27	19.0	9	18
2人	17	12.0	5	12
3人	14	9.9	2	12
4人	13	9.2	2	11
5人	5	3.5	3	2
6人	10	7.0	2	8
7人	6	4.2	0	6
8人	5	3.5	1	4
9人	3	2.1	2	1
10～14人	11	7.7	5	6
15人以上	6	4.2	2	4
計	142	100	43	99

⑶　入所の理由

　入所の理由〔表23〕は，前年度調査と同様に「家族の状況等」「本人の状況等」に分けて複数回答を求めた。調査結果に前年度と大きな変化は無く，それぞれの項目での主要因と付随要因の割合もほぼ同様の割合で推移している。家族の状況等では「保護者の養育能力不足」が今年度も最も多く48.3％，次いで「虐待・養育放棄」で32.3％となっており，多くの子どもたちが厳しい生活環境に置かれ，「育ち」が十分保障されないような状況にあったとみられる。改めて発達に課題を抱える子どもを持つ保護者の子育てにおける孤独感や心理的な葛藤なども含め，きめ細かな背景の把握と支援策の必要性をあらわしているものと推察され，同時に全在籍児童について，「ＡＤＬ・生活習慣の確立」「行動上の課題改善」が保護者の状況と密接に関連していることも支援者は念頭におく必要があろう。また，入所時年齢のところでも述べたが，子どもの成長に伴う体力の伸びや要求の強まりなどに伴う日常行動が，家庭内での養育を困難にしている可能性も垣間みえる。

　また，「貧困」に起因する入所理由につながる「親の離婚・死別」や「家庭の経済的理由」及び「保護者の疾病・出産等」の理由での入所も前年度調査と同様の傾向であり，支援現場の実感からは種々の理由の陰に貧困のもたらす負の影響（虐待の誘発や不十分な養育等）を強く感じ取れることも多く，引き続き注視していく必要があろう。また契約入所の場合にこうした家庭の出身児童が衣類の十分な補充や，修学旅行等就学に絡む費用に困難をきたす「施設内貧困児童」に陥らないよう，制度的対応等についての検討の必要性は，今年度調査でも大きく変わっていないと推察される。

　一方，本人の状況等では，前述したとおり「ＡＤＬ・生活習慣の確立」と「行動上の課題改善」のいわゆる療育目的の入所理由が圧倒的に多く，行動上の課題改善のために入所する傾向も続いている。背景には養育力の低下による規範意識の弱さや，愛着形成の不十分さなどがあることが推察されるため，育ちの環境に一層視点をあてていく必要があろう。

　学校就学・通学のための入所については，前年度調査と比べ若干減少したものの，地域によっては障害児入所施設が学校の寄宿舎的な役割を担っていることがうかがえると同時に，児童施設として運営していく方針が明確になり，高校卒業後の移行支援に積極的に取り組んだことでの，児童の入れ替

りがさらに多くなったものと推察される。

　いずれにしても入所理由の如何にかかわらず，多様な生活環境から強い影響を受けて施設入所に至った児童の支援にあたって，背負いきれないほどの「重い荷物」を背負い，心に傷を抱えて入所してくる児童が，自身で安心・安全を感じとり，自らを肯定できるよう，個人の生活歴に即して個別ニーズに寄り添っていく丁寧な支援が一層求められている。

表23　入所理由（重複計上）

内容		在籍者全員について						うち令和2年度入所者について					
		主たる要因		付随する要因		計	在籍者比	主たる要因		付随する要因		計	令和2年度入所者比
		措置	契約	措置	契約			措置	契約	措置	契約		
家族の状況等	親の離婚・死別	120	130	81	34	365	7.8	15	15	8	5	43	4.9
	家庭の経済的理由	38	10	90	19	157	3.4	3	2	10	2	17	1.9
	保護者の疾病・出産等	147	93	133	46	419	9.0	24	13	21	7	65	7.4
	保護者の養育力不足	975	586	523	165	2,249	48.3	151	78	76	33	338	38.5
	虐待・養育放棄	1,270	55	149	29	1,503	32.3	189	7	28	5	229	26.1
	きょうだい等家族関係	36	74	90	61	261	5.6	9	22	14	8	53	6.0
	住宅事情・地域でのトラブル	17	41	23	26	107	2.3	2	19	3	4	28	3.2
本人の状況等	ADL・生活習慣の確立	538	329	401	250	1,518	32.6	68	53	77	39	237	27.0
	医療的ケア	28	22	86	25	161	3.5	11	7	14	2	34	3.9
	行動上の課題改善	413	370	359	147	1,289	27.7	89	65	50	29	233	26.5
	学校での不適応・不登校	72	39	51	28	190	4.1	18	8	25	10	61	6.9
	学校就学・通学	81	173	132	78	464	10.0	14	46	27	13	100	11.4
	その他	73	47	31	21	172	3.7	12	11	6	2	31	3.5
実人数		2,659	2,001	2,659	2,001	4,660	100	550	340	550	340	890	100

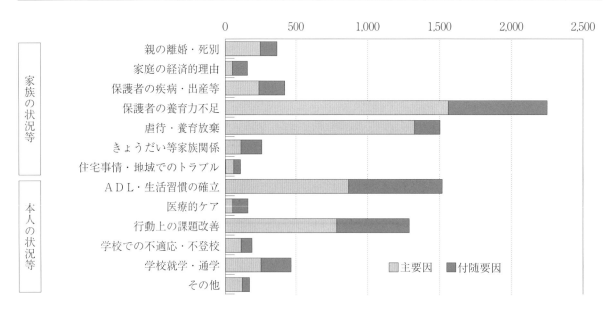

(4)　虐待による入所の状況

　被虐待入所児童〔表24〕は，350人と令和2年度の入所者に占める割合は39.3％で，前年度調査と比べ，実人数，割合ともに減少しているものの，依然として虐待に歯止めがかかっていないことがうかがえる。また，虐待の内容〔表26〕のネグレクトをみると在籍児童に占める割合は大きく，虐待の内容それぞれが，複雑に重複して起きることを考えると，心理的虐待やネグレクトが顕在化しにくいと

いう現状からカウントされていない児童の存在も考慮する必要がある。また，虐待の及ぼす精神・行動面の影響が長く続くことを考えると，一人ひとりの行動に一層細やかな配慮が求められるところであろう。

　平成12年の児童の虐待の防止等に関する法律（児童虐待防止法）施行以降の虐待による児童数の推移をみても，法の趣旨，役割が社会に浸透してきたということもあり，令和２年度の全国の児童相談所への児童虐待通告件数（厚生労働省）は20万件超となった。障害児入所施設においては平成18年の児童福祉法改正による契約制度の導入で一時的な減少はみられたものの，この10年以上にわたっての経年変化をみると，入所児童の減少にもかかわらず被虐待児童は確実に一定割合を占めており，その対応はもとより，児童相談所や市町村の家庭児童相談室，保健センターや相談支援事業所あるいは要保護児童地域対策協議会など広範な関係機関との連絡調整を図りながら，一層の早期発見に努め，児童虐待の撲滅と未然防止に向けて具体的な取り組みが求められる。

表24　虐待による入所数

	22年	23年	24年	25年	26年	27年	28年	29年	30年	令和元	令和２	計
男	229	247	243	194	221	194	217	199	227	226	230	2,427
女	151	151	151	174	104	124	137	123	124	170	120	1,529
計	380	398	394	368	325	318	354	322	351	396	350	3,956

表25　令和２年度 被虐待入所児童の内訳

	被虐待児	児相判断
男	230	187
女	120	108
計	350	295

被虐待児加算認定児童数（令和３年６月１日現在）　184人
左記の他に被虐待児受入加算を受けたことがある児童　630人

※350人のうち，契約により入所の児童　40人

　虐待の内容〔表26〕については，ネグレクトが46.2％，身体的虐待が35.5％，心理的虐待が13.5％，性的虐待が4.8％となっている。全国の児童相談所への児童虐待通告件数では，平成28年度以降，心理的な虐待の割合が全体の５割を超え最も多い相談内容となっているが，本調査ではネグレクトが大きな割合を占めていることから，その背景にも目を向ける必要があろう。

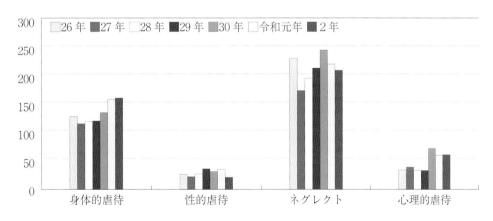

表26　虐待の内容（※重複計上）

		計	入所数比	身体的虐待	性的虐待	ネグレクト	心理的虐待	その他
21年度		373	49.4	126	27	258	62	5
22年度		380	47.1	136	30	250	68	22
23年度		398	53.1	137	23	244	32	11
24年度		394	47.0	133	39	246	36	19
25年度		368	43.7	108	31	186	35	8
26年度		325	43.9	130	27	233	35	
27年度		318	48.0	117	23	176	40	
28年度		381	38.6	121	28	198	34	
29年度		322	41.1	122	37	216	34	
30年度		351	44.8	137	32	248	73	
令和元年度		396	50.5	160	36	223	61	
令和2年度	人数	459	51.6	163	22	212	62	
	％	100		35.5	4.8	46.2	13.5	
	男	308	67.1	111	4	144	49	
	女	151	32.9	52	18	68	13	

4．退所の状況

⑴　退所児数

　令和2年度の退所数〔表27〕は863人（内訳は措置490人，契約373人），前年度調査より85人減少している。

　年齢では18歳から19歳の退所が566人（65.6％）と前年度と同様，最も多く，過去10年間の調査結果も踏まえると，支援学校高等部等卒業と同時に退所する流れが，一定程度，確立されている。

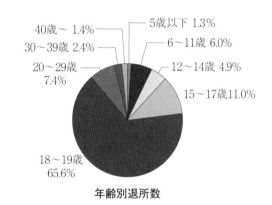

年齢別退所数

　18歳以上入所者（いわゆる「過齢児」）については，満20歳以上の退所が前年度調査から24人増加し97人（11.2％）になっており，みなし規定の期限に向けて，関係する施設において積極的な移行が図ったことのよるものと推察される。

　また15歳から17歳は95人（11.0％）となっており，義務教育修了時が退所の契機になっているケースもあることがみてとれる。

表27　令和2年度退所数

		退所数	5歳以下	6～11歳	12～14歳	15～17歳	18～19歳	20～29歳	30～39歳	40歳以上
23年度		1,009	5	67	58	93	501	195	67	23
		100	0.5	6.6	5.7	9.2	49.7	19.3	6.6	2.3
24年度		930	11	54	55	119	486	146	47	12
		100	1.2	5.8	5.9	12.8	52.3	15.7	5.1	1.3
25年度		870	8	53	59	115	446	129	40	20
		100	0.9	6.1	6.8	13.2	51.3	14.8	4.6	2.3
26年度		823	11	46	51	104	480	90	31	10
		100	1.3	5.6	6.2	12.6	58.3	10.9	3.8	1.2
27年度		758	5	33	41	102	436	103	22	16
		100	0.7	4.4	5.4	13.5	57.5	13.6	2.9	2.1
28年度		930	7	81	100	151	494	76	12	9
		100	0.8	8.7	10.8	16.2	53.1	8.2	1.3	1.0
29年度		1,081	14	54	55	122	592	143	67	34
		100	1.3	5.0	5.1	11.3	54.8	13.2	6.2	3.1
30年度		977	18	72	64	170	569	70	5	9
		100	1.8	7.4	6.6	17.4	58.2	7.2	0.5	0.9
令和元年度		948	9	61	80	129	596	55	6	12
		100	0.9	6.4	8.4	13.6	62.9	5.8	0.6	1.3
令和2年度	措置	490	9	37	28	60	348	6	2	0
		100	1.8	7.6	5.7	12.2	71.0	1.2	0.4	0
	契約	373	2	15	14	35	218	58	19	12
		100	0.5	4.0	3.8	9.4	58.4	15.5	5.1	3.2

表28　契約児童で利用料滞納のまま退所した児者

	人数	％
令和元年度	14	3.2
令和2年度	10	2.6

　令和2年度に利用料を滞納したまま退所した契約児者〔表28〕は10人である。前年度に引き続いて減少しているが，いったん発生すると解決が容易ではなく施設運営面での影響もあることから，予防策及び対応策を法的な観点からも検討しておく必要があろう。

表29　令和2年度　年間退所数別施設数

退所数	施設数	％	公立	民立
0人	14	8.1	1	13
1～2人	38	22.1	11	27
3～5人	51	29.7	17	34
6～9人	49	28.5	10	39
10人以上	20	11.6	11	9
計	172	100	50	122

　令和2年度の年間退所数別施設数〔表29〕をみると，0人（退所なし）が14施設（8.1％），1人から2人が38施設（22.1％）であり，児童施設は通過型施設であるにも関わらず退所数が2人以下の施設が約3割（30.2％）となる。そのような施設では，当該年度に支援学校高等部等卒業年齢の児童又

は退所予定の契約入所児童が在籍していないことや地域又は障害者支援施設等への移行が困難な者が一定数，過齢児として入所していることも考えれるため，注視していく必要がある。

　なお10人以上の退所は20施設（11.8％）と前年度（24施設，13.7％）に比べて減少しているが，退所数が6人以上の施設数は69施設（40.1％）あり，前年度とほぼ同じ水準（69施設，39.4％）であることから，令和2年度においても，みなし規定の期限に向けた過齢児の退所・移行の取り組み等が引き続き進められたと推察される。

⑵　入退所の推移

　〔表30〕は，ここ10年の入退所の推移を整理したものである。回答数が毎年異なるので全施設の状況とはいえないものの，平成28年に入所者数が退所者数を上回った年以外は，平成21年以降退所数が入所数を上回り在籍数の減少傾向を示していた。

　しかし，入所数は平成30年度以降，微増傾向を示し，令和2年度は過去10年の中でも2番目に多い890人が入所している。障害がある児童の中に児童虐待等の社会的養護を必要とするケースが増えていることが一因と推察されることから，今後の動向について注視する必要がある。

表30　在籍数の増減（入所数－退所数）の推移

	23年	24年	25年	26年	27年	28年	29年	30年	令和元年	令和2年度	計
入所数	869	839	843	741	709	947	784	878	883	890	8,383
退所数	1,009	930	870	823	758	930	1,081	977	948	863	9,189
増減	-140	-91	-27	-82	-49	17	-297	-99	-65	27	-806

　令和2年度の在籍数の増減［表30－2］をみると，減少したのが75施設で前年度調査に比べ7施設の減，増加したのが63施設で6施設の減となっている。10名以上増加した施設が前年度（1施設）から増加（7施設）しているように，増加した施設と増減のない施設数の合計が5割を超える状況にあることから，施設の対応を必要とする社会的養護等の入所ニーズが，一定数存在していることがみてとれる。

表30－2　令和2年度の在籍数の増減

増減	施設数	％	公立	民立
▲10名未満	3	1.7	2	1
▲9名～▲5名	13	7.6	7	6
▲4名～▲1名	59	34.3	14	45
0	34	19.8	11	23
1名～4名	51	29.7	15	36
5名～9名	5	2.9	0	5
10名以上	7	4.1	1	6
計	172	100	50	122

(3) 進路の状況

　令和2年度の退所児童の進路（生活の場）〔表31〕について，最も多かったのが「グループホーム・生活寮等」の305人（35.3％）で前年度に比べ6.1ポイント増，「家庭」が225人（26.1％）で2.5ポイント減，「施設入所」が208人（24.1％）で1.6ポイント減となっている。家庭，アパート，グループホーム，社員寮・住み込み等，福祉ホーム，自立訓練（宿泊型）等を合わせると554人（64.2％）となり，児童施設を退所した6割を超える児童が，生活の場を「地域」に移している。児童施設が退所時に児童の意思決定を支援し，また家族の状況等を把握した上で，関係機関と連携しながら，「地域移行」に積極的に取り組んでいることがうかがえる。

表31　令和2年度退所児童の進路（生活の場）

	人数	％
1．家庭（親・きょうだいと同居）	225	26.1
2．アパート等（主に単身）	4	0.5
3．グループホーム・生活寮等	305	35.3
4．社員寮・住み込み等	4	0.5
5．職業能力開発校寄宿舎	3	0.3
6．特別支援学校寄宿舎	3	0.3
7．障害児入所施設（福祉型・医療型）	43	5.0
8．児童養護施設	4	0.2
9．知的障害者福祉ホーム	2	0.2
10．救護施設	0	0
11．老人福祉・保健施設	1	0.1
12．一般病院・老人病院	2	0.2
13．精神科病院	7	0.8
14．施設入所支援	208	24.1
15．自立訓練（宿泊型）	14	1.6
16．少年院・刑務所等の矯正施設	3	0.3
17．その他・不明	14	1.6
18．死亡退所	13	1.5
不明	8	0.9
計	863	100

　令和2年度の退所児童の進路（日中活動の場）〔表31-2〕をみると，生活介護の利用が278人（32.2％）で最も多かった。

　保育所・幼稚園，小中学校，特別支援学校等の利用は，144人（16.7％）であり，児童の成長及び行動の落ち着き並びに家庭環境の改善などを目的に施設に入所し，退所後は児童本人の障害の軽重に関わらず，地域の福祉サービスの充実等により家庭等で生活できるケースが多くなったと推察される。

　また，一般就労，福祉作業所・小規模作業所，職業能力開発校，就労移行支援，就労継続支援A型・B型等の就労系は318人（36.8％）で，前年度調査と大きな変化はない。

　令和2年度退所者のフォローアップ〔表32〕では，予後指導を実施した退所者の割合は40.7％（351人）と前年度調査（43.5％）から減少し，実施回数も579回で前年度調査（760回）から減少した。

　例年，全体の半数を超える施設が実施していることから，フォローアップの重要性や取り組みの必要性は認識されているが，人的な負担が大きいため，すべての退所児童を対象としたフォローアッ

プの（複数回）実施ができない現状があると考えられる。フォローアップ業務を事業化し，障害福祉サービスの報酬として算定できるようにするなど制度的な対応が必要である。

また，退所児童本人及び保護者等が必要な福祉サービス等を活用できるように，退所前に施設が市町村等との連携を図ることも必要であろう。

表31-2　令和2年度退所児童の進路（日中活動の場）

	人数	％
1．家庭のみ	22	2.5
2．一般就労	85	9.8
3．福祉作業所・小規模作業所	42	4.9
4．職業能力開発校	3	0.3
5．特別支援学校（高等部含む）	71	8.2
6．小中学校	9	1.0
7．小中学校（特別支援学級）	46	5.3
8．その他の学校	11	1.3
9．保育所・幼稚園	7	0.8
10．障害児入所施設（福祉型・医療型）	11	1.3
11．児童発達支援センター・児童発達支援事業等	0	0
12．児童養護施設	0	0
13．救護施設	0	0
14．老人福祉・保健施設	1	0.1
15．一般病院・老人病院（入院）	2	0.2
16．精神科病院（入院）	7	0.8
17．療養介護	4	0.5
18．生活介護	278	32.2
19．自立訓練	18	2.1
20．就労移行支援	29	3.4
21．就労継続支援A型	28	3.2
22．就労継続支援B型	131	15.2
23．地域活動支援センター等	1	0.1
24．少年院・刑務所等の矯正施設	3	0.3
25．その他・不明	29	3.4
26．死亡退所	13	1.4
不明	12	1.4
計	863	100

表32　令和2年度退所者のフォローアップ

	施設数	％	公立	民立
実施した	95	55.2	33	62
予後指導実施人数（人）	351	40.7	174	177
予後指導実施回数（回）	579		323	256
退所者（人）	863	100		
実施していない	57	33.1	13	44
無回答	20	11.6	4	16
計	172	100	50	122

5．家庭の状況

⑴　家庭の状況

　家庭の状況〔表33〕は，両親世帯が1,856人（39.8％），母子世帯が1,575人（33.8％），父子世帯が498人（10.7％），「きょうだい」「祖父母・親戚」「その他」が284人（6.1％）といずれも前年度調査と大きな変化はなかった。

　世帯別の措置率をみると，両親世帯が51.5％，母子世帯が73.2％，父子世帯が59.2％となっており，両親世帯及びひとり親世帯のいずれにおいても，虐待等のケースによって，措置入所している児童が半数以上を占める状況が続いている。

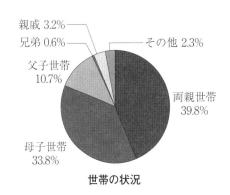

世帯の状況

　このような状況は，家庭での養育困難，親の養育力の低下等が背景にあると思われ，親がいない場合などは，本来社会的養護の枠組みである「措置」で対応することが望まれる。祖父母や親戚が保護者になっている世帯は3割近くが契約となっている。祖父母等が未成年後見人として，契約入所しているケースであると推察される。「契約」による施設利用が難しいケースについては公的責任である「措置」で対応する等，入所制度の適正運用が必要である。

表33　家庭の状況

		人数	％
両親世帯	人数	1,856	39.8
	うち措置人数	956	36.0
母子世帯	人数	1,575	33.8
	うち措置人数	1,153	43.4
父子世帯	人数	498	10.7
	うち措置人数	295	11.1
きょうだいのみ世帯	人数	29	0.6
	うち措置人数	21	0.8
祖父母・親戚が保護者世帯	人数	150	3.2
	うち措置人数	103	3.9
その他	人数	105	2.3
	うち措置人数	89	3.3
在籍児総数	人数	4,660	100
	うち措置人数	2,659	100

兄弟・姉妹で入所	世帯数	150	
	人数	482	10.3
	うち措置世帯数	131	
	うち措置人数	393	14.8

(2) 帰省・面会の状況

家庭の状況〔表33〕を背景に帰省の状況〔表34〕をみると，帰省が全くない児童は措置と契約を合わせて2,475人（53.1％）と前年度調査2,112人（42.8％）から増加している。

令和2年度は新型コロナウイルス感染症が全国的に感染拡大したため，その影響も考慮する必要もあるが，過去数年の帰省状況から，契約入所であっても帰省困難な家庭状況にある児童が一定数存在し，契約入所制度の適正運用が求められる状況にある。

年に1回以上の帰省があった児童は前年度（52.8％）及び前々年度（55.6％）は在籍児数の半数を超えていたが，今年度は38.8％に減少している。要因として新型コロナウイルス感染症の感染拡大が考えられるが，帰省頻度の減少は入所児童の心理に悪影響を及ぼすこともあるため，各施設においては新型コロナウイルス感染症の対策だけでなく，入所児童の「心のケア」の必要性も高まり，「感染症対策と療育」を両立することが非常に困難な状況にあったものと推察される。

表34　帰省の状況

		人数	％
週末（隔週）帰省	措置	136	2.9
	契約	334	7.2
月1回程度	措置	169	3.6
	契約	215	4.6
年1〜2回	措置	459	9.8
	契約	493	10.6
帰省なし	措置	1,895	40.7
	契約	580	12.4
無回答		379	8.1
在籍児数	人数	4,660	100

帰省できない理由〔表35〕は「家庭状況から帰せない」が1,331人（53.8％）で前年度（1,564人・74.1％）及び前々年度（1,583人・71.4％）と同様に，最も多い状況にある。

入所した原因となる家族関係や保護者の状況，あるいは本人の状態などの問題が入所後も容易には改善できない状況が続いていると推察される。

令和2年度は「その他」が人数（912人），施設数（80施設）ともに前年度（267人，49施設）及び前々年度（249人，46施設）と比べて増加していることは，新型コロナウイルス感染症が感染拡大した地域において，施設が家庭帰省を制限した等，新型コロナウイルス感染症の感染拡大が帰省に影響したと考えられる。

表35 帰省できない理由（重複計上）

			％
親がいない	人数	93	3.8
	施設数	53	
地理的条件	人数	28	1.1
	施設数	20	
本人の事情で帰らない	人数	148	6.0
	施設数	46	
家庭状況から帰せない	人数	1,331	53.8
	施設数	129	
その他	人数	912	36.8
	施設数	80	
「帰省なし」の児童数		2,475	100

　面会等の状況〔表36〕は，「家族の訪問なし」が1,581人（33.9％）となり前年度（1,106人・22.4％）から大きく増加している。「面会の制限が必要な児童」は229人（4.9％）と，前年度（195人・4.0％）より34人，0.9ポイントの微増であることから，ここにも新型コロナウイルス感染症の感染拡大が影響していると考えられる。

　親子関係の調整が困難なケース数は数年大きな変化はなく，家庭基盤そのものが脆弱化し，入所に至る児童が多く存在していることがうかがえる。親や家族との関係改善は容易なものではなく，こうした現状は進路にも影響を及ぼすことになると推察される。

表36　面会等の状況

	人数	％
家族の訪問なし	1,581	33.9
週末（隔週）ごとに家族が訪問	355	7.6
月に1回程度家族が訪問	591	12.7
年に1〜2回程度家族が訪問	895	19.2
職員が引率して家庭で面会	35	0.8
面会の制限の必要な児童	229	4.9
無回答	974	20.9
計	4,660	100

6．就学の状況

　在籍児の就学・就園の状況〔表37〕をみると，就学前児童が170人（前年度226人）であり，そのうち幼稚園又は保育所に通う児童が42.9％（73人）と，前年度31.9％（72人）より増加している。

　義務教育年齢児童2,223人（前年度2,353人）の就学状況は，特別支援学校小・中学部が1,482人（同1,689人），小中学校の特別支援学級が548人（同494人）であり，小・中学校の普通学級21人（同20人）と合わせると，義務教育年齢児童のうち特別支援学校又は小・中学校に通学する児童が92.3％（同93.6％）を占めている。

　また義務教育修了児童1,603人（同1,669人）のうち，特別支援学校高等部，高等特別支援学校，特別支援学校専攻科及び一般高校に通う者が96.0％（同96.3％）を占めている。

なお，特別支援学校（小・中・高）に通学する児童が2,747人（68.7％）と前年度（3,048人・71.8％）より減少し，小中学校の特別支援学級（548人・13.7％）は前年度（494人・11.6％）より増加している。

表37　在籍児の就学・就園の状況

就学形態		施設数	人数	％
就学前児童（活動形態）	幼稚園への通園	20	34	0.9
	保育所に通所	5	39	1.0
	児童発達支援事業等療育機関	2	10	0.3
	園内訓練	40	67	1.7
	その他	9	20	0.5
義務教育年齢児童	訪問教育	4	56	1.4
	施設内分校・分教室	10	116	2.9
	特別支援学校小・中学部	150	1,482	37.1
	小中学校の特別支援学級	90	548	13.7
	小中学校の普通学級	6	21	0.5
義務教育修了児童（就学形態）	訪問教育	5	16	0.4
	施設内分校・分教室	3	48	1.2
	特別支援学校高等部	139	1,265	31.7
	高等特別支援学校	35	244	6.1
	特別支援学校専攻科	4	24	0.6
	一般高校	6	6	0.2
通園・通学児童数		172	3,996	100

表38　学年別就学数

	人数	就学率	小　学　生						中　学　生			高　等　部		
			1年	2年	3年	4年	5年	6年	1年	2年	3年	1年	2年	3年
児童数	3,826	82.1	121	135	162	165	229	237	295	354	402	474	463	513

　学年別就学児童数〔表38〕をみると，在籍児童数に占める就学率が前年度調査（78.9％）から増加（82.1％）している。各施設が，過齢児の移行支援に積極的に取り組み，本来の児童施設としての姿になりつつあると推察される。

　学校（学部等）別割合は，小学校（小学部等）1,049人（27.4％），中学校（中学部等）1,051人（27.5％），高等学校（高等部等）1,450人（37.9％）と前年度調査とほぼ同様の割合となっている。

7．障害の状況

⑴　障害程度の状況

　障害程度の状況〔表39〕は，最重度・重度が2,045人（43.9％），中軽度は2,333人（50.1％）であった。前年度調査と比べて大きな変化はなかった。

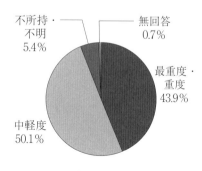

障害程度の状況

表39　障害程度の状況

療育手帳	人数	%
最重度・重度	2,045	43.9
中軽度	2,333	50.1
不所持・不明	250	5.4
無回答	32	0.7
計	4,660	100

⑵　重度認定の状況

　令和3年度の重度認定数〔表40〕は，措置が114施設・517人（認定率19.4％），契約が115施設・744人（認定率37.2％）であった。

　また，強度行動障害加算認定数〔表41〕は，措置が18施設・38人（認定率1.4％），契約が27施設・67人（認定率3.3％）で前年度調査と比べて大きな変化はなかった。

表40　重度認定数

	施設数	人数	認定率
令和3年度重度加算数（措置）	114	517	19.4
令和3年度重度加算数（契約）	115	744	37.2

表41　強度行動障害加算認定数

	施設数	人数	認定率
令和3年度強度行動障害加算認定数（措置）	18	38	1.4
令和3年度強度行動障害加算認定数（契約）	27	67	3.3

⑶　重複障害の状況

　重複障害の状況〔表42〕については，自閉スペクトラム症が1,546人（31.6％）で，全在籍児童の約3分の1を占めている。

表42　重複障害の状況

	人数	%
自閉スペクトラム症（広汎性発達障害，自閉症など）	1,546	33.2
統合失調症	23	0.5
気分障害（周期性精神病，うつ病性障害など）	20	0.4
てんかん性精神病	58	1.2
その他（強迫性，心因反応，神経症様反応など）	47	1.0
現在員	4,660	100

身体障害者手帳の所持状況〔表43〕は，1級が357人（前年度比82人増），2級が155人（前年度比66人増）で，身体障害者手帳を所持する児童の56.1％，在籍児童の8.0％が1級となっている。

　身体障害者手帳の内訳〔表43-2〕では，肢体不自由が207人（35.5％）となっている。

　重度重複加算の状況〔表44〕では，措置（0.7％）・契約（0.5％）と対象となる児童は少ない状況にある。これは，重度重複加算が重度障害児支援加算の条件に該当し，かつ3種類以上の障害を有することが要件となっているためであると推察され，加算要件の緩和が望まれる。

表43　身体障害者手帳の所持状況

身体障害者手帳	人数	％
1級	357	56.1
2級	155	24.4
3級	60	9.4
4級	30	4.7
5級	14	2.2
6級	20	3.1
計	636	13.6
現在員	4,660	100

表43－2　身体障害者手帳の内訳

身体障害者手帳	人数	％
視覚	30	4.7
聴覚	49	7.7
平衡	2	0.3
音声・言語又は咀嚼機能	7	1.1
肢体不自由	207	35.5
内部障害	32	5.0
手帳所持者実数	636	13.6
現在員	4,660	100

表44　重度重複加算の状況

		施設数	人数	％
令和2年6月1日認定数	措置	16	26	1.0
	契約	11	17	0.8
令和3年6月1日認定数	措置	13	18	0.7
	契約	9	11	0.5

8．行動上の困難さの状況

　行動上の困難さの状況〔表45〕を頻度別（重複計上）に調査し，人数は延べ数とした。その結果，週1回の頻度では，「強いこだわり」966人（20.7％），「奇声・著しい騒がしさ」630人（13.5％），「他傷，他害」577人（12.4％），「多動飛び出し行為」550人（11.8％）の順に多く，月1回の頻度では，「他傷，他害」380人（8.2％），「器物破損等激しい破壊行為」288人（6.2％），「自傷行為」249人（5.3％），奇声・著しい騒がしさ」238人（5.1％）「強いこだわり」215人（4.6％），の順に多くなっている。

表45　行動上の困難さの状況　　　　　　　　　　　　　　　　　　（重複計上）

	頻度	施設数	人数	％
強いこだわり	月1回	57	215	4.6
	週1回	137	966	20.7
自傷行為	月1回	78	249	5.3
	週1回	126	454	9.7
他傷，他害	月1回	95	380	8.2
	週1回	119	577	12.4
奇声・著しい騒がしさ	月1回	70	238	5.1
	週1回	128	630	13.5
無断外出	月1回	48	111	2.4
	週1回	26	80	1.7
器物破損等激しい破壊行為	月1回	93	288	6.2
	週1回	91	342	6.9
多動・飛び出し行為	月1回	60	183	3.9
	週1回	116	550	11.8
寡動・停止行動	月1回	27	52	1.1
	週1回	59	138	3.0
徘徊・放浪	月1回	11	12	0.3
	週1回	48	142	3.0
盗癖	月1回	55	114	2.4
	週1回	41	86	1.8
性的問題	月1回	49	132	2.8
	週1回	34	72	1.5
異食・過食・反すう・多飲水	月1回	40	77	1.7
	週1回	90	255	5.5
不潔行為	月1回	48	111	2.4
	週1回	102	312	6.7
弄火	月1回	2	4	0.1
	週1回	2	3	0.1
睡眠の乱れ	月1回	50	127	2.7
	週1回	83	241	5.2
寡黙	月1回	10	20	0.4
	週1回	14	33	0.7
その他	月1回	5	22	0.5
	週1回	13	43	0.9
在籍児数			4,660	

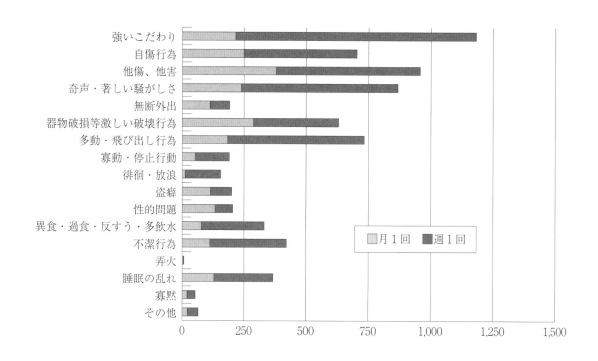

凡例: 月1回 ■ 週1回

9. 医療対応の状況

(1) 医療機関の受診状況

　受診科目別の通院の状況（令和2年度実績）〔表46〕では，全体で1人平均12.1回通院していることから，ほぼ毎月1回以上通院していることになる。通院回数が多いのは，小児科・内科が実人数3,087人（在籍比66.2%）・1人平均5.0回，次いで精神科・脳神経外科が実人数2,645人（在籍比56.8%），1人平均7.7回，歯科が実人数2,305人（在籍比49.5%）・1人平均2.9回となっている。

　全施設の通院の延べ回数は56,343回で，1施設当たり327.6回となっており，施設はほぼ毎日なんらかの通院をしていることとなる。

　障害児入所施設は，医療型障害児入所施設と福祉型障害児入所施設に制度上分けられたが，通院付き添いでみると，福祉型障害児入所施設の負担割合が大きいことがうかがえる。看護師配置加算，嘱託医制度があるものの，それだけでは対応しきれないため，児童指導員・保育士が通院に費やす時間等を含め，業務量が多くなっている。

表46　受診科目別の通院の状況（令和2年度実績）

	施設数	実人数	在籍比	延べ回数	1施設平均	1人平均
精神科・脳神経外科	157	2,645	56.8	20,452	130.3	7.7
小児科・内科	156	3,087	66.2	15,527	99.5	5.0
外科・整形外科	140	812	17.4	2,442	17.4	3.0
歯科	148	2,305	49.5	6,701	45.3	2.9
その他	140	2,883	61.9	11,221	80.2	3.9
実数	172	4,660	100	56,343	327.6	12.1

⑵ 服薬の状況

　服薬の状況〔表47〕は，最も多いのが向精神薬・抗不安薬で1,786人（38.3％），次いで抗てんかん薬が797人（17.1％），睡眠薬が598人（12.8％）となっている。

表47　服薬の状況

	施設数	人数	％
抗てんかん薬	153	797	17.1
抗精神薬・抗不安薬	160	1,786	38.3
睡眠薬	134	598	12.8
心臓疾患	29	33	0.7
腎臓疾患	15	16	0.3
糖尿病	7	8	0.2
喘息	48	77	1.7
貧血	26	36	0.8
その他	66	440	9.4
実数	172	4,660	100

⑶ 入院の状況

　入院の状況〔表48〕は，令和２年度に入院があったのは86施設157人で，入院日数は8,827日，入院付添い日数は358日であった。

表48　令和２年度入院の状況

入院あり			％
施設数		86	50
人数		157	3.4
日数		8,827	
	うち付添日数	358	

（％はそれぞれ施設数比，在籍数比）

⑷ 契約制度の影響

　毎年，僅かではあるが「経済的負担を理由とした通院見合わせ」，「医療費の支払いの滞納」が発生している。子どもの健全な育成を考える上で，適切な医療受診は欠かすことができず，今後は制度的な対応も必要であろう。

表49　保険証の資格停止・無保険（契約児）

		％
施設数	12	7.0
令和２年度延べ人数	42	0.9
令和３年６月１日現在延べ人数	41	0.9

表50　経済的負担を理由とした通院見合わせ（令和２年度～令和３年６月１日まで）

		％
ある人数	2	0.0
延べ回数	2	

表51　医療費の支払いの滞納（令和３年５月末日）

		％
ある人数	8	0.2
延べ金額（円）	1,129,380	

Ⅲ　施設の設備・環境と暮らしの状況

1. 施設建物の形態

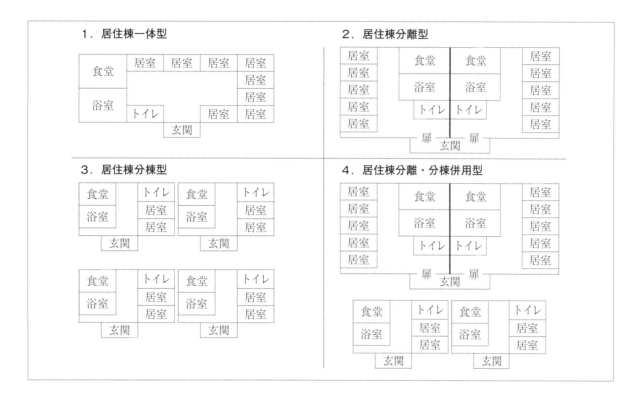

形態分類

1. 居住棟一体型（多層構造や渡り廊下等で連なっている構造も含む）
2. 居住棟分離型（構造上は一体型であるが，出入口や仕切り等を設け，生活単位を分けて使用している構造）
3. 居住棟分棟型（生活単位がすべて敷地内に分散した形で設置されている構造）
4. 居住棟分離・分棟併用型（敷地内に上記2,3を合わせて設けている構造）
5. 敷地外に生活の場を設けている

　施設の形態〔表52〕は，生活環境の質の高さを検討するために，施設の形態を上記のように5つに分類し，調査をしたものである。居住棟一体型が76施設（44.2%）と最も多く約半数を占めるが，分離型が66施設（38.4%）に増加し，分棟型は7施設（4.1%），分離・分棟併用型は6施設（3.5%）となった。

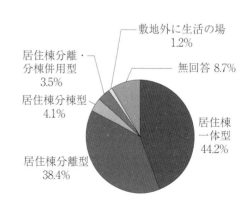

　今年度調査でも前年度調査と同様に，分棟型，分離・分棟併用型の割合が増加し，児童の生活の場の小規模化が進んでいることがみてとれる。「障害児入所施設の在り方に関する検討会」の報告書においても，小規模化を推進すべきであると明記されており，今後もさらにこうした家庭的な養育環境の推進整備が進むことが望まれる。

表52　施設の形態

	施設数	%
居住棟一体型	76	44.2
居住棟分離型	66	38.4
居住棟分棟型	7	4.1
居住棟分離・分棟併用型	6	3.5
敷地外に生活の場を設けている（自活訓練含む）	2	1.2
か所数（箇所）	2	
食事は本体より配食	1	
食事は自前調理	1	
本体からの配食＋自前調理	0	
無回答	15	8.7
計	172	100

2．居住スペースと生活支援スタッフの構成

生活単位とは入所児と固定されたスタッフを中心に，衣食住など基本的な生活が営まれる基礎グループであり，環境・構造的にも独立した形態をもつ単位。

(1)　生活単位の設置数

生活単位の設置数〔表53〕について，規模別施設数で最も多かったのは，6人から10人で64施設・199単位となっており，16人以上が37施設・64単位，11人から15人が44施設・89単位，5人以下が27施設・99単位であった。

全生活単位のうち10人以下の小規模な生活単位が占める割合が前年度調査61.7から66.1％と年々増加し，6割以上を占めており，生活単位の小規模化が毎年進んでいることがみてとれる。

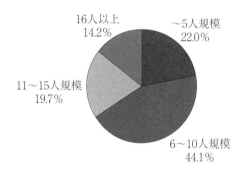

生活単位規模別の状況

なお，平成24年度に新設された小規模グループケア加算を受けている施設は43施設（25％）〔表68〕と，生活単位の小規模化と小規模グループケアを実施する施設が増加傾向にある。

表53　生活単位の設置数　　　　　　　　　　　　　　　　　　　　　　　　　　（複数計上）

	～5人規模	6～10人規模	11～15人規模	16人以上	計 （施設数は実数）
生活単位数	99	199	89	64	451
%	22.0	44.1	19.7	14.2	100
公立	28	55	33	24	140
民立	71	144	56	40	311
施設数	27	64	44	37	172
施設平均	3.7	3.1	2.0	1.7	2.6

⑵　専任スタッフ数

　〔表53〕の生活単位451単位に対して，専任スタッフ数〔表54〕は2,002人配置され，1単位平均4.4人となっている。規模別の平均専任スタッフ数は，1単位16人以上の規模で10.2人，11人から15人の規模が5.0人，6人から10人が3.6人，5人以下が1.8人となっている。徐々に生活単位の小規模化が進んでおり，また，職員配置が増加しつつある状況がみてとれる。

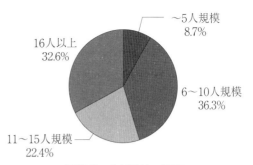

規模別の専任職員の状況

表54　専任スタッフ数

	～5人規模	6～10人規模	11～15人規模	16人以上	計
専任スタッフ（人）	174	726	449	653	2,002
単位平均（人）	1.8	3.6	5.0	10.2	4.4
公立	98	251	259	268	876
民立	76	475	190	385	1,126
施設数	25	61	41	37	164
平均（人）	7.0	11.9	11.0	17.6	12.2

⑶　児童と直接支援職員の比率

　児童定員と直接支援職員数の比率〔表55〕では，職員1人に対し児童2～2.5人以下が45施設（26.2％）と最も多く，職員1人に対し児童3人以下の施設数合計が138施設（80.3％）と大勢を占めている。設置主体別にみると，職員1人に対し児童3人以下の施設が，公立45施設（90.0％），民立93施設（76.3％）となっている。

　在籍数と直接支援職員数の比率〔表56〕では，職員1人に対して児童2～2.5人以下が42施設（24.2％）と最も多く，職員1人に対し児童3人以下の施設の合計が150施設（87.2％）と年々大幅に増加している。設置主体別では，職員1人に対し児童3人以下の施設が公立では合計45施設（90.0％），民立は合計105施設（86.1％）となっている。さらに，在籍比で職員1人に対し児童2人以下の施設が110施設（63.9％）となっており，従来の人員配置基準であった4.3：1を大きく超えて，手厚い職員配置をしている施設が多くを占めている。

　こうした実態・実情を受けて，令和3年度障害福祉サービス等報酬改定では，協会が長年要望してきた，「障害児入所施設における報酬・人員基準等の見直し」が行われ，約50年ぶり，半世紀を経て，人員配置基準が4.3：1から4：1へと見直され，基本報酬の見直しも行われたことは，大変喜ばしいことである。

　しかしながら，全国的に4：1よりも手厚い人員配置をしている施設は数多く，今後そうした実態に見合った手厚い支援をしている施設に対する加算等の導入についても検討する必要があろう。

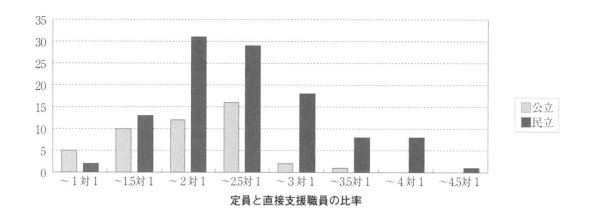

定員と直接支援職員の比率

表55　定員：直接支援職員の比率

定員：職員	～1：1	～1.5：1	～2：1	～2.5：1	～3：1	～3.5：1	～4：1	～4.5：1	無回答	計
施設数	7	23	43	45	20	9	8	1	16	172
％	4.1	13.4	25.0	26.2	11.6	5.2	4.7	0.6	9.3	100
公立	5	10	12	16	2	1	0	0	4	50
％	10.0	20.0	24.0	32.0	4.0	2.0	0	0	8.0	100
民立	2	13	31	29	18	8	8	1	12	122
％	1.6	10.7	25.4	23.8	14.8	6.6	6.6	0.8	9.8	100

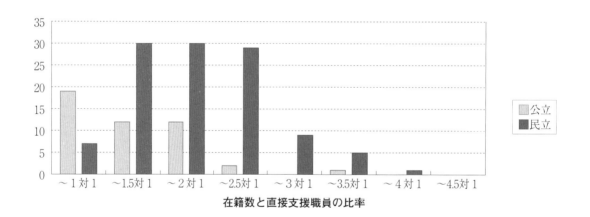

在籍数と直接支援職員の比率

表56　在籍数：直接支援職員の比率

在籍：職員	～1：1	～1.5：1	～2：1	～2.5：1	～3：1	～3.5：1	～4：1	～4.5：1	無回答	計
施設数	26	42	42	31	9	6	1	0	15	172
％	15.1	24.4	24.4	18.0	5.2	3.5	0.6	0	8.7	100
公立	19	12	12	2	0	1	0	0	4	50
％	38.0	24.0	24.0	4.0	0	2.0	0	0	8.0	100
民立	7	30	30	29	9	5	1	0	11	122
％	5.7	24.6	24.6	23.8	7.4	4.1	0.8	0	9.0	100

3.「自活訓練事業」の取り組み状況

施設機能強化推進事業の特別事業として制度化され，継続している自活訓練事業は，19施設（11.0％）で取り組まれている〔表57〕。設置主体別では公立が6施設（12.0％），民立が13施設（10.7％）となっている。

自活訓練事業の実施について今後検討すると回答した施設は，公立は5施設，民立は30施設となっている。

令和3年度障害福祉サービス等報酬改定では，自活訓練事業について，加算の見直し，算定要件の見直し等が行われ，現行よりも見直し後の方が柔軟に設定されており，今後この制度のさらなる活用がなされることを期待したい。

表57　自活訓練事業の実施状況

			計	％
	自活訓練事業の実施施設数		19	11.0
公立	実施している		6	12.0
	自活訓練加算	措置（人）	10	
		契約（人）	8	
		加算対象外［独自加算］（人）	0	
	今後検討する		5	10.0
	無回答		39	78.0
	計		50	100
民立	実施している		13	10.7
	自活訓練加算	措置（人）	22	
		契約（人）	11	
		加算対象外［独自加算］（人）	14	
	今後検討する		30	24.6
	無回答		79	64.8
	計		122	100

Ⅳ　地域生活・在宅サービスの状況

1．障害児等療育支援事業の実施状況

　障害児等療育支援事業の実施状況〔表58〕は，「実施している」が16施設（9.3％）で前年度調査（24施設13.7％）と比較すると減少している。

　事業内容別実施件数〔表59〕においては，「外来療育等相談事業」における実施件数が1,908件と前年度調査（3,723件）と比較して大幅に減少している。また「施設支援事業」についても，保育所・幼稚園における実施件数（248件，前年度調査595件），学校における実施件数（254件，前年度調査411件）ともに減少している。成人期まで支援の対象としている事業であるが，実質的には児童期の支援にそのニーズが集中していることが推察され，児童期においては児童発達支援センターをはじめとする通所系の事業所における「保育所等訪問支援事業」の拡充等によって，全体的な実施件数の減少につながっているものと考えられる。

　当事業は利用負担が発生しないことなど活用意義は充分にあるものの，支援形態や支援内容について見直しが必要であろう。

表58　障害児等療育支援事業（都道府県の地域生活支援事業とした事業等）の実施数

	施設数	％
実施している	16	9.3
法人内の他施設が実施している	18	10.5
実施していない	94	54.7
無回答	44	25.6
計	172	100

表59　事業内容別実施件数

	件数
訪問療育等指導事業	1,234
外来療育等相談事業	1,908
施設支援事業	593
保育所・幼稚園	248
学　校	254
作業所	1
その他	90

2．短期入所事業の実施状況

　短期入所事業の実施状況〔表60〕は，154施設（89.5％），9割近くの施設が実施している。また，併設型の定員規模別施設数〔表61〕は，定員4人が最も多く15施設（20.8％），次いで定員2人が13施設（18.1％），定員3人と5人が9施設（12.5％）となっている。前年度調査において例年より大幅な減少がみられた利用実績〔表62〕については，利用実人数が1,091人（1,080人），延べ利用件数が3,396件

（前年度調査2,939件），延べ利用日数が10,786日（前年度調査10,242日）と前年度よりわずかに増加したものの，新型コロナウイルス感染症の影響で利用できない状況等は継続しているものと推察される。

　延べ利用件数の内訳〔表62－2〕では，1泊が1,706件（50.2%）と最も多く，次いで2泊が508件（15.0%）となっており，現在利用中（滞在中）の児童の最長日数〔表63〕では7日以内の利用が最も多く62.0%を占めている。

　年間180日以上利用する場合の理由〔表64〕については，最も多いのが「障害者支援施設への入所待機」で12件（45.5%）となっている。

　施設・事業所への入所待機のための利用については，前年度調査と同様，半数を超える割合を占めているが，移行時における課題の受け皿としての利用が多いことが推測される。今後は自立した生活を目指すための事前準備のための利用が増えていくことを期待したい。

表60　短期入所事業の実施状況

		施設数	％
実施している		154	89.5
	併設型	72	―
	空床型	77	―
	無回答	18	―
実施していない		12	7.0
無回答		6	3.5
計		172	100

表61　定員規模別施設数（併設型）

	施設数	％
1人	1	1.4
2人	13	18.1
3人	9	12.5
4人	15	20.8
5人	9	12.5
6人	5	6.9
7人	0	0
8人	2	2.8
9人以上	5	6.9
無回答	13	18.1
計	72	100

表62　利用実績（令和3年4月～令和3年6月までの3か月間）

利用実人数	1,091
利用件数（延べ）	3,396
利用日数（延べ）	10,786
1人当たりの平均利用件数	3.1
1事業所当たりの利用実人数	7.1

表62－2　利用件数（延べ）内訳

	1泊	2泊	3泊	4～6泊	7～13泊	14～28泊	29泊以上	不明	計
利用件数	1,706	508	333	278	42	71	69	389	3,396
％	50.2	15.0	9.8	8.2	1.2	2.1	2.0	11.5	100

表63　現在利用中（滞在中）の児童の最長日数

	～7日	8～14日	15～21日	22～30日	31～60日	61～90日	91～179日	180日以上	計
利用日数	44	4	3	6	4	3	5	2	71
％	62.0	5.6	4.2	8.5	5.6	4.2	7.0	2.8	100

表64　年間180日以上利用する場合の理由

	施設数	％	件数	％
障害者支援施設への入所待機のため	12	38.7	30	45.5
グループホームへの入居待機のため	0	0	0	0
その他福祉施設等への入所待機のため	4	12.9	4	6.1
地域での自立した生活をするための事前準備のため	3	9.7	10	15.2
本人の健康状態の維持管理のため	2	6.5	2	3.0
家族の病気等のため	4	12.9	8	12.1
その他	6	19.4	12	18.2
計	31	100	66	100

３．日中一時支援事業の実施状況

　市町村の地域生活支援事業である日中一時支援事業の実施状況〔表65〕は，「実施している」が118施設（68.6％）と前年度調査（127施設）と比べて減少している。

表63　日中一時支援事業の状況

	施設数	％
実施している	118	68.6
実人数	2,536	
延べ人数	34,132	
実施していない	43	25
無回答	11	6.4
計	172	100
実施市区町村数	201	

４．福祉教育事業の実施状況

　福祉教育事業の実施状況〔表66〕は，「実施している」が118施設（68.6％）と前年度調査より28施設，14.8ポイント減少している。

　事業内容と受け入れ状況〔表66－2〕については，「小・中・高校生のボランティア」の受け入れ人数が97人と前年度調査（885人）から大幅に減少，また「民間作業ボランティア」についても501人と前年度調査（2,661人）から大幅に減少している。いずれも新型コロナウイルス感染症の影響によるものと思われるが，「福祉教育」の視点から，比較的早期からのボランティア体験が意義あると考えられるため，小・中・高校生のボランティアの受け入れが，学校側との連携により計画的に行われていくことが望まれる。

表66　福祉教育事業の実施状況

		施設数	％
実施している		118	68.6
実施していない		31	18.0
無回答		23	13.4
	計	172	100
公立	実施している	33	66
	実施していない	9	18
	無回答	8	16
	計	50	100
民立	実施している	85	69.7
	実施していない	22	18.0
	無回答	15	12.3
	計	122	100

表66－2　事業内容と受け入れ状況

	総計		公立		民立	
	施設数	人数	施設数	人数	人数	延人数
小・中・高校生のボランティア	9	97	4	76	5	21
民間ボランティア	17	501	9	24	2	277
学校教員・教職免許の体験実習	18	122	10	84	8	38
単位実習〔保育士〕	98	1,147	28	313	70	834
単位実習〔社会福祉士・主事〕	15	62	8	46	7	16
施設職員の現任訓練	3	4	2	3	1	1
その他	22	339	3	86	19	253

5．地域との交流

表67　地域との交流

交流内容	施設数	%	公立	民立
入所児の地域行事・地域活動等への参加	86	50	24	62
地域住民の施設行事への参加	58	33.7	17	41
施設と地域との共催行事の開催	27	15.7	9	18
地域住民をボランティアとして受け入れ	61	35.5	22	39
地域の学校等との交流	38	22.1	8	30
施設と地域が共同で防災・防犯訓練を実施	35	20.3	12	23
子育てや障害に関する相談会・講演会の実施	12	7.0	6	6
施設設備の開放や備品の貸し出し	57	33.1	17	40
その他	19	11.0	3	16
実数	172	100	50	122

V　施設運営・経営の課題

1．施設の運営費

(1)　加算の認定状況

　令和３年度の加算認定状況〔表68〕について，前年度調査で加算取得率の高かった上位７項目（重度障害児支援加算，入院・外泊時加算，栄養士配置加算，児童指導員等加配加算，看護師配置加算，職業指導員加算，心理担当職員配置加算）は，今年度調査においても同様の結果となっている。小規模グループケア加算は前年度調査36施設（20.6％）から43施設（25％）と７施設増加し，小規模化への取り組みが進んでいる状況がうかがえる。障害児入所施設の在り方に関する検討会（厚生労働省）等における検討を受けて，令和３年度障害福祉サービス等報酬改定において新たな加算が新設された。ソーシャルワーカー配置加算については，32施設（18.6％）が加算を受けており，各施設で児童に対する必要な支援として体制を整えていることが推察される。小規模グループケア加算（サテライト型）については３施設（1.7％）とまだ加算取得率の低い状況であり，サテライトとして運用できる環境整備にかかる課題が大きいものと推測される。

表68　令和３年度の加算認定状況

	施設数	％
重度障害児支援加算	124	72.1
入院・外泊時加算	116	67.4
栄養士配置加算	115	66.9
児童指導員等加配加算	111	64.5
看護師配置加算	98	57.0
職業指導員加算	59	34.3
心理担当職員配置加算	53	30.8
小規模グループケア加算	43	25
栄養ケアマネジメント加算	39	22.7
強度行動障害児特別加算	36	20.9
ソーシャルワーカー配置加算	32	18.6
入院時特別支援加算	24	14.0
重度重複障害児加算	17	9.9
自活訓練加算	13	7.6
地域移行加算	13	7.6
乳幼児加算	9	5.2
小規模グループケア加算（サテライト型）	3	1.7
施設数	172	100

(2)　自治体の補助の状況

　自治体の加算措置〔表69〕については，人件費等の事務費の補助は「ある」が41施設（23.8％），「ない」が109施設（63.4％）と，前年度調査と比べると「ある」が3.2ポイント増加し，「ない」も４ポイント増加している。事業費に対する加算措置は，「ある」が45施設（26.2％），「ない」が106施設（61.6％）と，前年度調査と比べると「ある」は2.2ポイント増加し，「ない」も6.2ポイント増加している。

表69　自治体の加算措置の有無　― 職員配置等の事務費および事業費の補助 ―

	事務費	%	事業費	%
ある	41	23.8	45	26.2
ない	109	63.4	106	61.6
無回答	22	12.8	21	12.2
計	172	100	172	100

2．在所延長規定の廃止に伴う今後の施設整備計画

(1)　障害者支援施設の指定状況

　平成24年施行の改正児童福祉法により在所延長規定が廃止され，障害児入所施設に関する在り方検討会報告書でも満18歳をもって退所とする取扱いを基本とすることが明記されたが，現に在所している満18歳以上の入所者の在所継続のための障害者支援施設の指定状況〔表70〕について調査したところ，「障害者支援施設の指定を受けている」が前年度調査75施設（42.9％）から66施設（38.4％）に減少し，「受けていない」は100施設（57.1％）から106施設（61.6％％）に増加している。

表70　障害者支援施設の指定状況

	施設数	%	公立	民立
受けている	66	38.4	22	44
受けていない	106	61.6	28	78
計	172	100	50	122

(2)　今後の対応方針

　在所延長規定の廃止により，今後は児童施設として維持するのか障害者支援施設に転換するのか対応の方針を定めなければならないこととされている。今後の対応方針〔表71〕では，「児童施設として維持する」が，前年度調査131施設（74.9％）から138施設（80.2％）に，「障害者支援施設を併設する」が27施設（15.4％）から21施設（12.2％）に，「障害者支援施設に転換する」は０施設から１施設（0.6％）に，無回答が17施設（9.7％）から12施設（7.0％）となっている。過齢児が未だ残されている状況の中で，児童のための入所機能を維持する方針を定める施設が増えていることがみてとれる。

表71　今後の対応方針

	施設数	%	公立	民立
児童施設として維持する	138	80.2	41	97
障害者支援施設を併設する	21	12.2	5	16
障害者支援施設に転換する	1	0.6	0	1
無回答	12	7.0	4	8
計	172	100	50	122

(3)　今後の児童施設の定員

　今後の児童施設の定員〔表72〕については，「児童施設の定員の変更なし」は，前年度調査137施設（78.3％）から142施設（82.6％）に，「児童施設の定員を削減する」が17施設（9.7％）から11施設

（6.4％）になり，削減予定数は372人から160人と減少している。「定員を削減する」の内訳は，公立は5施設から2施設，民立についても12施設から9施設に減少している。

　定員の変更をしない142施設は今後も児童施設として運営する方針と思われ，〔表71〕「今後の対応方針」の結果とほぼ一致している。定員を削減するのは，障害者支援施設を併設又は転換といった方針によるものと思われるが，在籍児が定員に満たない施設も多くある状況から，今後も児童施設として維持しながらも定員を削減する施設もあると思われる。無回答の19施設は方向性を決めかねているものと推察される。

表72　今後の児童施設の定員

	施設数	％	公立	民立
定員の変更なし	142	82.6	41	101
定員を削減する	11	6.4	2	9
削減数（人）	160		15	145
無回答	19	11.0	7	12
計	172	100	50	122

(4)　障害種別の一元化に向けた対応応

　障害種別の一元化に向けて他の障害の受け入れに伴う設備・構造をみると，身体障害の車椅子対応〔表73〕については，現状で受け入れが可能な施設が前年度調査43施設（24.6％）から36施設（20.9％）に，受け入れ困難な施設が62施設（35.4％）から67施設（39.0％）となっている。

　また，盲・ろうあ児の受け入れ〔表74〕については，現状で受け入れ可能とする施設が12施設（6.9％）から11施設（6.4％）となり，受け入れ困難な施設は87施設（49.7％）から95施設（55.2％）となっている。障害種別の一元化に関して，特に身体障害への対応はバリアフリー等の整備が必要であるが，現状の入所児の障害像や家庭的養育に係る小規模化とのバランスも課題であり，一元化への対応が進まない状況が推察される。

表73　身体障害の車椅子対応

	計	％	公立	民立
現状で可能	36	20.9	10	26
改築等が必要	42	24.4	14	28
受け入れ困難	67	39.0	18	49
無回答	27	15.7	8	19
計	172	100	50	122

表74　盲・ろうあ児の受け入れ

	計	％	公立	民立
現状で可能	11	6.4	1	10
改築等が必要	30	17.4	10	20
受け入れ困難	95	55.2	28	67
無回答	36	20.9	11	25
計	172	100	50	122

3．在所延長している児童の今後の見通し

在所延長している児童の今後の見通し〔表75〕については，施設入所支援対象が75施設・270人（18歳以上の在籍者33.9％），グループホーム対象が29施設・94人（同11.8％），家庭引き取りが10施設・22人（同2.8％）となっている。令和3年度末までに移行可能となっているのは，施設入所支援で77人（同9.7％），グループホームで47人（同5.9％）にとどまっており，都道府県と市区町村が連携した移行支援体制を早急に構築することが望まれる。

表75　在所延長している児童の今後の見通し

		数	％（＊）	公立	民立
家庭引取り	施設数	10	5.8	6	4
	人数	22	2.8	17	5
単身生活	施設数	3	1.7	2	1
	人数	3	0.4	2	1
施設入所支援対象	施設数	75	43.6	23	52
	人数	270	33.9	61	209
	令和3年度末までに移行可能	77	9.7	23	54
グループホーム対象	施設数	29	16.9	7	22
	人数	94	11.8	53	41
	令和3年度末までに移行可能	47	5.9	18	29

（＊）施設数の％は回答施設数における割合，人数の％は18歳以上の在籍者数における割合

4．児童相談所との関係

⑴　措置後の児童福祉司等の施設訪問

児童相談所が入所措置を行った後の児童福祉司等の施設訪問〔表76〕については，令和2年度に訪問があったのは143施設（83.1％），訪問がないが16施設（9.3％）となっている。訪問のある児童相談所のか所数〔表76-2〕では，5か所以上が38施設（26.6％）で最も多く，次いで2か所と3か所が29施設（20.3％）となっている。

令和2年度訪問回数〔表76-3〕は，5回以上が90施設（62.9％）と最も多く，次いで2回が8施設（5.6％）となっている。訪問のあった施設では児童相談所職員の訪問回数は比較的多いといえるが，訪問のない施設も16施設（9.1％）あることから，児童相談所の取り組みや対象となる児童の支援の内容に温度差があることがうかがえる。

表76　措置後の児童福祉司等の施設訪問

	施設数	％
令和2年度に訪問あった	143	83.1
訪問はない	16	9.3
不明・無回答	13	7.6
計	172	100

表76-2　令和2年度訪問箇所数（児童相談所数）

令和2年度訪問か所数	施設数	%
1か所	20	14.0
2か所	29	20.3
3か所	29	20.3
4か所	17	11.9
5か所以上	38	26.6
不明・無回答	10	7.0
訪問のあった施設実数	143	100

表76-3　令和2年度訪問回数

令和2年度訪問回数	施設数	%
1回	7	4.9
2回	8	5.6
3回	6	4.2
4回	4	2.8
5回以上	90	62.9
不明・無回答	28	19.6
訪問のあった施設実数	143	100

⑵　児童相談所との連携

　児童相談所との連携〔表77〕は，「県単位で児童相談所と施設の定期協議を行政主催で行っている」が43施設（25％），「定期的に児童相談所を訪問して協議している」が10施設（5.8％），「不定期であるが，児童相談所を訪問して協議している」が83施設（48.3％）であった。

　契約制度の導入により児童相談所と施設の連携が希薄になっていることが施設現場から指摘されているが，定期的や不定期に協議の場を通じて児童相談所との関係を強化しなければ複雑化している家庭環境や虐待に代表される児童福祉の危機に適切に対応していくことはできないであろう。施設側から積極的に児童相談所に働きかけをしていくことが必要である。

表77　児童相談所との連携　　　　　　　　　　　　　　　　　　　　　　　　（重複計上）

	施設数	%
県単位で児童相談所と施設の定期協議を行政主催で行っている	43	25
定期的に児童相談所を訪問して協議している	10	5.8
不定期であるが，児童相談所を訪問して協議している	83	48.3
特に行っていない	28	16.3
不明・無回答	16	9.3
施設実数	172	100

(3) 18歳以降の対応

18歳以降の対応〔表78〕については，措置児童の場合，「18歳到達日以降の措置延長は原則として認められない」が4施設（2.3%），「高校（高等部）卒業までは措置延長が認められるが，それ以降は認められない」が53施設（30.8%），「高校（高等部）卒業後も，事情により20歳までの措置延長が認められる」が101施設（58.7%）であった。一方，契約児童の18歳以降の対応は「18歳到達日以降の支給期間延長は原則として認められない」が7施設（4.1%），「高校（高等部）卒業までは支給期間延長が認められるが，それ以降は認められない」が89施設（51.7%），「高校（高等部）卒業後も，事情により20歳までの支給期間延長が認められる」が37施設（21.5%），「20歳以降も事情により支給期間延長が認められる」が17施設（9.9%）であった。高等部卒業までしか在所延長が認められない割合は契約の方が高く，事情により20歳まで在所延長が認められる割合は措置の方が高くなっている。施設として入所時点で退所後をどうするのか等，児童相談所との連携を深めていく必要がある。

表78　18歳以降の対応

	措置	％	契約	％
18歳到達日以降の措置延長は原則として認められない	4	2.3	7	4.1
高校（高等部）卒業までは措置延長が認められるが，それ以降は認められない	53	30.8	89	51.7
高校（高等部）卒業後も，事情により20歳までの措置延長が認められる	101	58.7	37	21.5
20歳以降も事情により措置延長が認められる	―	―	17	9.9
不明・無回答	18	10.5	24	14.0
施設実数	172	100	172	100

5．利用者負担金の未収状況

利用者負担金の未収状況〔表79〕は，令和2年度の未収が37施設353人（うち令和元年度未収人数は25施設222人）となっている。この状況は，施設だけの責任では済まされないため，何らかの措置を要望する必要があろう。

表79　利用者負担金の未収状況

	計
令和2年度未収人数	353
施設数	37
令和2年度未収額（単位千円）	22,727
令和元年度未収人数	222
施設数	25
うち令和元年度未収額（単位千円）	19,858

6．苦情解決の実施状況

　苦情受付件数〔表80〕をみると，令和２年度に苦情が１件以上寄せられたと回答した施設が43施設（25%），総件数は156件，１施設平均3.6件であった。件数別にみると，１〜４件が37施設（21.5%），５件〜９件が２施設（1.2%），10件以上は４施設（2.3%），０件は109施設（63.4%）であった。

表80　苦情受付件数

	施設数	%	件数計
令和２年度苦情受付総数	43		156
０件	109	63.4	
１〜４件	37	21.5	
５〜９件	2	1.2	
10件〜	4	2.3	
無回答	20	11.6	
計	172	100	

　苦情の内容〔表80−２〕は，「生活支援に関すること」が36施設103件，１施設平均2.9件，施設運営に関すること」が８施設18件，「その他」が14施設35件で，日常の生活に関する苦情が多くなっている。
　苦情受付総数は前年度調査215件から156件と減少しているが，施設運営や生活支援に対する苦情が潜在化しないためにも，日々の実践の中で見落としのないようにしていかなければならない。

表80−２　苦情の内容

	施設数	%	件数計
施設運営に関すること	8	18.6	18
生活支援に関すること	36	83.7	103
その他	14	32.6	35
苦情のあった施設数	43	100	156

　第三者委員等との相談頻度〔表80−３〕は，最も多い頻度は「年に１回」77施設（44.8%），次いで「学期に１回」20施設（11.6%），「月１回」は13施設（7.6%）となっている。日常的な活動というより形式的なレベルにある状況は変わりない。「相談の機会はない」との回答は49施設（28.5%）となっている。今後，第三者委員の活動を形式的なものに止めずに福祉サービスの質の向上が図られるような実質的な活動にしていくためには，積極的に取り組んでいる施設の活動等を参考にしていくことが必要であろう。

表80−３　第三者委員等との相談頻度

	施設数	%
月１回	13	7.6
学期に１回	20	11.6
年に１回	77	44.8
相談の機会はない	49	28.5
無回答	13	7.6
計	172	100

※この調査票は、障害児入所施設（福祉型・医療型）、のみご回答ください。

全国知的障害児・者施設・事業 利用者実態調査票【事業利用単位】

（令和3年6月1日現在）

記入責任者		職 名	
氏　　　名			

《留意事項》

1. **本調査票は障害児入所施設（福祉型・医療型）事業を対象としています。**
   当該事業を利用する利用者の状況についてご回答ください。

   ①「障害児入所施設（福祉型・医療型）」に併せて児童福祉法による「経過的施設入所支援」、「経過的生活介護」、「経過的療養介護」等の事業を実施する場合は、両事業の利用者も含めて「障害児入所施設（福祉型・医療型）」としてご回答ください。
   　　例：障害児入所施設（福祉型・医療型）に併せて経過的施設入所支援、経過的生活介護、経過的療養介護、を実施
   　　→　調査票は1部作成（「障害児入所施設（福祉型・医療型）」で1部）

   ②従たる事業については、当該事業の利用者を主たる事業に含めてご回答ください。

2. 設問は特別の指示がない場合にはすべて**令和3年6月1日現在**でご回答ください。

3. マークのある欄は同じ数値が入ります。指示のない限り整数でご回答ください。
   ※人数等に幅（1～2人など）を持たせないでください。

4. 本調査の結果は、統計的に処理をするためご回答いただいた個別の内容が公表されることはありません。

☆下記の印字内容に誤り若しくは変更がございましたら、赤ペン等で修正してください。（印字がない部分はご記入ください。）

なお、日本知的障害者福祉協会会員データへの反映には、別途「全国知的障害関係施設・事業所名簿」巻末の“変更届”にて変更内容を記載し、ご提出（FAX：03-3431-1803）いただく必要がございます。

施設・事業所の名称		電　話	
上記の所在地			
経営主体の名称			
施設・事業の種類 ※1つの事業所で2つ以上の事業を実施している場合は、1事業ごとに調査票（コピー）を作成してください。	※施設・事業の種類に誤り若しくは変更がある場合には、右枠より該当の番号を選択してください。	01. 障害児入所施設（福祉型・医療型） 02. 児童発達支援センター（福祉型・医療型） 11. 療養介護 12. 生活介護 13. 自立訓練（生活訓練・機能訓練） 14. 自立訓練（宿泊型） 15. 就労移行支援 16. 就労継続支援Ａ型 17. 就労継続支援Ｂ型 18. 施設入所支援	20. 多機能型 20-11. 療養介護 20-12. 生活介護 20-13. 自立訓練（生活訓練・機能訓練） 20-14. 自立訓練（宿泊型） 20-15. 就労移行支援 20-16. 就労継続支援Ａ型 20-17. 就労継続支援Ｂ型
該当する場合にはチェックをしてください。 　　　　上記事業に付帯して、□①就労定着支援 □②居宅訪問型児童発達支援 を行っている。			

[1]定　員	人	開設年月		移行年月	

☆恐れ入りますが、調査票3ページ右下枠内に番号を転記してください。→ 　施設コード

［2］現在員

（1）契約・措置利用者数（合計）

	①男	②女	計
	★　　人	☆　　人	●　　人

（2）年齢別在所者数　※「6～11歳」のうち6歳児の未就学児数のみを左下枠内に計上のこと

年齢	2歳以下	3～5歳	6～11歳※	12～14歳	15～17歳	18～19歳	20～29歳	30～39歳	40～49歳	50～59歳	60～64歳	65～69歳	70～74歳	75～79歳	80歳以上	計
1.男			※													★
2.女			※													☆
計	人	人	※　人	人	人	人	人	人	人	人	人	人	人	人	人	● 人
うち措置児・者	人	人	※　人	人	人	人	人	人	人	人	人	人	人	人	人	人

左欄外注記：［2］現在員　（1）（2）（4）の男女別人員計は一致すること

（3）平均年齢　※小数点第2位を四捨五入すること

　　　　　.　　歳

（4）利用・在籍年数別在所者数

※障害者自立支援法事業の施行（平成18年10月）による新たな事業への移行から利用・在籍している年数で計上のこと
※「18.施設入所支援」，「01.障害児入所施設（福祉型・医療型）」は旧法施設からの利用・在籍年数で計上のこと

在所年数	0.5年未満	0.5～1年未満	1～2年未満	2～3年未満	3～5年未満	5～10年未満	10～15年未満	15～20年未満	20～30年未満	30～40年未満	40年以上	計
1.男												★
2.女												☆
計	人	人	人	人	人	人	人	人	人	人	人	● 人

［3］障害支援区分別在所者数

※「療養介護」，「生活介護」，「18.施設入所支援」のみ回答のこと
※［2］の人員計と一致すること
※「01.障害児入所施設（福祉型・医療型）」に併せて経過的施設入所支援，経過的生活介護を実施する場合は対象者のみ計上のこと

非該当	区分1	区分2	区分3	区分4	区分5	区分6	不明・未判定	計
人	人	人	人	人	人	人	人	● 人

［4］療育手帳程度別在所者数

※［2］の人員計と一致すること

1．最重度・重度	2．中軽度	3．不所持・不明	計
人	人	人	●　　人

［5］身体障害の状況

※身体障害者手帳所持者についてのみ回答のこと

手帳所持者実数	手帳に記載の障害の内訳※重複計上可	1．視覚	2．聴覚	3．平衡	4．音声・言語又は咀嚼機能	5．肢体不自由	6．内部障害
○　　人		人	人	人	人	人	人

［6］身体障害者手帳程度別在所者数

※［5］の手帳所持者実数と一致すること
※重複の場合は総合等級を回答

1級	2級	3級	4級	5級	6級	計
人	人	人	人	人	人	○　　人

［7］精神障害者保健福祉手帳の程度別在所者数

1級	2級	3級	計
人	人	人	人

［8］精神障害の状況

※医師の診断名がついているもののみ記入すること
※てんかんとてんかん性精神病は区別し，てんかん性精神病のみ計上のこと
※その他の欄に精神遅滞は計上しないこと

1．自閉スペクトラム症（広汎性発達障害、自閉症など）	4．てんかん性精神病
人	人
2．統合失調症	5．その他（強迫性心因反応、神経症様反応など）
人	人
3．気分障害（周期性精神病、うつ病性障害など）	計
人	人

［9］「てんかん」の状況

※てんかんとして現在服薬中の人数　　　　人

［10］認知症の状況

1．医師により認知症と診断されている人数		2．医師以外の家族・支援員等が認知症を疑う人数	
	うちダウン症の人数		うちダウン症の人数
人	人	人	人

［11］矯正施設・更生保護施設・指定入院医療機関を退所・退院した利用者数

※矯正施設とは、刑務所、少年刑務所、拘置所、少年院、少年鑑別所、婦人補導院をさす（基準日現在）

1．矯正施設		2．更生保護施設		3．指定入院医療機関		計	
	うち3年以内		うち3年以内		うち3年以内		うち3年以内
人	人	人	人	人	人	人	人

［12］上記［11］のうち地域生活移行個別支援特別加算を受けている利用者数

※「18.施設入所支援」「自立訓練（宿泊型）」のみ回答のこと

[13]支援度	支援度の指標	1　級 常時全ての面で支援が必要	2　級 常時多くの面で支援が必要	3　級 時々又は一時的にあるいは一部支援が必要	4　級 点検，注意又は配慮が必要	5　級 ほとんど支援の必要がない	
[13]－A 日常生活面 ※[2]の人員計と一致すること	内　容	基本的生活習慣が形成されていないため，常時全ての面での介助が必要。それがないと生命維持も危ぶまれる。	基本的生活習慣がほとんど形成されていないため，常時多くの面で介助が必要。	基本的生活習慣の形成が不十分なため，一部介助が必要。	基本的生活習慣の形成が不十分ではあるが，点検助言が必要とされる程度。	基本的生活習慣はほとんど形成されている，自主的な生活態度の養成が必要。	計
	人　員	人	人	人	人	● 人	人
[13]－B 行動面 ※[2]の人員計と一致すること	内　容	多動，自他傷，拒食などの行動が顕著で常時付添い注意が必要。	多動，自閉などの行動があり，常時注意が必要。	行動面での問題に対し注意したり，時々指導したりすることが必要。	行動面での問題に対し多少注意する程度。	行動面にはほとんど問題がない。	計
	人　員	人	人	人	人	● 人	人
[13]－C 保健面 ※[2]の人員計と一致すること	内　容	身体的健康に厳重な看護が必要。生命維持の危険が常にある。	身体的健康につねに注意，看護が必要。発作頻発傾向。	発作が時々あり，あるいは周期的精神変調がある等のため一時的又は時々看護の必要がある。	服薬等に対する配慮程度。	身体的健康にはほとんど配慮を要しない。	計
	人　員	人	人	人	人	● 人	人

[14]日常的に医療行為等を必要とする利用者数 ※事業所内（職員・看護師）によるもののみ計上のこと ※医療機関への通院による医療行為等は除く	1．点滴の管理（持続的）※1　　人	6．人工呼吸器の管理　※4 （侵襲、非侵襲含む）　　人	11．導尿　　人
	2．中心静脈栄養　※2 （ポートも含む）　　人	7．気管切開の管理　　人	12．カテーテルの管理 （コンドーム・留置・膀胱ろう）　　人
	3．ストーマの管理　※3 （人工肛門・人工膀胱）　　人	8．喀痰吸引 （口腔・鼻腔・カニューレ内）　　人	13．摘便　　人
	4．酸素療法　　人	9．経管栄養の注入・水分補給 （胃ろう・腸ろう・経鼻経管栄養）　　人	14．じょく瘡の処置　　人
	5．吸入　　人	10．インシュリン療法　　人	15．疼痛の管理 （がん末期のペインコントロール）　　人
	※1…長時間（24時間）にわたり点滴をおこない、針の刺し直し（針刺・抜針）も含む ※2…末梢からの静脈点滴が難しい方におこなう処置 ※3…皮膚の炎症確認や汚物の廃棄 ※4…カニューレ・気管孔の異常の発見と管理		計　　人

[15]複数事業（所）利用者数 ※日中活動事業（所）・「02．児童発達支援センター」のみ回答のこと ※定期的に利用する日中活動サービスが他にある場合のみ回答のこと ※同一事業を複数個所で利用している場合も計上のこと	人	※定期的に利用する日中活動サービスとは 療養介護，生活介護，自立訓練（宿泊型は除く），就労移行支援，就労継続支援A型，就労継続支援B型の6事業及び幼稚園，保育園とする

[16]日中活動利用者の生活の場の状況 ※[2]と人員計が一致すること ※日中活動事業（所）・102．児童発達支援センター」のみ回答のこと ※利用契約をしている利用者の実数を回答のこと	1．家庭（親・きょうだいと同居）　　人	5．福祉ホーム　　人
	2．アパート等（主に単身・配偶者有り）　　人	6．施設入所支援　　人
	3．グループホーム・生活寮等　　人	7．その他　　人
	4．自立訓練（宿泊型）　　人	計　　● 人

[17]施設入所支援利用者の日中活動の状況 ※[2]と人員計が一致すること ※1ページ目に「18．施設入所支援」と印字されている調査票のみ回答のこと ※「01．障害児入所施設（福祉型・医療型）」に併せて実施する経過的施設入所支援は除く	1．同一法人敷地内で活動	
	2．同一法人で別の場所（敷地外）で活動	
	3．他法人・他団体が運営する日中活動事業所等で活動	
	4．その他の日中活動の場等で活動	
	計	

[18]成年後見制度の利用者数 ※当該事業の利用者のみ対象	1．後見	2．保佐	3．補助
	人	人	人

☆恐れ入りますが、調査票1ページ右下枠内の番号を転記してください。→　　施設コード

[19]－A　令和２年度新規入所者の入所前（利用前）の状況（令和２年４月１日～令和３年３月31日の１年間）

イ．家業の手伝いで低額であっても賃金を受け取る場合には一般就労とする
ロ．（1）と（2）の人員計が一致すること

※該当期間に他の事業種別に転換した事業所はすべての利用者について回答のこと

（1）生活の場		（人）	（2）活動の場		（人）
1.家庭（親・きょうだいと同居）	15.精神科病院		1.家庭のみ	15.老人福祉・保健施設	
2.アパート等（主に単身）	16.施設入所支援		2.一般就労	16.一般病院・老人病院（入院）	
3.グループホーム・生活寮等	17.自立訓練（宿泊型）		3.福祉作業所・小規模作業所	17.精神科病院（入院）	
4.社員寮・住み込み等	18.少年院・刑務所等の矯正施設		4.職業能力開発校	18.療養介護	
5.職業能力開発校寄宿舎	19.その他・不明		5.特別支援学校（高等部含む）	19.生活介護	
6.特別支援学校寄宿舎			6.小中学校（普通学級）	20.自立訓練	
7.障害児入所施設（福祉型・医療型）			7.小中学校（特別支援学級）	21.就労移行支援	
8.児童養護施設			8.その他の学校	22.就労継続支援Ａ型	
9.乳児院	※前年度１年間に新規で入所された方の状況のみ計上してください。		9.保育所・幼稚園	23.就労継続支援Ｂ型	
10.児童自立支援施設			10.障害児入所施設（福祉型・医療型）	24.地域活動支援センター等	
11.知的障害者福祉ホーム			11.児童発達支援センター・児童発達支援事業等	25.少年院・刑務所等の矯正施設	
12.救護施設			12.児童養護施設	26.その他・不明	
13.老人福祉・保健施設			13.乳児院		
14.一般病院・老人病院	計		14.救護施設	計	

[19]－B　令和２年度退所者の退所後（契約・措置解除後）の状況（令和２年４月１日～令和３年３月31日の１年間）

イ．家業の手伝いで低額であっても賃金を受け取る場合には一般就労とする
ロ．（1）と（2）の人員計が一致すること
※退所後６か月程度で死亡したケースも記入すること

（1）生活の場		（人）	（2）活動の場		（人）
1.家庭（親・きょうだいと同居）	14.施設入所支援		1.家庭のみ	15.一般病院・老人病院（入院）	
2.アパート等（主に単身）	15.自立訓練（宿泊型）		2.一般就労	16.精神科病院（入院）	
3.グループホーム・生活寮等	16.少年院・刑務所等の矯正施設		3.福祉作業所・小規模作業所	17.療養介護	
4.社員寮・住み込み等	17.その他・不明		4.職業能力開発校	18.生活介護	
5.職業能力開発校寄宿舎	小計		5.特別支援学校（高等部含む）	19.自立訓練	
6.特別支援学校寄宿舎	18.死亡退所※		6.小中学校（普通学級）	20.就労移行支援	
7.障害児入所施設（福祉型・医療型）			7.小中学校（特別支援学級）	21.就労継続支援Ａ型	
8.児童養護施設			8.その他の学校	22.就労継続支援Ｂ型	
9.知的障害者福祉ホーム			9.保育所・幼稚園	23.地域活動支援センター等	
10.救護施設	※前年度１年間に退所された方の状況のみ計上してください。		10.障害児入所施設（福祉型・医療型）	24.少年院・刑務所等の矯正施設	
11.老人福祉・保健施設			11.児童発達支援センター・児童発達支援事業等	25.その他・不明	
12.一般病院・老人病院			12.児童養護施設	小計	
13.精神科病院			13.救護施設	26.死亡退所※	
	計		14.老人福祉・保健施設	計	

[20]介護保険サービスへの移行・併給状況

※1ページ目施設・事業の種類「18.施設入所支援」は除く。生活介護と施設入所支援を行う事業所の重複回答を避けるため、両方の事業を行う場合は1ページ目「18.施設入所支援」と印字された調査票以外、回答のこと。

イ．令和２年４月１日～令和３年３月31日の１年間に新規に移行又は併給を開始した者を計上すること

No.	移行・併給開始年齢	性別	知的障害の程度（別表１より）	障害支援区分	移行前の生活の場（別表４より）	移行後の生活の場（別表５より）	介護認定区分（別表６より）	移行・併給後に利用を開始した別表（５）のうち４～７以外の介護保険サービス（別表７より）複数選択可	移行・併給開始の理由（別表８より）
1									
2									
3									
4									
5									
6									

[21] 就職の状況　※「児童発達支援センター」,「自立訓練（宿泊型）」,「施設入所支援」は除く。職場適応訓練は除く。

イ，令和2年4月1日～令和3年3月31日の1年間を調査すること
ロ，家業の手伝いで低額であっても賃金を受け取る場合も記入のこと
ハ，「事業利用（在所）年月」の欄は、現事業（所）での利用（在所）期間を記入のこと
二，「知的障害の程度」は、児童相談所または更生相談所の判定より記入すること
ホ，〔19〕−B、（2）活動の場、2一般就労　の人数と一致すること

No.	就職時年齢	性別	事業利用（在所）年月	知的障害の程度（別表1より）	年金受給の有無（別表2より）	雇用先の業種	仕事の内容	就職時の給与（月額）	就職時の生活の場（別表3より）
例	20 歳	男	2年 か月	4	4	飲食店	接客・食器洗浄	¥ 80,000	1
1			年 か月						
2			年 か月						
3			年 か月						
4			年 か月						
5			年 か月						
6			年 か月						
7			年 か月						
8			年 か月						
9			年 か月						
10			年 か月						

[22] 死亡の状況

※1ページ目施設・事業の種類「18.施設入所支援」は除く。生活介護と施設入所支援を行う事業所の重複回答を避けるため、両方の事業を行う場合は1ページ目「18.施設入所支援」と印字された調査票以外、回答のこと。

イ，令和2年4月1日～令和3年3月31日の1年間を調査すること
ロ，退所後6か月程度で死亡したケースも記入すること
ハ，〔19〕−B、（1）生活の場、18死亡退所　の人数と一致すること

No.	死亡時年齢	性別	知的障害の程度（別表1より）	死亡場所（別表9より）	死因（右より選択）	
1	歳					
2						1．病気
3						2．事故
4						3．その他
5						
6						

別表1	1．最重度	2．重度	3．中度	4．軽度	5．知的障害なし
別表2	1．有：1級	2．有：2級	3．有：その他（厚生年金・共済年金）	4．無	
別表3	1．家庭　2．アパート等　3．グループホーム・生活寮等　4．社員寮等				
	5．自立訓練（宿泊型）　6．福祉ホーム　7．その他　8．不明				
別表4	1．家庭（親・きょうだいと同居）　2．アパート等（キに単身）　3．グループホーム・生活寮等				
	4．社員寮・住み込み等　5．知的障害者福祉ホーム　6．施設入所支援				
	7．自立訓練（宿泊型）　8．その他・不明				
別表5	1．家庭　2．アパート　3．グループホーム（障害福祉）				
	4．グループホーム（認知症対応）　5．特別養護老人ホーム　6．介護老人保健施設				
	7．介護療養型医療施設　8．その他				
別表6	1．要支援1　2．要支援2　3．要介護1				
	4．要介護2　5．要介護3　6．要介護4　7．要介護5				
別表7	1．デイサービス・デイケア　2．訪問・居宅介護（ホームヘルプサービス）　3．短期入所（ショートステイ）				
	4．訪問看護　5．その他　6．利用なし				
別表8	1．市町村等行政から65歳になったので移行指示があった。				
	2．加齢により支援が限界となったため事業所側から移行・併給を働きかけた				
	3．本人の希望により　4．家族の希望により　5．その他				
別表9	1．施設　2．病院　3．家庭　4．その他				

〔障害児入所施設（福祉型・医療型）専門項目〕以下より障害児入所施設（福祉型・医療型）のみご回答ください

[23] 設置・経営主体（※）	□1．公立公営 （□ｱ．直営 □ｲ．事業団 □ｳ．事務組合) □2．公立民営 □3．民立民営

（※）公立公営施設で指定管理者制度の場合は、受託が民間法人の場合は公立民営とする。また、民間移管により社会福祉法人に運営主体が完全に移行したものは民立民営とする。

[24] 経過的障害者支援施設	□1．指定を受けている □2．指定を受けていない

[25] 在籍児の出身エリア	1．都道府県の数 （ ）都道府県	2．区市町村の数 （ ）か所
	3．措置・契約支給決定している児童相談所の数 （ ）か所	

[26] 在籍児（措置・契約）の入所時の年齢（令和3年6月1日現在の在籍児）

年齢	1	2	3	4	5	6	7	8	9	10	11	12	13	14	15	16	17	計
男	人	人	人	人	人	人	人	人	人	人	人	人	人	人	人	人	人	人
女	人	人	人	人	人	人	人	人	人	人	人	人	人	人	人	人	人	人
計	人	人	人	人	人	人	人	人	人	人	人	人	人	人	人	人	人	人

[27] 令和2年度（令和2年4月1日〜令和3年3月31日）の新規入所児童の年齢別状況（年齢は入所時の年齢）

	5歳以下	6〜11歳	12〜14歳	15〜17歳	計
措置	人	人	人	人	人
契約	人	人	人	人	人

[28] 一時保護が必要とされた児童の受け入れ状況

□1．一時保護委託を受けている　　□2．委託を受けていない

委託を受けている場合、令和2年度（令和2年4月1日〜令和3年3月31日）に受け入れた児童	人

[29] 入所理由（令和3年6月1日現在の在籍児）

※1．理由が重複する場合は、それぞれの欄に数値を計上。入所理由の判断は、児童相談所の児童票のほかに家族との面談等により判断し、主たる要因とそれに付随する要因に分けて計上のこと。

※2．令和2年度入所児の欄は、令和2年度（令和2年4月1日〜令和3年3月31日）に新規入所した人についてのみ計上のこと。

内容		在籍児・者全員				うち令和2年度入所児			
		主たる要因		付随する要因		主たる要因		付随する要因	
		措置	契約	措置	契約	措置	契約	措置	契約
家庭の状況等	1．親の離婚・死別	人	人	人	人	人	人	人	人
	2．家庭の経済的理由	人	人	人	人	人	人	人	人
	3．保護者の疾病・出産等	人	人	人	人	人	人	人	人
	4．保護者の養育力不足	人	人	人	人	人	人	人	人
	5．虐待・養育放棄	人	人	人	人	人	人	人	人
	6．きょうだい等家族関係	人	人	人	人	人	人	人	人
	7．住宅事情・地域でのトラブル	人	人	人	人	人	人	人	人
本人の状況等	1．ADL・生活習慣の確立	人	人	人	人	人	人	人	人
	2．医療的ケア	人	人	人	人	人	人	人	人
	3．行動上の課題改善	人	人	人	人	人	人	人	人
	4．学校での不適応・不登校	人	人	人	人	人	人	人	人
	5．学校就学・通学のため	人	人	人	人	人	人	人	人
	6．その他	人	人	人	人	人	人	人	人

[30]虐待による入所児の状況

① 令和２年度の新規入所児童のうち虐待による入所児童（児童票や家庭での生活実態等から虐待と判断できるケースも含む）

	被虐待児	うち児童相談所から認定
男	人	人
女	人	人
②虐待及びその恐れがあると判断される上記の入所児童のうち、契約で入所しているケース		人

② 虐待の内容（※重複計上可）

令和２年度入所	1．身体的虐待	2．性的虐待	3．ネグレクト	4．心理的虐待	計
男	人	人	人	人	人
女	人	人	人	人	人
計	人	人	人	人	人

④ 令和３年６月１日現在　被虐待児受入加算を受けている人数	人
⑤上記のほかに被虐待児受入加算を受けたことがある児童の人数	人

[31]在籍児の就学・就園の状況（令和３年６月１日現在）

①就学前児童の状況（活動形態）

1．幼稚園への通園	人
2．保育所に通所	人
3．児童発達支援事業等療育機関	人
4．園内訓練	人
5．その他	人
計	人

②義務教育年齢の児童の状況（就学形態）

1．訪問教育	人
2．施設内分校・分教室	人
3．特別支援学校小・中学部	人
4．小中学校の特別支援学級	人
5．小中学校の普通学級	人
計	人

③義務教育修了後の児童の状況（就学・活動形態）

1．訪問教育	人	4．高等特別支援学校	人
2．施設内分校・分教室	人	5．特別支援学校専攻科	人
3．特別支援学校高等部	人	6．一般高校	人
計			人

④就学学年（令和３年６月１日現在）

小1	2	3	4	5	6	中1	2	3	高1	2	3	計
人	人	人	人	人	人	人	人	人	人	人	人	人

[32]家庭の状況（令和３年６月１日在籍児童）※人数は兄弟姉妹の場合も各々カウント

家庭の状況	人数	その内措置人数
1．両親世帯	人	人
2．母子世帯	人	人
3．父子世帯	人	人
4．きょうだいのみ世帯	人	人
5．祖父母・親戚が保護者として対応の世帯	人	人
6．その他	人	人
計	人	人
7．兄弟姉妹で入所	世帯　　　　　人	世帯　　　　　人

[33]帰省の状況（令和2年度実績）

	1．週末(隔週)ごとに帰省	2．月に1回程度	3．年に1～2回程度	4．帰省なし
措置	人	人	人	人
契約	人	人	人	人

「4．帰省なし」の児童が帰省できない理由（主な理由）

1．家族がいない	人
2．地理的条件で困難	人
3．本人の事情で帰らない	人
4．家庭状況から帰せない	人
5．その他（理由　　　　　　　　　　　　　　　　　　　）	人

[34]面会等訪問の状況（令和2年度実績）

1．家族の訪問なし	人
2．週末（隔週）ごとに家族が訪問	人
3．月に1回程度家族が訪問	人
4．年に1～2回程度家族が訪問	人
5．職員が引率して家庭で面会	人
6．面会の制限が必要な児童	人
計	人

[35]退所児・者の状況

①令和2年度の退所児・者数

	5歳以下	6～11歳	12～14歳	15～17歳	18～19歳	20～29歳	30～39歳	40歳以上	計
措置	人	人	人	人	人	人	人	人	人
契約	人	人	人	人	人	人	人	人	人

②令和2年度に契約児童で利用料等滞納のまま退所した児・者数　＿＿＿＿＿　人

③令和2年度に退所した児童のフォローアップ　※進路先への引継ぎ訪問、家庭訪問等を含む

　　　□1．実施した　＿＿＿＿＿　人　＿＿＿＿＿　回　　　□2．実施していない

[36]障害の状況（令和3年6月1日現在）

①重度加算認定数	措置費	人	施設給付費（契約）	人
②強度行動障害加算認定数	措置	人	契約	人
③重度重複障害加算認定数	措置	人	契約	人

④行動上の困難さの状況　※重複計上可

行動特性	月1回程度	週1回以上	行動特性	月1回程度	週1回以上
1．強いこだわり	人	人	10．盗癖	人	人
2．自傷行為	人	人	11．性的問題	人	人
3．他傷、他害	人	人	12．異食・過食・反すう・多飲水	人	人
4．奇声・著しい騒がしさ	人	人	13．不潔行為（弄便・唾遊び等）	人	人
5．無断外出	人	人	14．弄火	人	人
6．器物破損等激しい破壊行為	人	人	15．睡眠の乱れ	人	人
7．多動・飛び出し行為	人	人	16．緘黙	人	人
8．寡動・行動停止	人	人	17．その他	人	人
9．徘徊・放浪	人	人			

[37] 服薬の状況（令和3年6月1日現在で服薬している人数：重複計上可）

① 服薬の内容

抗精神薬	1．抗てんかん薬	2．抗精神薬・抗不安薬	3．睡眠薬
	人	人	人

慢性疾患 （1ヶ月以上服用している場合）	1．心臓疾患	2．腎臓疾患	3．糖尿病
	人	人	人
	4．喘息	5．貧血	6．その他
	人	人	人

② 受診形態と受診科目の状況（令和2年度実績）※受診科目は令和2年度の実人数と延べ回数

受診科目	実人数	延べ回数
1．精神科・脳神経外科	人	回
2．小児科・内科	人	回
3．外科・整形外科	人	回
4．歯科	人	回
5．その他	人	回
合計	人	回

[38] 入院の状況　※該当する番号の□にレ点を記入

① 令和2年度の入院

　□1．入院あり（＿＿＿＿人　延べ日数＿＿＿＿日（うち付添日数＿＿＿＿日）　□2．ない

② 健康保険の資格停止・無保険（契約児）

　□1．いる（令和2年度延べ＿＿＿＿人　令和3年6月1日現在＿＿＿＿人）　□2．ない

③ 経済的負担で通院を見合わせた事例（令和2年度～現在まで）

　□1．ある（＿＿＿＿人　延べ＿＿＿＿回）　□2．ない

④ 医療費の支払いの滞納事例（令和3年5月末現在）

　□1．いる（＿＿＿＿人　延べ＿＿＿＿円）　□2．ない

[39] 施設建物の形態

※該当する番号の□にレ点を記入

※生活単位とは入所児と固定されたスタッフを中心に、衣食住など基本的な生活が営まれる基礎グループであり、環境・構造的にも独立した形態をもつ単位とする。

□1．居住棟一体型（多層構造や渡り廊下等で連なっている構造も含む）

□2．居住棟分離型（構造上は一体型であるが、出入口や仕切り等を設け、生活単位を分けて使用している構造）

□3．居住棟分棟型（生活単位がすべて敷地内に分散した形で設置されている構造）

□4．居住棟分離・分棟併用型（敷地内に上記2，3を合わせて設けている構造）

□5．敷地外に生活の場を設けている(自活訓練も含む)

　⇒SQ（　　　　　）か所、その場合、食事は（□1．本体施設から配食　□2．自前調理　□3．配食+自前調理 ）

[40] スペースと生活援助スタッフの構成

※生活単位の規模別の状況を下表に計上のこと。なお、上記設問[39]施設建物の形態について「□1．居住棟一体型」を選択した施設は、独立した援助（活動）単位を生活単位に置き換えて計上のこと。

※専任スタッフ数は、規模別に複数の単位がある場合はその合計数を計上のこと。

生活単位規模	～5人規模	6～10人規模	11～15人規模	16人規模以上
1．生活単位の設置数				
2．その専任スタッフ数（人）				

[41]「自活訓練事業」及び準じた取り組み（令和3年6月1日現在）※該当する番号の□にレ点を記入

□1．実施している　　□2．今後実施する予定

自活訓練加算対象　　措置＿＿＿＿＿＿人　契約＿＿＿＿＿＿人　　加算対象外（独自の事業）＿＿＿＿＿＿人

[42]障害児等療育支援事業（都道府県の地域生活支援事業による事業等）及び療育相談事業等

□1．実施している　　　□2．法人内の他施設が実施している　　　□3．実施していない

実施している場合、事業内容別に令和2年度（令和2年4月1日～令和3年3月31日）の実施件数等

①訪問療育等指導事業		件
②外来療育等相談事業		件
③施設支援事業	保育所・幼稚園	件
	学校	件
	作業所	件
	その他	件

[43]日中一時支援事業の実施　　※該当する番号の□にレ点を記入

□1．実施している　　　□2．実施していない

実施の市区町村数	日中一時支援事業の令和2年度の実績（実施している事業所のみ）（令和2年4月1日～令和3年3月31日）	
	実人員	延べ人数
市区町村	人	人

[44]福祉教育等の事業の実施　　※該当する番号の□にレ点を記入

□1．実施している　　　□2．実施していない

⇒SQ　令和2年度（令和2年4月1日～令和3年3月31日）の受入れ

①小・中・高校生のボランティア・体験実習		人
②民間ボランティア		人
③学校教員・教職免許の体験実習		人
④単位実習	保育士	人
	社会福祉士・主事	人
⑤施設職員の現任訓練		人
⑥上記以外の受入れ（具体的内容）（　　　　　　　　　　　　　　　）		人

[45]地域との交流　　※該当の全ての□にレ点を記入

□1．入所児の地域行事・地域活動等への参加　　　□6．施設と地域が共同で防災・防犯訓練を実施

□2．地域住民の施設行事への参加　　　□7．子育てや障害に関する相談会・講演会の実施

□3．施設と地域との共催行事の実施　　　□8．施設設備の開放や備品の貸し出し

□4．地域住民をボランティアとして受け入れ　　　□9．その他（　　　　　　　　　　　　　　　）

□5．地域の学校等との交流

[46]児童と直接支援職員の比率（令和3年6月1日現在）

※直接支援職員とは児童指導員・保育士・各種療法士をさし、非常勤の場合は、0．5人と数える。

但し、それらの職種でも外来療育や巡回相談等入所児童以外を対象とした業務に専従している職員は除く。

※小数第2位以下を四捨五入すること

①定員との比率	定　員	人	÷	直接支援職員数	人	＝	．
②在籍児童数との比率	在籍児童数	人	÷	直接支援職員数	人	＝	．

[47] 施設の運営費

①現行の加算　※該当の全ての□にレ点を記入

□1. 児童指導員等加配加算	□10. 入院時特別支援加算
□2. 職業指導員加算	□11. 地域移行加算
□3. 重度障害児支援加算	□12. 栄養士配置加算
□4. 重度重複障害児加算	□13. 栄養マネジメント加算
□5. 強度行動障害児特別支援加算	□14. 小規模グループケア加算
□6. 心理担当職員配置加算	□15. 小規模グループケア加算（サテライト型）
□7. 看護職員配置加算	□16. ソーシャルワーカー配置加算
□8. 入院・外泊時加算	□17. 乳幼児加算
□9. 自活訓練加算	

②自治体の加算措置　※公立施設は、国措置費・給付費を超えた運営費の場合は「ある」を選択

1. 職員配置等の事務費の補助	□a. ある	□b. ない
2. 事業費に対する加算措置	□a. ある	□b. ない

[48] 在所延長規定の廃止に伴う今後の児童施設としての計画　※該当する番号の□にレ点を記入

①今後の対応の方針

□1. 児童施設として維持　　　□2. 障害者支援施設を併設　　　□3. 障害者支援施設に転換

②児童施設の定員

□1. 現行定員を維持する　　　□2. 定員を削減する　⇒削減数 ＿＿＿＿＿人

③障害種別の一元化に際し、他の障害の受入れに伴う設備・構造

□1. 身体障害の車椅子対応　⇒　□a. 現状で可能　　□b. 改築等が必要　　□c. 受入れ困難
□2. 盲・ろうあ児の受入れ　⇒　□a. 現状で可能　　□b. 改築等が必要　　□c. 受入れ困難

[49] 在所延長している児童の今後の見通し（本人の能力等からみて）

1. 家庭引き取り		人		
2. 単身生活		人		
3. 障害者支援施設の対象		人	⇒うち令和3年度末までに移行が可能な人	人
4. グループホームの対象		人	⇒うち令和3年度末までに移行が可能な人	人

[50] 児童相談所との関係　※該当する番号の□にレ点を記入

①児童福祉司等の訪問	□1. 令和2年度に訪問があった　⇒児童相談所数＿＿＿＿か所＿＿＿＿回 □2. 児童福祉司等の訪問はない
②児童相談所との連携	□1. 県単位で児童相談所と施設の定期協議を行っている □2. 定期的に児童相談所を訪問して協議を行っている □3. 不定期であるが児童相談所を訪問して協議を行っている □4. 特に行っていない
③措置児童の18歳以降の対応	□1. 18歳到達日以降の措置延長は原則として認められない □2. 高校（高等部）卒業までは措置延長が認められるが、それ以降は認められない □3. 高校（高等部）卒業後も、事情により20歳までの措置延長が認められる
④契約児童の18歳以降の対応	□1. 18歳到達日以降の支給期間の延長は原則として認められない □2. 高校（高等部）卒業までは支給期間の延長が認められるが、それ以降は認められない □3. 高校（高等部）卒業以降も、事情により20歳までの支給期間の延長が認められる □4. 20歳以降も事情により支給期間の延長が認められる

[51] 利用者負担金の未収状況等

令和2年度の未収分	人	総額	円	うち令和元年度以前の未収分	人	総額	円

[52] 令和2年度の苦情受付の件数

	件	その内容	1. 施設運営に関すること	件	2. 生活支援に関すること	件	3. その他	件

[53] 第三者委員等との相談の頻度　※該当する番号の□にレ点を記入

□1. 月1回程度　　　□2. 学期に1回程度　　　□3. 年に1回程度　　　□4. 相談の機会はない

ご協力いただき誠にありがとうございます

令和 3 年度

全国児童発達支援センター 実 態 調 査 報 告

公益財団法人日本知的障害者福祉協会
児童発達支援部会

は　じ　め　に

　令和３年８月，本会に本会に加入している児童発達支援センター175事業所を対象に実態調査を実施し，131事業所から回答を得ることができました。コロナ禍で大変な中ご協力をいただき，感謝申し上げます。

　今年度調査は，昨年度に引き続き，児童発達支援センターの状況，利用する児童の状況，家族支援の状況，医療的ケアの実施状況，放課後等デイサービス事業，保育所等訪問支援事業，障害児相談支援事業など，児童発達支援センターに関する主な項目を盛り込み，今，どのような子どもが支援を必要としているのか，児童発達支援センターを利用する子どもの障害の状況や社会的養護を必要としている子どもの状況など，障害のある子どもが地域でどのような状況に置かれているのかを調査しました。

　本調査は，障害のある子どもを支える児童発達支援センターの現状や実態を把握するだけでなく，今後の新たな児童発達支援センターの役割と課題を把握することができ，それらの課題解決に向けた大切なエビデンスとなる大変有意義なものです。

　今年度の調査結果をみると，児童の療育手帳の状況として最重度・重度の子どもが減り，中軽度・未所持の子どもが増えています。しかし，強度行動障害の二次障害予防など，幼児期からの早期の支援が児童発達支援センターにおいては求められると思います。

　医療的ケアを必要とする子どもは，31.3％と昨年よりも５ポイント増えています。今後は医療的ケアの必要な子どもの支援も今まで以上に求められると思います。

　職員の定員比率をみると，在籍に対して３：１の配置をしている事業所が40.5％と，子どものために日々努力している事業所の様子がうかがえます。

　保護者支援としては，親子通園と単独通園の両方の実施が32.5％となっています。児童発達支援センターの良い面としては親子への支援できることです。親子通園では子どもとの関わりを学ぶことができます。また，保護者への支援として学習会，懇談会，ペアレントトレーニング，個別カウンセリング，メンタルヘルス支援と保護者の思いに寄り添いながら専門的な支援を行っていることがうかがえます。今後，児童発達支援センターで培ってきた家族支援を地域で困り感の高い保護者に還元していくことも視野に入れる必要があると思います。

　今回回答のあった児童発達支援センターの71.8％に社会的養護が必要な子どもが在籍している実態があります。今後障害のある子どもの虐待のリスクを考えるとき，児童発達支援センターが社会的養護の役割を担っているという認識を深めていく必要があると思います。そして，子どもの最善の利益を守るために児童発達支援センターは，地域において児童相談所，母子保健，相談支援事業所，医療，教育保育機関など他機関と連携するすることが一層求められます。愛着障害も含めた様々な障害特性のある子どもたちと家族への専門的な支援が求められる時代になってきました。

　今後はNIPT等の出生前診断を母子手帳交付時に必ずしも受けなくてもよいということも含めて情報提供することになりました。そのため，妊婦さんに対しても児童発達支援センターからの福祉の情報の発信が必要となります。障害のある子どもたちが地域でいきいきとした育ちを保障し，子どもが生まれてきて良かったと思えるため，乳幼児期の親子を支える児童発達支援センターはこれからますます大事な役割を果たすと思います。

　今後の障害のある子どもの幸せと支援の充実のために，本調査が活かされることを願っています。

　お忙しい業務の中，ご協力をいただいた児童発達支援センターの皆様に，心より感謝申し上げます。ありがとうございました。

　令和４年３月

児童発達支援部会

部会長　北　川　聡　子

目　　次

は じ め に……………………………………………………………………………………………… 141

Ⅰ　事業所の状況…………………………………………………………………………………… 144

　　1．設置主体

　　2．経営主体

　　3．設置年

　　4．児童発達支援センターの実施する事業

　　5．事業所定員等

　　6．開所日数・利用形態

　　7．障害児の処遇を協議する組織

　　8．併行通園の状況

　　9．加算・減算の状況

　　10．障害児支援利用計画の作成状況

Ⅱ　児童の状況……………………………………………………………………………………… 151

　　1．児童の年齢別状況

　　2．入退園の状況

　　3．療育手帳・身体障害者手帳・精神障害者保健福祉手帳の所持状況

　　4．利用契約児童（措置児童も含む）の障害状況

　　5．介助度

Ⅲ　職員及びクラス編成…………………………………………………………………………… 156

　　1．児童と直接支援職員の比率

　　2．クラス編成の状況

Ⅳ　保護者等への支援の状況……………………………………………………………………… 159

　　1．保護者等への支援

　　2．社会的養護が必要な児童

Ⅴ　医療的ケアの実施状況……………………………………………………………………… 161

　　１．医療的ケアの実施

　　２．介護職員等のたん吸引の研修の実施

Ⅵ　保育所等訪問支援事業の実施状況………………………………………………………… 163

Ⅶ　放課後等デイサービス事業の実施状況…………………………………………………… 165

Ⅷ　障害児相談支援の実施状況………………………………………………………………… 167

Ⅸ　障害児等療育支援事業の実施状況………………………………………………………… 168

Ⅹ　通園の状況…………………………………………………………………………………… 169

　　１．通園児の通園形態

　　２．通園バス等の運行状況

Ⅺ　給食の状況…………………………………………………………………………………… 172

　調　査　票　Ｄ………………………………………………………………………………… 175

本調査は本会会員である児童発達支援センター175事業所に調査票を送付し，131事業所（２年度130事業所）から回答を得た。回収率は74.9％（２年度69.5％）となっている。

Ⅰ　事業所の状況

1．設置主体

表1　設置主体

設置主体	事業所数	％
都道府県	3	2.3
市町村	49	37.4
民間	71	54.2
その他	8	6.1
計	131	100

　表1「設置主体」は，民間が71事業所54.2％を占めている。都道府県・市町村を合わせて公立は52事業所で39.7％となっている。なお，公立のみに焦点を当てると市町村立が94.2％となっている。

2．経営主体

表2　経営主体

経営主体	事業所数	％
公営	24	18.3
社会福祉事業団	14	10.7
社会福祉法人（社会福祉事業団を除く）	88	67.2
NPO法人	1	0.8
株式会社	1	0.8
その他	3	2.3
計	131	100

　表2「経営主体」は，公営が24事業所（18.3％），社会福祉事業団14事業所（10.7％）と公的経営形態の事業所が38事業所（29.0％）で，民間の経営形態である社会福祉法人は88事業所（67.2％）となった。平成24年度の法改正において，NPO法人や株式会社も経営主体なることが可能となり，今年度はNPO法人が１事業所（0.8％），株式会社が１事業所（0.8％）であった。

3．設置年

表3　設置年

設　　置　　年	事業所数	％
～昭和36年（-1961）	10	7.6
昭和37年～昭和41年（1962-1966）	7	5.3
昭和42年～昭和46年（1967-1971）	13	9.9
昭和47年～昭和51年（1972-1976）	20	15.3
昭和52年～昭和56年（1977-1981）	18	13.7
昭和57年～昭和61年（1982-1986）	5	3.8
昭和62年～平成3年（1987-1991）	2	1.5
平成4年～平成8年（1992-1996）	8	6.1
平成9年～平成13年（1997-2001）	4	3.1
平成14年～平成18年（2002-2006）	12	9.2
平成19年～平成23年（2007-2011）	6	4.6
平成24年～（2012-）	26	19.8
計	131	100

　表3「設置年」をみると，「昭和47年～51年」にかけて設置された事業所が20事業所（15.3％）と最も多く，次いで「昭和52年～56年」にかけて設置された事業所が18事業所（13.7％）となっている。なお，平成24年以降に設置された事業所は26事業所（19.8％）であった。

4．児童発達支援センターの実施する事業

表4　児童発達支援センターの実施する事業（指定を受けている事業）

指定を受けている事業	事業所数	％
医療型児童発達支援事業	3	2.3
医療型児童発達支援事業の利用定員（人）	90	－
放課後等デイサービス事業	19	14.5
放課後等デイサービスの利用定員（人）	247	－
保育所等訪問支援事業	98	74.8
障害児相談支援事業	73	55.7
特定相談支援事業	49	37.4
一般相談支援事業	7	5.3
短期入所事業	1	0.8
日中一時支援事業	23	17.6
移動支援事業	0	0
居宅支援事業	0	0
障害児等療育支援事業	38	29.0
居宅訪問型児童発達支援事業	9	6.9
その他	5	3.8
実事業所数	131	100

表4「児童発達支援センターの実施する事業」で，最も多いのが保育所等訪問支援事業（98事業所74.8％）で，続いて障害児相談支援事業（73事業所55.7％）となっており，この2事業が地域支援の中心的事業として取り組まれていることが推察される。

　なお，放課後等デイサービス事業は，19事業所で利用定員247人（2年度21事業所・利用定員265人）となっており，前年度と比較するとほぼ横ばいとなっている。

５．事業所定員等

表5　定員規模別事業所数

定員規模	事業所数	％
20名以下	20	15.3
21名〜30名	59	45.0
31名〜40名	26	19.8
41名〜50名	18	13.7
51名〜60名	2	1.5
61名以上	6	4.6
計	131	100
定員合計（名）	4,587	−

表6　在籍児数

在籍児数	事業所数	％
20名以下	10	7.6
21名〜30名	27	20.6
31名〜40名	31	23.7
41名〜50名	28	21.4
51名〜60名	16	12.2
61名以上	19	14.5
計	131	100

表7　定員充足率

充足率	40％未満	40〜60％未満	60〜80％未満	80〜100％未満	100％	100％超	無回答	計
事業所数	0	2	10	21	12	85	1	131
％	0	1.5	7.6	16.0	9.2	64.9	0.8	100

　表5「定員規模別事業所数」は，「21名〜30名」が最も多く59事業所45.0％を占め，次いで31名以上が26事業所19.8％となっている。

　表6「在籍児数」は，「31名〜40名」が最も多く31事業所23.7％を占め，次いで「41名〜50名」が28事業所21.4％，「21名〜30名」が27事業所20.6％となっている。

　表7「定員充足率」については，「100％」及び「100％超」が97事業所74.0％となっており，引き続き，人員配置や療育環境など支援の質がしっかり担保されているか検証していく必要がある。

６．開所日数・利用形態

表８　令和２年度の年間開所日数

実施状況	事業所数	％
200日未満	4	3.1
200日～250日未満	76	58.0
250日～300日未満	41	31.3
300日以上	0	0
無回答	10	7.6
計	131	100

表８－２　令和２年度の開所日数・利用契約児童及び措置児童数並びに延べ利用人数

実施事業		4月	10月	3月
開所日数	総　数	2,431	2,881	2,718
	事業所数	126	126	126
利用契約児童数	総　数	5,638	6,174	6,331
	事業所数	123	124	124
措置児童数	総　数	18	21	19
	事業所数	11	13	12
延べ利用人数	総　数	51,973	83,843	78,781
	事業所数	125	126	126

表９　利用契約児童（措置児童も含む）の利用形態

利用形態	人数	％
週6日以上	451	7.8
週5日	3,097	53.7
週4日	174	3.0
週3日	396	6.9
週2日	673	11.7
週1日	858	14.9
週1日未満	111	1.9
無回答	11	0.2
計	5,771	100

　表８「令和２年度の年間開所日数」をみると，「200～250日未満」の事業所が76事業所58.0％，「250～300日未満」の事業所が41事業所31.3％となっている。

　表９「利用契約児童（措置児童も含む）の利用形態」をみると，「週6日以上」と「週5日」の割合が合わせて61.5％となっている。

7．障害児の処遇を協議する組織

表10　所在するエリア内の障害児の処遇を協議する組織（協議会もしくは委員会組織）

組織の有無	事業所数	％
有	109	83.2
無	15	11.5
不 明・無回答	7	5.3
計	131	100

表11　関係機関との連携（地域自立支援協議会）

連携方法	事業所数	％
全体会の構成メンバーとして参加	44	40.4
専門部会の構成メンバーとして参加	99	90.8
事務局メンバーとして参加	12	11.0
その他	4	3.7
実事業所数	109	100

表11－2　関係機関（地域自立支援協議会）への参加か所数

	全体会構成メンバー		専門部会メンバー		事務局メンバー		その他メンバー	
	事業所数	％	事業所数	％	事業所数	％	事業所数	％
1か所	40	90.9	81	81.8	11	91.7	3	75
2か所	3	6.8	8	8.1	1	8.3	0	0
3か所以上	1	2.3	6	6.1	0	0	0	0
無回答	0	0	4	4.0	2	16.7	1	25
計	44	100	99	100	12	100	4	100

表12　関係機関との連携（要保護児童対策地域協議会）

連携方法	事業所数	％
全体会の構成メンバーとして参加	24	22.0
事務局メンバーとして参加	0	0
その他	12	11.0
実事業所数	109	100

　表10「所在するエリア内の障害児の処遇を協議する組織（協議会もしくは委員会組織）」は，109事業所83.2％（2年度110事業所84.6％）が協議する組織があると回答した一方で，協議する組織がないと回答した事業所が15事業所11.5％であった。2年度調査（13事業所10％）とほぼ同じであるものの，エリアによっては障害児の処遇を協議する組織づくりが進んでいないことが推察される。

　表11「関係機関との連携（地域自立支援協議会）」は，全体会の構成メンバーとしての参加が44事業所40.4％（2年度49事業所44.5％），専門部会の構成メンバーとしての参加が99事業所90.8％（2年度83事業所75.5％）となっている。

　表11－2「関係機関（地域自立支援協議会）への参加か所数」では，「全体会」は，1か所が40事業所90.9％（2年度36事業所73.5％），2か所が6.8％（2年度10.2％），「専門部会」は，1か所が81事業所81.8％（2年度57事業所68.7％），2か所が8.1％（2年度14.5％）であった。アウトリーチの足が

かりとなる関係機関との連携については注視していく必要がある。

表12「関係機関との連携（要保護児童対策地域協議会）」は，全体会の構成メンバーとしての参加が24事業所22.0%（2年度22事業所），事務局メンバーとしての参加は0事業所（2年度0事業所）であった。地域の事情によって困難な場合もあるが，児童発達支援センターが社会的養護の役割を担っているという認識を持ち，要保護児童対策関係会議への参加を働きかけていくことが重要であろう。

8．併行通園の状況

表13　併行通園の状況

児童の在籍先	保育所	幼稚園	認定こども園	児童発達支援事業所	病院・医療機関入院	他の児童発達支援センター	その他の機関	実数
人数	709	668	394	614	8	24	37	5,771
%	12.3	11.6	6.8	10.6	0.1	0.4	0.6	100
事業所数	68	56	47	74	2	11	8	131
%	51.9	42.7	35.9	56.5	1.5	8.4	6.1	100

表13「併行通園の状況」は，回答事業所の全児童（5,771人）のうち，保育所との併行利用児は709人12.3%（2年度10.0%）と最も多く，次いで幼稚園が668人11.6%（2年度9.0%），児童発達支援事業所が614人10.6%（2年度11.0%）となっている。

また他の児童発達支援センターとの併行利用児は24人1.0%（2年度1.0%）であった。なお，幼児教育無償化等に伴う影響については引き続き注視していく必要がある。

9．加算・減算の状況

表14　加算の状況

	事業所数	%
人工内耳装用児支援加算	1	0.8
利用者負担上限額管理加算	58	44.3
特別支援加算	34	26.0
児童指導員等加配加算	90	68.7
家庭連携加算	70	53.4
欠席時対応加算	109	83.2
事業所内相談支援加算	73	55.7
延長支援加算	17	13.0
栄養士配置加算	80	61.1
訪問支援特別加算	19	14.5
医療連携体制加算	7	5.3
食事提供加算	117	89.3
関係機関連携加算	45	34.4
看護職員加配加算	4	3.1
専門的支援加算	57	43.5
個別サポート加算	109	83.2
実事業所数	131	100

表14「加算の状況」は，食事提供加算89.3％（2年度89.2％）については約9割の事業所が，欠席時対応加算は83.2％（2年度83.1％）約8割の事業所が取得している。

人工内耳装用児支援加算0.8％（2年度0.8％），医療連携体制加算5.3％（2年度4.6％），看護職員加配加算3.1％（2年度8.5％）と医療的な配慮の充実に資する加算を取得している事業所の割合は昨年度同様に少なく，医療的ケアの必要な児童の受け入れ体制などについて今後の動向を注視していく必要がある。

特別支援加算26.0％（2年度24.6％），延長支援加算13.0％（2年度13.8％），訪問支援特別加算14.5％（2年度16.9％），関係機関連携加算34.4％（2年度33.1％）についても，各事業所において加算を取得できる体制づくりを進めていく必要がある。

新たに創設された個別サポート加算は83.2％と8割以上の事業所が取得しており，グループでも算定できるようになった事業所内相談支援加算は55.7％（2年度42.3％）が取得しているなど，家族支援やペアレントトレーニングにも力を入れる事業所が増えていることが推察される。

表15　令和2年度の減算の状況

	事業所数	％
利用者の数が利用定員を超える場合 （定員超過利用減算）	4	3.1
通所支援計画が作成されない場合 （児童発達支援計画未作成減算）	3	2.3
指導員又は保育士の員数が基準に満たない場合 （サービス提供職員欠如減算）	1	0.8
実事業所数	131	100

表15「令和2年度の減算の状況」は，定員超過利用減算が4事業所3.1％（2年度8事業所6.2％），児童発達支援計画未作成減算が3事業所2.3％（2年度2事業所1.5％），サービス提供職員欠如減算が1事業所0.8％（2年度0事業所）であった。

10. 障害児支援利用計画の作成状況

表16　障害児支援利用計画の作成状況

	計	％
障害児相談支援事業所で作成	4,550	78.8
セルフプランで作成	1,188	20.6
未だ作成されていない	8	0.1
不明・無回答	25	0.4
計	5,771	100

表16「障害児支援利用計画の作成状況」は，障害児相談支援事業所で作成が4,550人78.8％（2年度4,232人78.9％人），セルフプランで作成が1,188人20.6％（2年度1,002人18.7％）となった。2年度調査に比してセルフプランでの作成が増加していることから，今後の動向について注視していく必要がある。

Ⅱ　児童の状況

1．児童の年齢別状況

表17　在籍児の年齢状況

	人数	％
０歳～２歳	365	6.3
３歳～５歳	5,266	91.2
６歳～11歳	119	2.1
12歳～14歳	1	0.0
15歳～17歳	19	0.3
18歳～	1	0.0
計	5,771	100

　表17「在籍児の年齢状況」は，「３歳～５歳」が5,266人91.2％（２年度88.9％），「０歳～２歳」が365人6.3％（２年度5.5％），小学生以上の利用については140人2.4％（２年度4.6％）となっている。

2．入退園の状況

表18　令和２年度新入園児の入園時点における年齢（年次）構成

年齢（年次）	人数	％
０歳	4	0.1
１歳	89	2.9
２歳	489	16.2
３歳（年少）	1,251	41.4
４歳（年中）	687	22.7
５歳（年長）	485	16.0
６歳（就学前）	19	0.6
計	3,024	100

　表18「令和元年度新入園児の入園時点における年齢（年次）構成」は，３歳（年少）が最も多く，次いで４歳（年中），２歳と続き，これらを合わせると80.3％（２年度84.2％）を占める。３歳児を中心に４歳児と２歳児が多い傾向は例年と変わりない。また割合としては少ないが「０歳」，「１歳」の入園，「６歳（就学前）」での入園もみられる。３歳児が多い理由としては，健診を通して早期療育に結びついていることが考えられる。

表19　在籍児の入園前の状況

入園前の状況	人数	％
在宅のままで，特に指導を受けていなかった	1,068	18.5
児童相談所で継続的な指導を受けていた	30	0.5
保健所で継続的な指導を受けていた	170	2.9
医療機関（病院等）で継続的な指導を受けていた	261	4.5
放課後等デイ等で継続的な指導を受けていた	204	3.5
現在のセンターで継続的な指導を受けていた（未契約）	963	16.7
他のセンターで継続的な指導を受けていた（契約，未契約）	695	12.0
保育所，幼稚園に通っていた	1,793	31.1
学校に通っていた	24	0.4
他の児童福祉施設に措置されていた	32	0.6
その他	467	8.1
不明・無回答	64	1.1
計	5,771	100

　表19「在籍児の入園前の状況」をみると，「保育所，幼稚園に通っていた」が1,793人31.1％と２年度（1,576人29.4％）と同様に最も多かった。また，入園前に何らかの「指導を受けていた」児童は2,323人40.3％（２年度2,063人38.5％）で，在宅のままで，特に指導を受けていなかった児童は1,068人18.5％（２年度990人18.5％）で，２年度調査とほぼ同じ割合であった。

表20　退園した児童の退園理由

退園理由	人数	％
一般就労	1	0.0
就学	1,474	63.5
就園	600	25.9
他施設・事業所	213	9.2
長期入院	0	0
在宅	22	0.9
死亡	2	0.1
その他・不明	9	0.4
計	2,321	100

　表20「退園した児童の退園理由」をみると，「就学」が1,474人63.5％（２年度1,371人71.8％）で最も多く占めている。昨年度，減少傾向だった「就園」については，600人25.9％（２年度347人18.2％）と，今年度は増加している。児童発達支援センターの次のステージを就学のみではなく就園のウエイトを大きくすることがインクルーシブにつながるため，今後どのような役割を担っていくのか，さらに検討していく必要がある。

3. 療育手帳・身体障害者手帳・精神障害者保健福祉手帳の所持状況

表21　療育手帳の所持状況

区分	人数	%
最重度・重度	680	11.8
中軽度	1,995	34.6
未所持・不明	3,071	53.2
無回答	25	0.4
計	5,771	100

表22　身体障害者手帳の所持状況

区分	人数	%
1級	262	59.8
2級	104	23.7
3級	44	10.0
4級	12	2.7
5級	2	0.5
6級	14	3.2
計	438	100

表23　精神障害者保健福祉手帳の所持状況

区分	人数	%
1級	1	8.3
2級	5	41.7
3級	6	50.0
計	12	100

　表21「療育手帳の所持状況」は，回答事業所の全児童（5,771人）のうち，未所持・不明が3,071人53.2％（2年度2,751人51.3％）である。今年度も非該当の調査を実施しなかったが，未所持・不明のうち「非該当」が一定程度含まれていることが推察される。

　表22「身体障害者手帳の所持状況」をみると，438人（2年度409人）が所持しており，そのうち1級・2級の手帳所持者は366人83.6％（2年度342人83.6％）と多数を占めている。

　表23「精神障害者保健福祉手帳の所持状況」は，12人0.2％（2年度12人0.2％）と少数ではあるが所持児童がいることから，今後の推移について注視していく必要がある。

4. 利用契約児童（措置児童も含む）の障害状況

表24　利用契約児童（措置児童も含む）の障害状況

	人数	％
知的障害	3,779	65.5
発達障害※	976	16.9
肢体不自由	130	2.3
聴覚障害	53	0.9
重症心身障害	147	2.5
難病	51	0.9
その他障害	477	8.3
不明・無回答	158	2.7
計	5,771	100

※発達障害…広汎性発達障害，注意欠陥・多動性障害，学習障害とする。

　表24「利用契約児童（措置児童も含む）の障害状況」をみると，主たる障害が「知的障害」が65.5％（２年度63.2％），「発達障害」が16.9％（２年度18.9％）となっており，あわせて82.4％（２年度82.1％）を占めている。また「肢体不自由」が2.3％（２年度2.4％），「重症心身障害」が2.5％（２年度2.1％），「その他の障害」8.3％（２年度8.8％）となっている。

表25　てんかんの状況

	人数	％
「てんかん」として現在服薬している	253	4.4
実人数	5,771	100

　表25「てんかんの状況」をみると，「てんかん」として現在服薬している児童が253人4.4％（２年度262人4.9％）であった。重複障害・合併障害の状況については調査をしていないが，視覚障害・聴覚障害・内部障害など様々な合併症のある児童も利用していることから，その受け入れ状況や療育状況なども把握していく必要がある。

5．介助度

表26　介助度　<人・下段は％>

介　助　度	食　事	排　泄	着脱衣	移　動	言　語	自己統制	対人関係
1　（全介助）	303	1,718	276	92	536	804	164
	5.3	29.8	4.8	1.6	9.3	13.9	2.8
2	255	1,523	1,056	146	811	1,629	1,046
	4.4	26.4	18.3	2.5	14.1	28.2	18.1
3	2,660	812	1,565	72	1,366	1,662	1,427
	46.1	14.1	27.1	1.2	23.7	28.8	24.7
4	1,926	1,198	1,833	468	1,386	1,085	2,281
	33.4	20.8	31.8	8.1	24.0	18.8	39.5
5　（自　立）	624	503	1,038	4,986	1,652	538	825
	10.8	8.7	18.0	86.4	28.6	9.3	14.3
不　明	3	17	3	7	20	53	28
	0.1	0.3	0.1	0.1	0.3	0.9	0.5
計	5,771	5,771	5,771	5,771	5,771	5,771	5,771
	100	100	100	100	100	100	100

　表26「介助度」は，児童発達支援計画を作成していく上で指標となるものであるが，例年同様の傾向にあるといえる。介助度は１から５までの５段階としており，１が全介助で５が自立となる。

　「排泄」については介助度１・２が全体の56.2％（２年度54.2％）を占めている。「自己統制」では介助度１・２・３で71.0％（元年度67.7％）を占め，自己統制力の弱い子どもが多いことがうかがえる。「言語」は介助度１・２・３で47.0％（２年度43.5％），「対人関係」の介助度１・２・３で45.7％（２年度45.3％），どちらも半数近く占める結果となった。

　言語や対人関係は児童の社会性に影響することから専門的なアプローチが必要である。児童の発達課題を明確にし，保護者と情報共有を図りながら児童発達支援計画を作成し，丁寧な支援していくことが求められている。

Ⅲ　職員及びクラス編成

1．児童と直接支援職員の比率

表27　定員との比率

児：職	~1：1	~2：1	~3：1	~4：1	~5：1	~6：1	~7：1	~7.5：1	無回答	合計
事業所数	0	20	79	25	1	0	0	0	6	131
％	0	15.3	60.3	19.1	0.8	0	0	0	4.6	100

表27－2　在籍児数との比率

児：職	~1：1	~2：1	~3：1	~4：1	~5：1	~6：1	~7：1	~7.5：1	無回答	合計
事業所数	0	13	53	29	12	3	0	0	21	131
％	0	9.9	40.5	22.1	9.2	2.3	0	0	16.0	100

　　表27「定員との比率」をみると，3：1の配置をしている事業所が79事業所60.3％（2年度69事業所53.1％）と最も多く，次いで4：1の事業所が25事業所19.1％（2年度32事業所24.6％），2：1の事業所が20事業所15.3％（2年度22事業所16.4％）となっており，基準配置よりも手厚く人員配置をしている事業所がほとんどとなっている。

　　表27－2「在籍児数との比率」をみると，最低基準4：1以上の配置をしている事業所が95事業所72.5％（2年度95事業所73.1％）となっている。最低基準をクリアしていない事業所が15事業所11.5％（2年度11事業所8.5％）とみられることから，今後検討が必要であろう。

2．クラス編成の状況

表28　クラス編成の状況

クラス編成の有無	事業所数	％
クラス編成をしている	122	93.1
クラス編成をしていない	9	6.9
計	131	100

表28－2　クラス編成の考え方

編成内容	事業所数	％
年齢	69	56.6
発達段階	83	68.0
入園年次	13	10.7
障害	43	35.2
その他	3	2.5
特にない	10	8.2
クラス編成している事業所数	122	100

表28-3　人数編成別クラス数

1クラスの人数	クラス数	%
5人以下	63	10.0
6人～8人	269	42.6
9人～12人	261	41.4
13人以上	38	6.0
計	631	100

表28-4　担任職員数別クラス数

1クラスの担任職員数	クラス数	%
1人担任	11	1.7
2人担任	142	22.5
3人担任	205	32.5
4人担任	172	27.3
5人担任	31	4.9
その他	45	7.1
無回答	25	4.0
計	631	100

表28-5　午前と午後に分けたクラス編成

午前と午後に分けたクラス編成	事業所数	%
分けたクラス編成をしている	12	9.8
分けたクラス編成をしていない	74	60.7
無回答	36	29.5
クラス編成をしている事業所数	122	100

　表28「クラス編成の状況」をみると，122事業所93.1％（2年度117事業所90.0％）が編成していると回答している。

　表28-2「クラス編成の考え方」をみると，2年度調査と比べて大きな変化はみられない。「発達段階」による編成が68.0％（2年度65.8％），「年齢」56.6％（2年度54.7％），「障害」35.2％（2年度29.9％），「入園年次」10.7％（2年度10.3％）の順に続いている。入園児の状況やそれぞれの事業所の方針によりクラスの編成を行っていることが推察される。

　表28-3「人数編成別クラス数」をみると，「6～8人」のクラスが42.6％（2年度45.0％），「9～12人」のクラスが41.4％（2年度36.1％）となっており，84.0％（2年度81.1％）が6～12人規模のクラスを編成している。指定基準の「1クラスの数は概ね10名とする」が目安になっているが，「5人以下」が10.0％（2年度9.6％）と，少人数のクラス編成をしている事業所もある。

　表28-4「担任職員数別クラス数」をみると，「3人担任」のクラスが32.5％（2年度46.8％），「4人担任」のクラスが27.3％（2年度21.8％）で，併せて59.7％（2年度68.6％）となった。「2人担任」と「1人担任」を合わせると24.2％（2年度21.4％），「5人担任」は4.9％（2年度6.9％）であった。

　障害の程度如何を問わず，子どもへのより適切な支援のためには複数の職員配置が望ましい。担任職員数が少ないことによって，円滑なクラス運営や療育の質に影響が生じることがないか今後も検証が必要であろう。

表29　1日の指導時間別クラス数・児童数数

1日の指導時間	クラス数	％	人数	％
２時間未満	24	3.8	130	2.3
２時間～３時間未満	45	7.1	180	3.1
３時間～４時間未満	49	7.8	352	6.1
４時間～５時間未満	205	32.5	1,888	32.7
５時間～６時間未満	155	24.6	1,466	25.4
６時間以上	127	20.1	1,296	22.5
その他	2	0.3	25	0.4
無回答	24	3.8	434	7.5
計	631	100	5,771	100

表30　登園日　　　　　　　　　　　　　　　　　（複数回答あり）

登園形態	事業所数	％
全員一律毎日登園	78	59.5
登園日を指定	51	38.9
無回答	7	5.3
実事業所数	131	100

表31　登園形態　　　　　　　　　　　　　　　　（複数回答あり）

登園形態	事業所数	％
単独通園	79	60.3
親子通園	10	7.6
両方を実施	43	32.8
無回答	6	4.6
実事業所数	131	100

表32　指導形態　　　　　　　　　　　　　　　　（複数回答あり）

登園形態	事業所数	％
全クラス同一時間帯	91	69.5
クラスによって異なる時間帯	25	19.1
年齢や発達段階により異なる時間帯	11	8.4
無回答	8	6.1
実事業所数	131	100

　表29「１日の指導時間別クラス数・児童数」をみると，「４～６時間未満」の指導時間のクラスが57.1％（２年度60.3％）を占めている。１日の指導時間別児童数は，「４～６時間未満」が58.1％（２年度56.6％），「４時間未満」が11.5％（２年度15.3％）となっている。

　表30「登園日」をみると，「全員一律毎日登園」は59.5％（２年度56.2％）で，「登園日を指定」が38.9％（２年度38.5％）であった。

　表31「登園形態」は，「単独通園」は60.3％（２年度61.5％），「親子通園」は7.6％（２年度3.1％），「両方実施」は32.8％（２年度31.5％）であった。

　表32「指導形態」をみると，「全クラス同一時間帯」が69.5％（２年度68.5％），「クラスによって異なる時間帯」が19.1％（２年度13.1％），「年齢や発達段階により異なる時間帯」が8.4％（２年度11.5％）となっている。年度によって変動はあるが，児童の状態に合わせて，指導形態を柔軟に変えていることが推察される。

Ⅳ 保護者等への支援の状況

1. 保護者等への支援

表33 保護者等への支援

支援等の形態	事業所数	％
講演会・学習会などの開催	98	74.8
懇談等を通じた研修	68	51.9
親子通園によるペアレントトレーニング等の実施	55	42.0
保護者同士の交流会の実施	81	61.8
個別的訓練の実施や指導方法の学習会等の開催	53	40.5
個別にカウンセリング等の時間を持つ	84	64.1
家庭訪問の実施	76	58.0
ホームヘルプやショートステイの案内	27	20.6
メンタルヘルス支援（カウンセリング）の実施	11	8.4
送迎バスのコース，乗降場所，乗降時間の配慮	104	79.4
休日預りの実施	1	0.8
他の支援事業者の紹介	58	44.3
その他	13	9.9
家族・保護者支援は行っていない	0	0
実事業所数	131	100

　表33「保護者等への支援」は，「送迎バスのコース，乗降場所，乗降時間の配慮」が79.4％，「講演会・学習会などの開催」が74.8％，「個別にカウンセリング等の時間を持つ」が64.1％，「保護者同士の交流会の実施」が61.8％となっている。それぞれの家庭状況のニーズに合わせた家族支援が行われているとともに，指導方法の学習会など保護者に対し，様々な知識や情報提供を含めた支援が多くの事業所で行われていることがみてとれる。また，ペアレントトレーニング等の実施（42.0％）やメンタルヘルス支援（8.4％）を実施しているところもあり，保護者一人ひとりの置かれている状況や思いを受け止め，寄り添いながら，より専門的な支援を行っていることが推察される。

２．社会的養護が必要な児童

表34　通所支援児童のうち，社会的養護が必要な児童

社会的養護の必要な児童	事業所数	％
いる	94	71.8
いない	28	21.4
無回答	9	6.9
計	131	100

表34－２　社会的養護が必要な児童数

児童数	事業所数	％
1人	22	23.4
2人	13	13.8
3人	8	8.5
4人	4	4.3
5人以上	4	4.3
無回答	45	47.9
社会養護が必要な児童いる事業所数	94	100

表34－３　社会的養護が必要な児童に対する連携機関

連携機関	事業所数	％
児童相談所	72	76.6
子ども家庭支援センター	34	36.2
保健所	44	46.8
病院	20	21.3
相談支援事業所	61	64.9
要保護児童対策地域協議会	43	45.7
福祉課	59	62.8
その他	15	16.0
連携機関なし	0	0
社会養護が必要な児童いる事業所数	94	100

　表34「通所支援児童のうち，社会的養護が必要な児童」については，「いる」と回答した事業所が94事業所71.8％（２年度94事業所72.3％）と昨年度と同様に，より一層社会的養護の必要な児童への支援が求められている。

　表34－２「社会的養護が必要な児童数」は，１人が23.4％（２年度26.6％），２人が13.8％（２年度12.8％），３人が8.5％（２年度16.0％）であった。

　表34－３「社会的養護が必要な児童に対する連携機関」は，児童相談所が72事業所76.6％（２年度68事業所72.3％）と最も多く，続いて相談支援事業所が61事業所64.9％（２年度62事業所66.0％），福祉課59事業所62.8％（２年度57事業所60.6％），保健所44事業所46.8％（２年度36事業所38.3％），要保護児童対策地域協議会43事業所45.7％（２年度37事業所39.4％），子ども家庭センター34事業所36.2％（２年度29事業所30.9％）と必要に応じて複数機関との連携が進められていることが推察される。

V　医療的ケアの実施状況

1．医療的ケアの実施

表35　医療的ケアの実施状況

実施状況	事業所数	％
実施している	41	31.3
実施していない	88	67.2
無回答	2	1.5
計	131	100

表35－2　医療的ケアの必要な児童数

児童数	事業所数	％
1人	22	53.7
2人	6	14.6
3人	3	7.3
4人以上	8	19.5
無回答	2	4.9
医療的ケアを実施している事業所数	41	100

表35－3　医療的ケアの区分

区分	人数	％
区分1	33	34.0
区分2	5	5.2
区分3	6	6.2
無回答	53	54.6
医療的ケア必要な児童数	97	100

　表35「医療的ケアの実施状況」は，「実施している」が41事業所31.3％（2年度35事業所26.9％），「実施していない」が88事業所67.2％（2年度86事業所66.2％）であった。

　表35－2「医療的ケアの必要な児童数」は，1人が22事業所53.7％，2人が6事業所14.6％，3人以上いる事業所は11事業所26.8％であった。医療的ケアを必要としている児童が少しずつ増えている傾向にある。

　表35－3「医療的ケアの区分」は区分1が34.0％，区分2が5.2％，区分3が6.2％となっている。

2．介護職員等のたん吸引の研修の実施

表36　特定利用者への吸引などの研修等

受講状況	事業所数	％
受講している	5	3.8
受講していない	86	65.6
無回答	40	30.5
計	131	100

表36－2　特定利用者への吸引などの研修等の受講予定

受講予定	事業所数	％
ある	3	3.5
ない	62	72.1
無回答	21	24.4
特定利用者への吸引等の研修等を受講していない事業所数	86	100

　表36「特定利用者への吸引などの研修等」は，5事業所3.8％（2年度5事業所3.8％）が受講しており，86事業所65.6％（2年度74事業所54.6％）が受講していない状況にある。

　表36－2「特定利用者への吸引などの研修等の受講予定」は，「ある」と回答した事業所が3事業所3.5％（2年度0事業所）の状況にあることから，事業所の受け入れ体制づくり等の課題があるといえよう。

表37　非特定利用者への吸引などの研修等

受講状況	事業所数	％
受講している	3	2.3
受講していない	88	67.2
無回答	40	30.5
計	131	100

表37－2　非特定利用者への吸引などの研修等の受講予定

受講予定	事業所数	％
ある	1	1
ない	66	75.0
無回答	21	23.9
非特定利用者への吸引等の研修等を受講していない事業所数	88	100

　表37「非特定利用者への吸引などの研修等」は，3事業所2.3％が受講しており，88事業所67.2％が受講していない状況で特定利用者の研修状態と同様である。

　表37－2「非特定利用者への吸引などの研修等の受講予定」は，「ある」と回答した事業所は1事業所で，特定利用者の研修と同様に事業所の受け入れ体制づくり等の課題があるといえよう。

Ⅵ　保育所等訪問支援事業の実施状況

表38　児童発達支援センターでの保育所等訪問支援事業の実施状況

実施状況	事業所数	％
実施している	93	71.0
実施していない	36	27.5
無回答	2	1.5
計	131	100

表38－2　保育所等訪問支援事業の訪問状況（令和2年度実績）

訪問先		計	％
保育所・幼稚園・認定こども園	か所数	737	73.3
	実人数	1,138	72.4
	延べ人数	4,420	77.9
乳児院・養護施設等	か所数	1	0.1
	実人数	3	0.2
	延べ人数	40	0.7
学校	か所数	250	24.9
	実人数	408	26.0
	延べ人数	1,179	20.8
その他（放課後児童クラブなど）	か所数	18	1.8
	実人数	23	1.5
	延べ人数	35	0.6
計	か所数	1,006	100
	実人数	1,572	100
	延べ人数	5,674	100

　表38「児童発達支援センターでの保育所等訪問支援事業の実施状況」は，実施している事業所が93事業所71.0％（2年度90事業所69.2％）となっている。

　表38－2「保育所等訪問支援事業の訪問状況（令和2年度実績）」は，保育所・幼稚園・認定こども園への支援は，73.3％（737か所1,138人，延べ4,420人）（元年度実績76.4％ 724か所1,094人，延べ5,523人）に実施しており，学校への支援も24.9％（250か所408人，延べ1,179人）（元年度実績21.9％ 208か所267人，延べ957人）に実施している。

　人的配置などに難しさがある中にあって，実施事業所数と延べ人数が増加傾向にあることは，この事業の必要性を重視し，精力的に取り組もうとしていることが推察される。今後実績数が更に増加することが望まれる。

表38－3　保育所等訪問支援事業の職員体制

職員体制		事業所数	％
管理者	専任	5	5.4
	兼任	72	77.4
	無回答	16	17.2
児童発達管理責任者	専任	25	26.9
	兼任	53	57.0
	無回答	15	16.1
訪問支援員	専任	18	19.4
	兼任	60	64.5
	専任＋兼任	8	8.6
	無回答	7	7.5
保育所等訪問支援事業を実施している事業所数		93	100

　表38－3「保育所等訪問支援の職員体制」は，管理者・児童発達管理責任者・訪問支援員のすべてにおいて兼任が専任を上回っている。専任での職員配置に苦慮している状況が続いていることが推察される。

Ⅶ　放課後等デイサービス事業の実施状況

表39　児童発達支援センターでの放課後等デイサービス事業の実施状況

実施状況	事業所数	％
実施している	22	16.8
実施していない	97	74.0
無回答	12	9.2
計	131	100

表39－2　放課後等デイサービス事業の実施定員

実施定員	事業所数	％
10名以下	21	95.5
11名～20名	1	4.5
21名以上	0	0
事業実施事業所数	22	100

　表39「児童発達支援センターでの放課後等デイサービス事業の実施状況」をみると，実施している事業所が22事業所16.8％（2年度16.9％）で，実施していない事業所は97事業所74.0％（2年度72.3％）であった。

　表39－2「放課後等デイサービス事業の実施定員」は，事業を実施している22事業所のうち「10名以下」が21事業所95.5％（2年度72.7％），「11名～20名」が1事業所4.5％（2年度22.7％）となっている。

表39－3　放課後等デイサービス事業の利用状況

※利用契約人数は令和3年6月1日現在
※延べ利用回数は令和2年4月1日～令和3年3月31日の1年間

			人数	%
小学生	利用契約人数	平日	494	78.7
		休日	314	73.2
	延べ利用回数	平日	23,206	74.3
		休日	5,970	72.4
中学生	利用契約人数	平日	80	12.7
		休日	69	16.1
	延べ利用回数	平日	4,180	13.4
		休日	1,023	12.4
高校生	利用契約人数	平日	53	8.4
		休日	45	10.5
	延べ利用回数	平日	3,834	12.3
		休日	1,251	15.2
未学籍	利用契約人数	平日	0	0
		休日	0	0
	延べ利用回数	平日	0	0
		休日	0	0
19・20歳	利用契約人数	平日	1	1.5
		休日	1	2.3
	延べ利用回数	平日	0	0
		休日	0	0
合計	利用契約人数	平日	628	100
		休日	429	100
	延べ利用回数	平日	31,220	100
		休日	8,244	100

　表39－3「放課後等デイサービス事業の利用状況」は，平日の利用契約人数は小学生が494人78.7％（2年度81.3％）と最も多く，次いで中学生が80人12.7％（2年度9.6％），高校生が53人8.4％（2年度9.1％），19・20歳は1人1.5％，未学籍が0人となっている。休日の利用契約人数は，小学生が314人73.2％（2年度74.6％），中学生が69人16.1％（2年度12.7％），高校生が45人15.2％（2年度12.7％），19・20歳が1人2.3％（昨年度0人）となっている。

Ⅷ　障害児相談支援の実施状況

表40　児童発達支援センターでの障害児相談支援事業の実施状況

実施状況	事業所数	％
実施している	76	58.0
実施していない	51	38.9
無回答	4	3.1
計	131	100

　表40「児童発達支援センターでの障害児相談支援事業の実施状況」は，実施している事業所が76事業所58.0％（２年度67事業所51.5％），実施していない事業所が51事業所38.9％（２年度58事業所44.6％）となっている。

表40－２　障害児相談支援事業の実施内容

	事業所数	％
障害児相談支援	75	98.7
特定相談支援	57	75.0
一般相談支援	4	5.3
障害児相談支援事業を実施する事業所数	76	100

表40－３　障害児相談支援事業の一般相談支援の実施内容

	事業所数	％
地域移行支援	1	25
地域定着支援	1	25
無回答	2	50
一般相談支援を実施する事業所数	4	100

　表40－２「障害児相談支援事業の実施内容」は，障害児相談支援を行っている事業所が75事業所98.7％（２年度66事業所98.5％）となっている。

　表40－３「障害児相談支援事業の一般相談支援の実施内容」は，地域移行支援を実施している事業所は１事業所（２年度２事業所），地域定着支援は１事業所（２年度２事業所）となっている。

表40－４　障害児相談支援事業の職員体制

職員体制		事業所数	％
管理者	専任	10	13.2
	兼任	55	72.4
	無回答	11	14.5
相談支援専門員	専任	34	44.7
	兼任	13	17.1
	専任＋兼任	23	30.3
	無回答	6	7.9
障害児相談支援事業を実施している事業所数		76	100

　表40－４「障害児相談支援事業の職員体制」については，管理者の専任が10事業所13.2％（２年度９事業所13.4％），相談支援専門員の専任は34事業所44.7％（２年度29事業所43.3％）となっている。相談支援専門員は，その性質上専任が望ましいが，兼任の事業所が17.1％となっており，兼任の状況等について把握していく必要がある。

IX　障害児等療育支援事業の実施状況

表41　児童発達支援センターでの障害児等療育支援事業の実施状況

	事業所数	％
従来どおり実施している	42	32.1
自治体により別名称に変わったが同様事業を受託している	11	8.4
再委託を受けた内容のみ実施している	3	2.3
実施していない	63	48.1
無回答	12	9.2
計	131	100

　表41「児童発達支援センターでの障害児等療育支援事業の実施状況」は，従来どおり実施している事業所が42事業所32.1％（2年度47事業所36.2％），実施していない事業所が63事業所48.1％（2年度64事業所49.2％）となっている。

X　通園の状況

1．通園児の通園形態

表42　通園児の通園形態

通園形態	人数	％
通園バスで通園している	3,442	59.6
自家用車で通園している	1,978	34.3
公共交通機関で通園している	56	1.0
徒歩あるいは自転車で通園している	224	3.9
その他	11	0.2
不明・無回答	60	1.0
計	5,771	100

　表42「通園児の通園形態」は，通園バスでの通園が59.6％（2年度62.3％）で，自家用車での通園が34.3％（2年度31.6％）となっている。

2．通園バス等の運行状況

表43　通園バス等の運行状況

通園バス等の運行	事業所数	％
運行している	117	89.3
運行していない	14	10.7
計	131	100

表44　1日の走行キロ数

走行キロ数	事業所数	％
～25km未満	15	12.8
25km～50km未満	45	38.5
50km～75km未満	23	19.7
75km～100km未満	8	6.8
100km～125km未満	8	6.8
125km～150km未満	1	0.9
150km～175km未満	0	0
175km～200km未満	1	0.9
200km～	3	2.6
無回答	13	11.1
通園バス等を運行している事業所数	117	100

表45　片道平均所要時間

平均所要時間	事業所数	％
～30分	7	6.0
31～60分	29	24.8
61～90分	64	54.7
91～120分	8	6.8
無回答	9	7.7
通園バス等を運行している事業所数	117	100

　表43「通園バス等の運行状況」をみると，89.3％（2年度90.8％）の事業所で通園バス等を運行している。

　表44「1日の走行キロ数」は，25km～50km未満が45事業所38.5％（2年度33.9％）と最も多く，次いで50km～75km未満が23事業所19.7％（2年度24.6％）となっている。

　表45「片道平均所要時間」は，「61分～90分」が一番多く，64事業所54.7％（2年度56事業所47.5％）で，「60分以下」で区切ると36事業所30.8％（2年度43事業所36.4％）で，「90分以下」が100事業所85.5％（元年度99事業所83.9％）を占める。また，依然として2時間近く運行する事業所が8事業所6.8％（2年度11事業所9.3％）あることは，子どもの体力や年齢からみて今後の課題であり，身近なところで支援を受けることや家族支援の視点から考えると矛盾点といえるため，何らかの対策を講じる必要がある。

表46　運転者の状況

	人数	％
専任運転手	87	25.7
職員の兼務	137	40.4
嘱託運転手	115	33.9
計	339	100

表47　添乗者の状況

	事業所数	％
添乗者あり	113	96.6
添乗者なし	4	3.4
通園バス等を運行している事業所数	117	100

表47－2　1台あたりの添乗者数

添乗者数	事業所数	％
1人	55	48.7
2人	50	44.2
3人	7	6.2
無回答	1	0.9
添乗ありの事業所数	113	100

　表46「運転者の状況」は，「専任」が87人25.7％（2年度24.1％），「嘱託」が115人33.9％（2年度31.8％），「職員兼務」が137人40.4％（2年度44.1％）と，職員の兼務が4割を超えている。職員の過労に繋がらないよう，健康管理や安全面にも留意していく必要がある。

表47「添乗者の状況」は，「添乗者あり」が113事業所96.6％（２年度92.4％）で，「添乗者なし」が４事業所3.4％（２年度7.6％）であった。「添乗者なし」の事業所については，乗降車の際など安全管理が十分にできているかなど検証が必要であろう。

　表47－２「１台あたりの添乗者数」は，「１人」が55事業所48.7％（２年度48.6％）で，「２人」は50事業所44.2％（２年度37.6％）となった。さまざまな行動特徴のある子どもたち乗車についての安全確保は，神経を使う業務であり，添乗者の負担は大きいことから今後検証が必要である。

XI　給食の状況

表48　給食の状況

給食の状況	事業所数	％
自園で調理している（調理室がある）	79	60.3
外部委託をしている	44	33.6
給食提供はしていない	2	1.5
その他	6	4.6
計	131	100

表48－2　外部委託の状況

委託の状況	事業所数	％
すべて外部委託	5	11.4
自園内調理	34	77.3
加熱程度はできる	3	6.8
その他	3	6.8
外部委託している事業所数	44	100

　表48「給食の状況」をみると，自園の調理室で調理している事業所が79事業所60.3％（2年度68.5％），外部委託が44事業所33.6％（2年度29.2％），給食提供していないが2事業所1.5％（2年度0.8％）であった。

　表48－2「外部委託の状況」では，すべて外部委託は5事業所11.4％，自園内調理が34事業所77.3％，加熱程度はできるが3事業所6.8％であった。

表49　特別食の状況

実　施　内　容	事業所数	％
障害に合わせてきざみ・流動食などを提供している	112	86.8
偏食児には別メニュー等で対応している	54	41.9
行事食を提供している	98	76.0
選択メニューを用意している	15	11.6
おやつを提供している	75	58.1
アレルギー食に対応している	109	84.5
エピペンを常備している	23	17.8
経管栄養に対応している	19	14.7
その他	1	0.8
実事業所数	129	100

表49－2　アレルギー食の対象児数

対象児数	事業所数	%
1人	22	20.2
2人	27	24.8
3人	18	16.5
4人	8	7.3
5人	2	1.8
6人以上	13	11.9
無回答	11	10.1
アレルギー食の対応している事業所数	109	100

　表49「特別食の状況」では，「障害に合わせてきざみ・流動食などを提供している」が112事業所86.8％（2年度86.8％），「アレルギー食に対応している」が109事業所84.5％（2年度88.4％），「行事食を提供している」が98事業所76.0％（2年度76.7％），「偏食児には別メニューで対応している」が54事業所41.9％（2年度44.2％）という状況であった。

　表49－2「アレルギー食の対象児数」は，1人が22事業所20.2％（2年度25事業所21.9％），2人が27事業所24.8％（2年度20事業所17.5％），3人が18事業所16.5％（2年度20事業所17.5％），4人が8事業所7.3％（2年度9事業所7.9％），5人以上対応している事業所は15事業所13.8％（2年度14事業所12.3％）であった。

表50　エピペン使用対象児数

対象児数	事業所数	%
1人	23	100
エピペンを常備している事業所数	23	100

表51　経管栄養の対象児数

対象児数	事業所数	%
1人	7	36.8
2人	4	21.1
3人以上	4	21.1
不明・無回答	4	21.1
経管栄養に対応している事業所数	19	100

表52　給食の提供場面

提供場面の状況	事業所数	%
クラスごとに食べている	109	84.5
園全体で食べている	13	10.1
障害の状況やグループによって食べている	9	7.0
子どもの状況によりマンツーマンで対応している	40	31.0
給食提供をしている事業所計	129	100

　表50「エピペン使用対象事業所数」は，23事業所で対象児数はすべて「1人」となっている（2年度は18事業所で対象児数はすべて1人）。

表51「経管栄養の対象児数」は，19事業所中「１人」が７事業所，「２人」４事業所，「３人以上」４事業所となっている（２年度は19事業所中「１人」が７事業所，「２人」３事業所，「３人以上」３事業所）。

　表52「給食の提供場面」は，「クラスごとに食べている」が109事業所84.5％（２年度108事業所83.7％）となっているが，「子どもの状況により１対１で対応している」が40事業所31.0％（２年度33事業所25.6％）あり，子どもの状況や障害の状況に合わせて対応していることもみてとれる。

表52－２　マンツーマンで対応している子どもの人数

子どもの人数	事業所数	％
１～２人	10	25
３～４人	10	25
５～６人	4	10
７人以上	11	27.5
無回答	5	12.5
マンツーマンで対応している事業所数	40	100

　表52－２「マンツーマンで対応している子どもの人数」をみると，40事業所のうち「７人以上」が最も多く，11事業所27.5％（２年度６事業所18.2％），次いで「１～２人」が10事業所25％（２年度12事業所36.4％），「３～４人」10事業所25％（２年度８事業所24.2％）となっている。

全国知的障害児・者施設・事業 利用者実態調査票【事業利用単位】

（令和3年6月1日現在）

記入責任者		職　名	
氏　　名			

《留意事項》

1．**本調査は児童発達支援センターで実施する児童発達支援を対象としています。**
　　当該事業を利用する利用者の状況についてご回答ください。

　①児童発達支援センターで実施する事業についてご回答ください。
　　※児童発達支援事業所や、保育所等訪問支援、放課後等デイサービス、障害児相談支援であっても、児童発達支援センターが
　　　実施していないものは調査対象外です。

　②児童発達支援センターの実施する児童発達支援事業が「多機能型」の場合には、個々の事業ごとに各々作成してください。
　　　例２：「多機能型」で児童発達支援事業と生活介護の事業を実施
　　　　→　調査票は２部作成（「児童発達支援センター」で 調査票D を１部・「生活介護」で 調査票B を１部）

　③従たる事業については、当該事業の利用者を主たる事業に含めてご回答ください。

2．設問は特別の指示がない場合にはすべて**令和３年6月1日現在**でご回答ください。

3．マークのある欄は同じ数値が入ります。指示のない限り整数でご回答ください。

　　　　※人数等に幅（1～2人など）を持たせないでください。
4．本調査の結果は、統計的に処理をするためご回答いただいた個別の内容が公表されることはありません。
☆*下記の印字内容に誤り若しくは変更がございましたら、赤ペン等で修正してください。（印字がない部分はご記入ください。）*
なお、日本知的障害者福祉協会会員データへの反映には、別途「全国知的障害関係施設・事業所名簿」巻末の“変更届”にて変更内容
を記載し、ご提出（FAX：03-3431-1803）いただく必要がございます。

施設・事業所の名称		電　話	
上記の所在地			
経営主体の名称			
施設・事業の種類 ※１つの事業所で２つ以上の事業を実施している場合は、１事業ごとに調査票（コピー）を作成してください。	※施設・事業の種類に誤り若しくは変更がある場合には、右枠より該当の番号を選択してください。	01．障害児入所施設（福祉型・医療型） 02．児童発達支援センター（福祉型・医療型）　　20．多機能型 11．療養介護　　　　　　　　　　　　　　　　20-11．療養介護 12．生活介護　　　　　　　　　　　　　　　　20-12．生活介護 13．自立訓練（生活訓練・機能訓練）　　　　　20-13．自立訓練（生活訓練・機能訓練） 14．自立訓練（宿泊型）　　　　　　　　　　　20-14．自立訓練（宿泊型） 15．就労移行支援　　　　　　　　　　　　　　20-15．就労移行支援 16．就労継続支援Ａ型　　　　　　　　　　　　20-16．就労継続支援Ａ型 17．就労継続支援Ｂ型　　　　　　　　　　　　20-17．就労継続支援Ｂ型 18．施設入所支援	
該当する場合にはチェックをしてください。	上記事業に付帯して、口居宅訪問型児童発達支援 を行っている。		

[1]定　員		人	開設年月		移行年月	

☆恐れ入りますが、調査票3ページ右下枠内に番号を転記してください。→　　　施設コード　　[　　　　]

<table>
<tr><td rowspan="13">［２］
現在員

(1)(2)
(4)
の男女別
人員計は
一致する
こと</td><td colspan="2">（１）契約・措置利用者数（合計）</td><td colspan="4">①男 ★ 人</td><td colspan="4">②女 ☆ 人</td><td colspan="4">計 ● 人</td></tr>
</table>

| （１）契約・措置利用者数（合計） | | ①男　★　　人 | | ②女　☆　　人 | | 計　●　　人 | |

（２）年齢別在所者数　※「6～11歳」のうち6歳児の未就学児数のみを左下枠内に計上のこと

年齢	2歳以下	3～5歳	6～11歳※	12～14歳	15～17歳	18～19歳	20～29歳	30～39歳	40～49歳	50～59歳	60～64歳	65～69歳	70～74歳	75～79歳	80歳以上	計
1.男			※													★
2.女			※													☆
計	人	人	人※	人	人	人	人	人	人	人	人	人	人	人	人	●人
うち措置児・者	人	人	人※	人	人	人	人	人	人	人	人	人	人	人	人	人

（３）平均年齢　※小数点第2位を四捨五入すること　　．　歳

（４）利用・在籍年数別在所者数※障害者自立支援法事業の施行（平成18年10月）による新たな事業への移行から利用・在籍している年数で計上のこと
**　　　※「18.施設入所支援」、「01.障害児入所施設（福祉型・医療型）」は旧法施設からの利用・在籍年数で計上のこと**

在所年数	0.5年未満	0.5～1年未満	1～2年未満	2～3年未満	3～5年未満	5～10年未満	10～15年未満	15～20年未満	20～30年未満	30～40年未満	40年以上	計
1.男												★
2.女												☆
計	人	人	人	人	人	人	人	人	人	人	人	●人

［３］障害支援区分別在所者数
※「療養介護」，「生活介護」，「18.施設入所支援」のみ回答のこと
※［２］の人員計と一致すること
※「01.障害児入所施設（福祉型・医療型）」に併せて経過的施設入所支援，経過的生活介護を実施する場合は対象者のみ計上のこと

	非該当	区分1	区分2	区分3	区分4	区分5	区分6	不明・未判定	計
	人	人	人	人	人	人	人	人	●人

［４］療育手帳程度別在所者数
※［２］の人員計と一致すること

1．最重度・重度	2．中軽度	3．不所持・不明	計
人	人	人	●　人

［５］身体障害の状況
※身体障害者手帳所持者についてのみ回答のこと

手帳所持者実数 ○　　人	手帳に記載の障害の内訳 ※重複計上可	1．視覚	2．聴覚	3．平衡	4．音声・言語又は咀嚼機能	5．肢体不自由	6．内部障害
		人	人	人	人	人	人

［６］身体障害者手帳程度別在所者数
※［５］の手帳所持者実数と一致すること
※重複の場合は総合等級を回答

1級	2級	3級	4級	5級	6級	計
人	人	人	人	人	人	○　人

［７］精神障害者保健福祉手帳の程度別在所者数

1級	2級	3級	計
人	人	人	人

［８］精神障害の状況
※医師の診断名がついているもののみ記入すること
※てんかんとてんかん性精神病は区別し，てんかん性精神病のみ計上のこと
※その他の欄に精神遅滞は計上しないこと

1．自閉スペクトラム症（広汎性発達障害、自閉症など）　人	4．てんかん性精神病　人
2．統合失調症　人	5．その他（強迫性心因反応、神経症様反応など）　人
3．気分障害（周期性精神病、うつ病性障害など）	計

［９］「てんかん」の状況
※てんかんとして現在服薬中の人数　　人

［10］認知症の状況

1．医師により認知症と診断されている人数		2．医師以外の家族・支援員等が認知症を疑う人数	
	うちダウン症の人数		うちダウン症の人数
人	人	人	人

［11］矯正施設・更生保護施設・指定入院医療機関を退所・退院した利用者数
※矯正施設とは、刑務所、少年刑務所、拘置所、少年院、少年鑑別所、婦人補導院をさす（基準日現在）

1．矯正施設		2．更生保護施設		3．指定入院医療機関		計	
	うち3年以内		うち3年以内		うち3年以内		うち3年以内
人	人	人	人	人	人	人	人

［12］上記［11］のうち地域生活移行個別支援特別加算を受けている利用者数
※「18.施設入所支援」「自立訓練（宿泊型）」のみ回答のこと

[13]支援度	支援度の指標	1　級 常時全ての面で支援が必要	2　級 常時多くの面で支援が必要	3　級 時々又は一時的にあるいは一部支援が必要	4　級 点検、注意又は配慮が必要	5　級 ほとんど支援の必要がない	
[13]－A 日常生活面 ※[2]の人員計と一致すること	内　容	基本的生活習慣が形成されていないため，常時全ての面での介助が必要。それがないと生命維持も危ぶまれる。	基本的生活習慣がほとんど形成されていないため，常時多くの面で介助が必要。	基本的生活習慣の形成が不十分なため，一部介助が必要。	基本的生活習慣の形成が不十分ではあるが，点検助言が必要とされる程度。	基本的生活習慣はほとんど形成されている。自主的な生活態度の養成が必要。	計
	人　員	人	人	人	人	●　　人	人
[13]－B 行動面 ※[2]の人員計と一致すること	内　容	多動，自他傷，拒食などの行動が顕著で常時付添い注意が必要。	多動，自閉などの行動があり，常時注意が必要。	行動面での問題に対し注意したり，時々指導したりすることが必要。	行動面での問題に対し多少注意する程度。	行動面にはほとんど問題がない。	計
	人　員	人	人	人	人	●　　人	人
[13]－C 保健面 ※[2]の人員計と一致すること	内　容	身体的健康に厳重な看護が必要。生命維持の危険が常にある。	身体的健康につねに注意，看護が必要。発作頻発傾向。	発作が時々あり，あるいは周期的精神変調がある等のため一時的又は時々看護の必要がある。	服薬等に対する配慮程度。	身体的健康にはほとんど配慮を要しない。	計
	人　員	人	人	人	人	●　　人	人

[14]日常的に医療行為等を必要とする利用者数 ※事業所内（職員・看護師）によるもののみ計上のこと ※医療機関への通院による医療行為等は除く	1．点滴の管理（持続的）　※1　　　人	6．人工呼吸器の管理　※4 （侵襲、非侵襲含む）　　　人	11．導尿　　　人
	2．中心静脈栄養　※2 （ポートも含む）　　　人	7．気管切開の管理　　　人	12．カテーテルの管理 （コンドーム・留置・膀胱ろう）　　　人
	3．ストーマの管理　※3 （人工肛門・人工膀胱）　　　人	8．喀痰吸引 （口腔・鼻腔・カニューレ内）　　　人	13．摘便　　　人
	4．酸素療法　　　人	9．経管栄養の注入・水分補給 （胃ろう・腸ろう・経鼻経管栄養）　　　人	14．じょく瘡の処置　　　人
	5．吸入　　　人	10．インシュリン療法　　　人	15．疼痛の管理 （がん末期のペインコントロール）　　　人
	※1…長時間（24時間）にわたり点滴をおこない、針の刺し直し（針刺・抜針）も含む ※2…末梢からの静脈点滴が難しい方におこなう処置 ※3…皮膚の炎症確認や汚物の廃棄 ※4…カニューレ・気管孔の異常の発見と管理		計 人

[15]複数事業（所）利用者数 ※日中活動事業（所）・「02.児童発達支援センター」のみ回答のこと ※定期的に利用する日中活動サービスが他にある場合のみ回答のこと ※同一事業を複数個所で利用している場合も計上のこと	人	※定期的に利用する日中活動サービスとは 療養介護，生活介護，自立訓練（宿泊型は除く），就労移行支援，就労継続支援A型，就労継続支援B型の6事業及び幼稚園，保育園とする

[16]日中活動利用者の生活の場の状況 ※[2]と人員計が一致すること ※日中活動事業（所）・「02.児童発達支援センター」のみ回答のこと ※利用契約をしている利用者の実数を回答のこと	1．家庭（親・きょうだいと同居）　　　人	5．福祉ホーム　　　人
	2．アパート等（主に単身・配偶者有り）　　　人	6．施設入所支援　　　人
	3．グループホーム・生活寮等　　　人	7．その他　　　人
	4．自立訓練（宿泊型）　　　人	計　　●　　人

[17]施設入所支援利用者の日中活動の状況 ※[2]と人員計が一致すること ※1ページ目に「18.施設入所支援」と印字されている調査票のみ回答のこと ※「01.障害児入所施設（福祉型・医療型）」に併せて実施する経過的施設入所支援は除く	1．同一法人敷地内で活動	
	2．同一法人で別の場所（敷地外）で活動	
	3．他法人・他団体が運営する日中活動事業所等で活動	
	4．その他の日中活動の場等で活動	
	計	

[18]成年後見制度の利用者数 ※当該事業の利用者のみ対象	1．後見	2．保佐	3．補助
	人	人	人

☆恐れ入りますが、調査票1ページ右下枠内の番号を転記してください。→　　施設コード　□□□□□□

[19]－A 令和2年度新規入所者の入所前（利用前）の状況（令和2年4月1日～令和3年3月31日の1年間）

イ．家業の手伝いで低額であっても賃金を受け取る場合には一般就労とする
ロ．（1）と（2）の人員計が一致すること

※該当期間に他の事業種別に転換した事業所はすべての利用者について回答のこと

（1）生活の場		（人）		（2）活動の場		（人）
1.家庭（親・きょうだいと同居）	15.精神科病院		1.家庭のみ		15.老人福祉・保健施設	
2.アパート等（主に単身）	16.施設入所支援		2.一般就労		16.一般病院・老人病院（入院）	
3.グループホーム・生活寮等	17.自立訓練（宿泊型）		3.福祉作業所・小規模作業所		17.精神科病院（入院）	
4.社員寮・住み込み等	18.少年院・刑務所等の矯正施設		4.職業能力開発校		18.療養介護	
5.職業能力開発校寄宿舎	19.その他・不明		5.特別支援学校（高等部含む）		19.生活介護	
6.特別支援学校寄宿舎			6.小中学校（普通学級）		20.自立訓練	
7.障害児入所施設（福祉型・医療型）			7.小中学校（特別支援学級）		21.就労移行支援	
8.児童養護施設			8.その他の学校		22.就労継続支援A型	
9.乳児院	※前年度1年間に新規で入所された方の状況のみ計上してください。		9.保育所・幼稚園		23.就労継続支援B型	
10.児童自立支援施設			10.障害児入所施設（福祉型・医療型）		24.地域活動支援センター等	
11.知的障害者福祉ホーム			11.児童発達支援センター・児童発達支援事業等		25.少年院・刑務所等の矯正施設	
12.救護施設			12.児童養護施設		26.その他・不明	
13.老人福祉・保健施設			13.乳児院			
14.一般病院・老人病院	計		14.救護施設		計	

[19]－B 令和2年度退所者の退所後（契約・措置解除後）の状況（令和2年4月1日～令和3年3月31日の1年間）

イ．家業の手伝いで低額であっても賃金を受け取る場合には一般就労とする
ロ．（1）と（2）の人員計が一致すること
※退所後6か月程度で死亡したケースも記入すること

（1）生活の場		（人）		（2）活動の場		（人）
1.家庭（親・きょうだいと同居）	14.施設入所支援		1.家庭のみ		15.一般病院・老人病院（入院）	
2.アパート等（主に単身）	15.自立訓練（宿泊型）		2.一般就労		16.精神科病院（入院）	
3.グループホーム・生活寮等	16.少年院・刑務所等の矯正施設		3.福祉作業所・小規模作業所		17.療養介護	
4.社員寮・住み込み等	17.その他・不明		4.職業能力開発校		18.生活介護	
5.職業能力開発校寄宿舎	小計		5.特別支援学校（高等部含む）		19.自立訓練	
6.特別支援学校寄宿舎	18.死亡退所※		6.小中学校（普通学級）		20.就労移行支援	
7.障害児入所施設（福祉型・医療型）			7.小中学校（特別支援学級）		21.就労継続支援A型	
8.児童養護施設			8.その他の学校		22.就労継続支援B型	
9.知的障害者福祉ホーム	※前年度1年間に退所された方の状況のみ計上してください。		9.保育所・幼稚園		23.地域活動支援センター等	
10.救護施設			10.障害児入所施設（福祉型・医療型）		24.少年院・刑務所等の矯正施設	
11.老人福祉・保健施設			11.児童発達支援センター・児童発達支援事業等		25.その他・不明	
12.一般病院・老人病院			12.児童養護施設		小計	
13.精神科病院			13.救護施設		26.死亡退所※	
	計		14.老人福祉・保健施設		計	

[20]介護保険サービスへの移行・併給状況

※1ページ目施設・事業の種類「18.施設入所支援」は除く。生活介護と施設入所支援を行う事業所の重複回答を避けるため、両方の事業を行う場合は1ページ目「18.施設入所支援」と印字された調査票以外、回答のこと。
イ．令和2年4月1日～令和3年3月31日の1年間に新規に移行又は併給を開始した者を計上すること

No.	移行・併給開始年齢	性別	知的障害の程度（別表1より）	障害支援区分	移行前の生活の場（別表4より）	移行後の生活の場（別表5より）	介護認定区分（別表6より）	移行・併給後に利用を開始した別表（5）のうち4～7以外の介護保険サービス（別表7より）複数選択可	移行・併給開始の理由（別表8より）
1									
2									
3									
4									
5									
6									

[21] 就職の状況　※「児童発達支援センター」,「自立訓練（宿泊型）」,「施設入所支援」は除く。職場適応訓練は除く。

イ．令和2年4月1日～令和3年3月31日の1年間を調査すること
ロ．家業の手伝いで低額であっても賃金を受け取る場合も記入のこと
ハ．「事業利用（在所）年月」の欄は、現事業（所）での利用（在所）期間を記入のこと
ニ．「知的障害の程度」は、児童相談所または更生相談所の判定より記入すること
ホ．〔19〕-B、（2）活動の場、2一般就労　の人数と一致すること

No.	就職時年齢	性別	事業利用（在所）年月	知的障害の程度（別表1より）	年金受給の有無（別表2より）	雇用先の業種	仕事の内容	就職時の給与（月額）	就職時の生活の場（別表3より）
例	20歳	男	2年 か月	4	4	飲食店	接客・食器洗浄	¥ 80,000	1
1			年 か月						
2			年 か月						
3			年 か月						
4			年 か月						
5			年 か月						
6			年 か月						
7			年 か月						
8			年 か月						
9			年 か月						
10			年 か月						

[22] 死亡の状況　※1ページ目施設・事業の種類「18.施設入所支援」は除く。生活介護と施設入所支援を行う事業所の重複回答を避けるため、両方の事業を行う場合は1ページ目「18.施設入所支援」と印字された調査票以外、回答のこと。

イ．令和2年4月1日～令和3年3月31日の1年間を調査すること
ロ．退所後6か月程度で死亡したケースも記入すること
ハ．〔19〕-B、（1）生活の場、18死亡退所　の人数と一致すること

No.	死亡時年齢	性別	知的障害の程度（別表1より）	死亡場所（別表9より）	死因（右より選択）	
1	歳					
2						1．病気
3						2．事故
4						3．その他
5						
6						

別表1	1．最重度　　　2．重度　　　3．中度　　　4．軽度　　　5．知的障害なし
別表2	1．有：1級　　2．有：2級　　3．有：その他（厚生年金・共済年金）　　4．無
別表3	1．家庭　　2．アパート等　　3．グループホーム・生活寮等　　4．社員寮等 5．自立訓練（宿泊型）　　6．福祉ホーム　　7．その他　　8．不明
別表4	1．家庭（親・きょうだいと同居）　　2．アパート等（主に単身）　　3．グループホーム・生活寮等 4．社員寮・住み込み等　　5．知的障害者福祉ホーム　　6．施設入所支援 7．自立訓練（宿泊型）　　8．その他・不明
別表5	1．家庭　　2．アパート　　3．グループホーム（障害福祉） 4．グループホーム（認知症対応）　　5．特別養護老人ホーム　　6．介護老人保健施設 7．介護療養型医療施設　　8．その他
別表6	1．要支援1　　2．要支援2　　3．要介護1 4．要介護2　　5．要介護3　　6．要介護4　　7．要介護5
別表7	1．デイサービス・デイケア　　2．訪問・居宅介護（ホームヘルプサービス）　　3．短期入所（ショートステイ） 4．訪問看護　　5．その他　　6．利用なし
別表8	1．市町村等行政から65歳になったので移行指示があった。 2．加齢により支援が限界となったため事業所側から移行・併給を働きかけた 3．本人の希望により　　4．家族の希望により　　5．その他
別表9	1．施設　　2．病院　　3．家庭　　4．その他

〔児童発達支援センター専門項目〕以下より児童発達支援センターのみご回答ください

[23] 設置主体	□1．都道府県立　□2．市町村立　□3．民間立　□4．その他（　　　　　　　　　）

[24] 経営主体	□1．公営　　　□2．社会福祉事業団　　□3．社会福祉法人（社会福祉事業団は除く） □4．NPO法人　□5．株式会社等　　　□6．その他（　　　　　　　　　　　　　）

[25]児童発達支援センターでの実施事業（指定を受けている事業）※児童発達支援センターで実施する児童発達支援事業を除く

□①医療型児童発達支援事業　（利用定員　　　名）	□⑧日中一時支援事業
□②放課後等デイサービス事業（利用定員　　　名）	□⑨移動支援事業
□③保育所等訪問支援事業	□⑩居宅支援事業
□④障害児相談支援事業	□⑪障害児等療育支援事業
□⑤特定相談支援事業	□⑫居宅訪問型児童発達支援事業
□⑥一般相談支援事業	□⑬その他（　　　　　　　　　　　）
□⑦短期入所事業	

[26]令和2年度の開所日数、利用契約児童数及び措置児童数並びに延べ利用人数等

※開所日数と延べ利用人数は月末締めの人数で計上すること

※延べ利用人数とは、当該月における開所日に実際に利用した児童（措置児童も含む）の合計数とすること

令和2年度の年間開所日数　　　　　日

	令和2年4月	令和2年10月	令和3年3月
1．開所日数	日	日	日
2．利用契約児童数	人	人	人
3．措置児童数	人	人	人
4．延べ利用人数	人	人	人

[27]利用契約児童（措置児童も含む）の利用形態（令和3年6月1日現在）

※記号部分（●）は、2ページ目現在員●と数をあわせること

	週6日以上	週5日	週4日	週3日	週2日	週1日	週1日未満	合　計
人　数	人	人	人	人	人	人	人	●　　人

[28]所在するエリア内の障害児の処遇を協議する組織

1．協議会もしくは委員会組織	□①有　　　　　　　□②無	
2．地域自立支援協議会	□①全体会の構成メンバーとして参加	か所
	□②専門部会（子ども、子育て、療育、発達支援等）の構成メンバーとして参加	か所
	□③事務局のメンバーとして参加	か所
	□④その他（　　　　　　　　　　　　　　　　　　　　　　　　）	か所
3　要保護児童対策地域協議会	□①全体会の構成メンバー　　□②事務局のメンバー　　□③その他（　　　　）	

[29]併行通園の状況（令和3年6月1日現在の在籍児の状況）

1．保育所在籍児童	□①有　　　　人　□②無	5．病院・医療機関入院児童	□①有　　　　人　□②無
2．幼稚園在籍児童	□①有　　　　人　□②無	6．他の児童発達支援センター利用児童	□①有　　　　人　□②無
3．認定こども園在籍児童	□①有　　　　人　□②無	7．その他機関（　　　）利用児童	□①有　　　　人　□②無
4．児童発達支援事業所利用児童	□①有　　　　人　□②無		

[30]加算の状況（令和3年6月1日～6月30日の状況）　　※貴センターで取得している加算についてすべて選択のこと

□①人工内耳装用児支援加算	□⑤家庭連携加算	□⑨栄養士配置加算	□⑬関係機関連携加算
□②利用者負担上限額管理加算	□⑥欠席時対応加算	□⑩訪問支援特別加算	□⑭看護職員加配加算
□③特別支援加算	□⑦事業所内相談支援加算（Ⅰ・Ⅱ）	□⑪医療連携体制加算	□⑮専門的支援加算
□④児童指導員等加配加算	□⑧延長支援加算	□⑫食事提供加算	□⑯個別サポート加算（Ⅰ・Ⅱ）

[31]令和2年度の減算の状況

※貴センターで減算された全ての項目について選択のこと

□①利用者の数が利用定員を超える場合（定員超過利用減算）

□②通所支援計画等が作成されない場合（児童発達支援計画未作成減算）

□③配置すべき従業者の員数が基準に満たない場合（サービス提供職員欠如減算）

[32]障害児支援利用計画作成状況

※令和3年6月1日現在、貴センターでの通所支援を利用している契約児童について計上のこと

□①障害児相談支援事業所で作成されている ＿＿＿＿＿人

□②セルフプランで作成されている ＿＿＿＿＿人

□③未だ作成されていない ＿＿＿＿＿人

[33]介助度（令和3年6月1日現在）

※それぞれの計（●）は2ページ目現在員●に一致すること。

	1	2	3	4	5	計
食事	自分で食べられないため食べさせてもらう。	手づかみでは食べるがスプーンは使えない。	手づかみやスプーンで食べる。	スプーンやにぎりばしで食べられる。	はしを使って食べられる。	
	人	人	人	人	人	● 人
排泄	オムツを必要とする段階。	大小便とも時間を決めてつれていく。（失敗があってもよい）	大小便とも予告できる。（時に失敗があってもよい）	大小便ともほぼ自立するが、後処理不完全。	大小便とも自立。	
	人	人	人	人	人	● 人
着脱衣	すべて介助が必要。（協力動作なし）	介助すれば協力しようとする。	かんたんなものは自分で脱げる。	着脱はほぼできるが、ボタンかけ等は困難。	着脱ができ、ボタンかけ等も自分でできる。	
	人	人	人	人	人	● 人
移動	自力移動殆ど不能。寝たきりの状態。	なんらかの自力移動可能。	独歩不能なるもつたい歩き可。（手をつなげば歩ける）	独歩可能なるも危なっかしい。	歩行可能又は不自由さはあるが皆と同様に歩ける。	
	人	人	人	人	人	● 人
言語	話せないし、相手の言うこともわからない。	話すことはできないが相手の言うことはわかる。	身振りや声で表現し伝えようとする。	単語程度で意思交換可能。	大体のことは言葉で通じあえる。	
	人	人	人	人	人	● 人
自己統制	全く指示の理解もできず、従えない。危険もわからない。	ある程度危険を避けられるが目を離すと不安なことが多い。	くりかえし指示を与えれば何とか従える。	ほぼ、指示や説明を理解し行動できる。	自発性もありごく日常的な生活には対応できる。	
	人	人	人	人	人	● 人
対人関係	無関心、呼ばれても反応を示さない。	呼ばれれば反応を示す。特定の人や物には一応関心がもてる。	人や物に関心をもち、表情や動作にあらわす。	一方的ながら、人や物に対して働きかけ、初歩的な関係がもてる。	友だちの世話をしたり、協力して遊んだりもする。	
	人	人	人	人	人	● 人

— 181 —

[34]在籍児の入園前の状況について（令和3年6月1日現在）

※主たる項目（1人につき1項目）に計上のこと

①在宅のままで，特に指導を受けていない	人	⑦他のセンターで継続的な指導を受けていた（契約、未契約）	人
②児童相談所で継続的な指導を受けていた	人	⑧保育所，幼稚園等に通っていた	人
③保健所で継続的な指導を受けていた	人	⑨学校に通っていた	人
④医療機関（病院等）で継続的な指導を受けていた	人	⑩他の児童福祉施設に措置されていた	人
⑤放課後等デイ等で継続的な指導を受けていた	人	⑪その他（　　　　　　　　　　　）	人
⑥現在のセンターで継続的な指導を受けていた（未契約）	人	計	人

[35]利用契約児童（措置児童も含む）の障害状況

※令和3年6月1日現在の利用契約児童（措置児童も含む）について計上のこと

※「主たる障害」は1人1障害として計上すること。「主たる障害」の合計数（●）は2ページ目現在員●と一致のこと

※「発達障害」には、知的障害を伴わない（IQが概ね70以上）「自閉スペクトラム症（ASD）」の子どもの人数を計上のこと

　なお、知的障害を伴う発達障害は「知的障害」の欄に計上のこと

※重症心身障害については、右記の「大島分類」を参照のこと

　IQに関しては、厳密な数値と捉えず、参考程度にして差し支えない

　なお、運動機能獲得月齢に達していないときは、その障害像より予測すること

※重症心身障害には、重度の知的障害と重度の肢体不自由が含まれるため、

　重複選択に注意して計上のこと

※右表の1，2，3，4の範囲に入るものを重症心身障害とすること

				(IQ)
21	22	23	24	25	80
20	13	14	15	16	70
19	12	7	8	9	50
18	11	6	3	4	35 / 20
17	10	5	2	1	0

走れる　歩ける　歩行障害　座れる　寝たきり

主たる障害	①知的障害	②発達障害	③肢体不自由	④聴覚障害	⑤重症心身障害	⑥難病	⑦その他	合計
	人	人	人	人	人	人	人	● 人

[36]令和2年度（令和2年4月1日～令和3年3月31日）新入園児の入園時点での年齢（年次）構成

※令和2年度の新入園児のみ計上すること

年齢	0歳児	1歳児	2歳児	3歳児（年少）	4歳児（年中）	5歳児（年長）	6歳児（就学前）	計
人数	人	人	人	人	人	人	人	人

[37]児童と直接支援職員の比率（令和3年6月1日現在）

※直接支援職員とは児童指導員・指導員・保育士・各種療法士をさし、非常勤の場合は常勤換算すること

　但し、それらの職種でも外来療育や巡回療育相談等利用契約児童（措置児童も含む）以外を対象とした業務に専従している職員は除く。

※小数第2位以下を四捨五入すること

①定員との比率	定員数	人	÷	直接支援職員数	人	＝	．
②在籍児童との比率	在籍児数	人	÷	直接支援職員数	人	＝	．

[38]クラス編成の状況（令和3年6月1日現在）

1．クラス編成	□①している　　□②していない				

⇒編成している場合の考え方　□①年齢　□②発達段階　□③入園年次　□④障害　□⑤特になし　□⑥その他（　　　　）

⇒編成している場合の1クラスの人数	5人以下	6～8人	9～12人	13人以上	計
	クラス	クラス	クラス	クラス	クラス

⇒編成している場合の1クラスの担任数	1人担任	2人担任	3人担任	4人担任	5人担任	その他	計
	クラス	クラス	クラス	クラス	クラス	クラス	クラス

⇒午前と午後に分けた編成　□①している　　□②していない

2．1日の支援時間	支援時間	2時間未満	2～3時間未満	3～4時間未満	4～5時間未満	5～6時間未満	6時間以上	その他	計
	クラス数								クラス
	児童数								人

3．登園日	□①全員一律に毎日通園　　□②登園日を指定
4．登園形態	□①単独通園　　　　□②親子通園　　　　□③両方を実施
5．支援形態	□①全クラスとも同一の時間帯　□②クラスによって異なる時間帯　□③年齢や発達段階によって異なる時間帯

[39]保護者等への支援　　（令和2年4月1日～令和3年3月31日の1年間）　　※該当するものをすべて選択すること

□①講演会・学習会などの開催	□⑧ホームヘルプやショートステイの案内
□②懇談等を通じた研修の実施	□⑨メンタルヘルス支援（カウンセリング）の実施
□③親子通園によるペアレントトレーニング等の実施	□⑩送迎バスのコース、乗降場所、乗降時間の配慮
□④保護者同士の交流会の実施	□⑪休日預かりの実施
□⑤個別的訓練の実施や支援方法の学習会等の開催	□⑫他の支援事業者等の紹介
□⑥個別にカウンセリング等の時間を持つ	□⑬その他（　　　　　　　　　　　　　　　　）
□⑦家庭訪問の実施	□⑭家族・保護者支援は行っていない

[40]要保護児童への支援（令和3年6月1日現在）

1．貴事業所通所児童のうち社会的養護が必要（被虐待・不適切な養育等）な児童	□①いる＿＿＿＿＿＿人　　□②いない

2．要保護児童に関する連携機関

□①児童相談所　　□②子ども家庭支援センター　　□③保健所　　□④病院　　□⑤相談支援事業所
□⑥要保護児童対策地域協議会　　□⑦福祉課　　□⑧その他（　　　　　　　　　）　　□⑨連携機関なし

[41]医療的ケアの必要な児童への支援（令和3年6月1日現在）

1．医療的ケアの必要な児童	□①いる＿＿＿＿＿＿人　　□②いない
	⇒①いる場合　区分1＿＿＿人　　区分2＿＿＿人　　区分3＿＿＿人

2．介護職員等のたんの吸引等の研修の実施状況

a 特定利用者への吸引等の研修	□①受講した　　□②受講していない　⇒　今後受講予定（　□ある　・　□ない　）
b 非特定利用者への吸引等の研修	□①受講した　　□②受講していない　⇒　今後受講予定（　□ある　・　□ない　）

[42]児童発達支援センターでの保育所等訪問支援の実施状況

※貴センターで実施する場合のみ回答のこと。同一法人であっても別事業所として実施する場合には「②実施していない」を選択すること。

保育所等訪問支援事業の実施

□①保育所等訪問支援を実施している　　□②実施していない　⇒設問[43]へ

⇒1．実施している場合、令和2年度の実施状況

訪問支援先	か所数	実人数	延人数	
1．保育所・幼稚園・認定こども園	か所	人	人	
2．乳児院・児童養護施設等	か所	人	人	
3．学校	か所	人	人	
4．その他（放課後児童クラブ等）	か所	人	人	

⇒2．実施している場合、職員体制

1．管理者	□①専任　　　　　　　　　□②兼任
2．児童発達支援管理責任者	□①専任　　　　　　　　　□②兼任
3．支援訪問員	□①専任＿＿＿＿＿人　　　□②兼任＿＿＿＿＿人

[43]児童発達支援センターでの放課後等デイサービス事業の実施状況

※貴センターで実施する場合のみ回答のこと。同一法人であっても別事業所として実施する場合には「②実施していない」を選択すること。

放課後等デイサービスの実施

□①放課後等デイサービスを実施している　　□②実施していない　⇒設問[44]へ

⇒実施している場合の定員

□①10人以下　　□②10人以上20人以下　　□③21人以上

⇒実施している場合の利用状況

	令和3年6月1日現在の利用契約人数（実人数）					延べ利用人数（令和2年4月1日～令和3年3月31日）				
	小学生	中学生	高校生	未学籍	19-20歳	小学生	中学生	高校生	未学籍	19-20歳
平日	人	人	人	人	人	人	人	人	人	人
休日	人	人	人	人	人	人	人	人	人	人

[44] 児童発達支援センターでの障害児相談支援の実施状況

※貴センターで実施する場合のみ回答のこと。同一法人であっても別事業所として実施する場合には「②実施していない」を選択すること。

障害児相談支援事業の実施

□①障害児相談支援を実施している　　□②実施していない　⇒　設問[45]へ

⇒1．実施している場合、指定を受けている事業

□①障害児相談支援　　□②特定相談支援　　□③一般相談支援　⇒　（　□a.地域移行　・　□b.地域定着　）

⇒2．実施している場合、職員体制

1．管理者	□① 専任	□② 兼任
2．相談支援専門員	□① 専任　　　　　人	□② 兼任　　　　　人

[45] 児童発達支援センターでの障害児等療育支援事業（実施主体：都道府県・政令市・中核市）の実施状況

※平成18年10月に、障害児（者）地域療育等支援事業の地域生活支援事業（コーディネーター事業）が市町村事業へ移行。療育支援3事業（訪問療育、外来療育、施設支援）が現在の障害児等療育支援事業

□①従前どおり障害児等療育支援事業を実施している

□②自治体により別名称に変わったが同様の事業を受託している

□③再委託を受けた内容のみ実施している

□④本事業は実施していない

[46] 通園の状況（令和3年6月1日現在）

1．通園児の通園形態

□①通園バスで通園している　　　　　　　　　　人	□④徒歩あるいは自転車で通園している　　　　　人
□②自家用車で通園している　　　　　　　　　　人	□⑤その他（　　　　　　　　　　　　）　　　　人
□③公共交通機関を利用し通園している　　　　　人	

2．通園バス等の運行状況

□①通園バス等を運行している　□②通園バス等は運行していない⇒　設問[47]へ

⇒1．運行している場合、一日の走行km数（複数運行の場合は1台あたりの平均km数）	km
⇒2．運行している場合、片道平均所要時間（複数運行の場合は1台あたりの平均時間）	分

⇒3．運行している場合、運転者の人数

a.専任職員　　　　　人	b.職員の兼務　　　　　人	c.委託運転手　　　　　人

⇒4．運行している場合、添乗者（運転手・保護者を除く）の状況

□①添乗者あり　1台につき　　　　　人　　□②添乗者なし

[47] 給食の状況

1．給食の提供方法

□①自園調理をしている（自園に調理室がある）

□②外部委託をしている

⇒　□ a.すべて外部委託（自園に調理室なし）□ b.自園内調理　□c.加熱程度の調理はできる　□d.その他（　　　vv　　）

□③給食の提供はしていない

□④その他（　　　　　　　　　　　　　　　　）

2．特別食の対応状況　※該当をすべて選択

□①障害にあわせてきざみ食・流動食などを提供している	□⑥アレルギー食に対応している　⇒　対象児童　　　　　人
□②偏食児には別メニュー等で対応している	□⑦エピペンを常備している　　　⇒　対象児童　　　　　人
□③行事食を提供している	□⑧経管栄養に対応している　　　⇒　対象児童　　　　　人
□④選択メニューを用意している	□⑨その他（　　　　　　　　　　　　）
□⑤おやつを提供している	

3．給食の提供場面

□①クラスごとに食べている	□③障害の状況やグループごとに食べている
□②園全体で食べている　⇒（場所　　　　　　　　）	□④子どもの状況によりマンツーマンで対応している　　　　　人

ご協力いただき誠にありがとうございます

令和3年度

生活介護事業所(通所型)
実態調査報告

生活介護事業所(通所型)
実態調査報告

公益財団法人日本知的障害者福祉協会
日中活動支援部会

は　じ　め　に

　令和3（2021）年度生活介護事業実態調査結果を報告するにあたり，調査にご協力いただいた事業所の皆様に深く感謝申し上げます。

　現在障害福祉サービス事業においては生活介護事業の利用者数が最も大きい事業種別となっています（事業所数11,755・利用者数295,965／令和3年6月国保連データ）。この生活介護事業所総数から施設入所支援（2,576か所・利用者126,525人）を除くと，全国の通所型生活介護事業所総数及び総利用者数は9,179か所・利用者数169,440人と推定され，令和3年度の本会調査結果は，全国の通所型生活介護事業所の13.7%（令和2年度13.5%），利用者数は23.0%（令和2年度22.4%）に当たると推測されます。合わせて当協会の通所型生活介護事業所（単独型・多機能型）の事業所数は1,681事業所（2021年6月1日時点）であることから全国の通所型生活介護事業所の18.3%（令和2年度19.1%）を占めていると推定されます。

　以下，令和3年度調査を通じ，特徴的な点について述べます。

　回収率が74.5%と令和2年度（70.9%）より3.6ポイント増加（62ヵ所）しており，過去5年間の傾向と同様に7割を超える回収状況です。回収状況の内訳として，単独型657箇所（52.4%），多機能型596箇所（47.6%）と令和2年度以降「単独型」が「多機能型」を上回る結果となっています。

　事業所の定員構成は，40人以下に8割以上（単独型84.5%，多機能型91.9%）が分布しています。年齢構成の分布では20代が最も多く27.0%を占めていますが年々減少傾向にあり，その一方で50歳以上の割合は20.6%と上昇傾向にあり，平成28年度との比較では4.3ポイント増加しています。また，区分4以上の利用者は89.8%と年々上昇傾向にあり，平成28年度との比較では6.6ポイント増加しています。週あたりの利用状況は週5日利用が最も多く過去5年間の状況でも約7割を占め，週6日以上の利用者も約1割を占めています。全体としては高齢化と重度化の傾向が進んでます。

　通所のための送迎に対する事業所への期待度は例年の傾向と同様に高く，事業所全体の95.0%が送迎（委託含む）を実施しています。送迎車1台あたりの1日の平均送迎時間が120分以上の事業所は39.6%あり，車両台数も3台以上保有している事業所が79.3%あります。入浴サービスを提供している事業所は28.5%であり，その内週5日提供している事業所が32.5%と例年同様の傾向が続いています。また，入浴サービスを利用している3,198人の利用理由では「住まいでの介助の人手がない」が最も多く64.0%を占めています。人員配置体制加算（Ⅰ）（職員配置1.7対1）の取得は全体の18.5%（令和2年度19.0%）であり，「～1.6対1」以上の人員配置は人員配置体制加算（Ⅰ）取得事業所のうち75.8%を占めており，加算取得以上の人員配置が見られます。

　今後はより調査内容を具体化し実態把握に努めつつ，経年調査としての精度を保ち，制度の変容や時代の変化に応じた調査として，生きたデータの蓄積と活用のために継続していきたいと考えます。事業所や利用者の状況からその背景を知ることは，支援の在り方や今後の制度を考えていく上でとても大切な資料です。今後も引き続き生活介護事業実態調査にご協力賜わりますようお願い申し上げます。

2022年3月

日中活動支援部会

部会長　森　下　浩　明

目　　次

はじめに

Ⅰ. 施設・事業所概要……………………………………………………………………………………… 189

Ⅱ. 利用者の状況…………………………………………………………………………………………… 190
　1. 年齢……………………………………………………………………………………………………… 190
　2. 障害支援区分…………………………………………………………………………………………… 191
　3. 自閉スペクトラム症…………………………………………………………………………………… 191
　4. 週あたりの利用契約状況……………………………………………………………………………… 191
　5. 複数事業（サービス）等の利用状況………………………………………………………………… 192
　6. 通所手段の状況………………………………………………………………………………………… 192
　7. 送迎……………………………………………………………………………………………………… 193
　8. 入浴提供の状況………………………………………………………………………………………… 196
　9. リハビリテーションの状況…………………………………………………………………………… 199
　10. 生産活動と工賃………………………………………………………………………………………… 199
　11. 日中一時支援…………………………………………………………………………………………… 200
　12. 人員配置の状況………………………………………………………………………………………… 201
　13. 看護師の配置状況……………………………………………………………………………………… 202

調　査　票　E …………………………………………………………………………………………… 203

Ⅰ. 施設・事業所概要

　調査基準日（令和3年6月1日）現在，調査対象となった通所型の生活介護事業所は1,681事業所で，回答のあった事業所は1,253か所，回収率は74.5％であった。平成28年度調査（5年前）と比較すると，調査対象事業所数は103か所増加しているが，令和に入ってからはゆるやかな伸びとなっている。回収率については，令和2年度調査結果（以下，前年度とする）と比べて3.6ポイント（62か所）増加している。

表1　地区別，調査対象事業所数と回収率

地　区	北海道	東北	関東	東海	北陸	近畿	中国	四国	九州	計
対象事業所数	69	167	506	266	89	204	129	57	194	1,681
回答事業所数	64	137	371	197	73	131	98	44	138	1,253
回収率（％）	92.8	82.0	73.3	74.1	82.0	64.2	76.0	77.2	71.1	74.5

　回答のあった事業所1,253か所のうち，「単独型」が657か所（52.4％），「多機能型」が596か所（47.6％）であった。前年度初めて「単独型」が「多機能型」を上回り，「単独型」が増加傾向にある。

表2　事業所の種類（単独型と多機能型いずれか選択）

	事業所数	％
単独型	657	52.4
多機能型	596	47.6
計	1,253	100

　表3は単独型と多機能型における定員・現員規模別事業所の分布を表したものである。定員規模で最も多かったのは単独型・多機能型ともに「〜20人」であった。単独型・多機能型とも40人以下の3階層に8割以上（単独型84.5％，多機能型91.9％）が分布していた。

　定員と現員の分布を比較すると，単独型・多機能型とも定員規模の少ない階層から現員規模では多い階層へ移動していることが推測され，多くの事業所が定員を上回った状態で運営していることが窺える。

表3　定員・現員規模別事業所数

（多機能型については生活介護の定員・現員のみ計上）

		～20人	～30人	～40人	～50人	～60人	～100人	101人以上	計
単独型	生活介護定員	233	113	209	30	66	6	0	657
	％（単独）	35.5	17.2	31.8	4.6	10.0	0.9	0	100
	％（全体）	18.6	9.0	16.7	2.4	5.3	0.5	0	52.4
	生活介護現員	99	169	168	106	63	52	0	657
	％（単独）	15.1	25.7	25.6	16.1	9.6	7.9	0	100
	％（全体）	7.9	13.5	13.4	8.5	5.0	4.2	0	52.4
多機能型	生活介護定員	336	150	62	31	12	4	1	596
	％（多機能）	56.4	25.2	10.4	5.2	2.0	0.7	0.2	100
	％（全体）	26.8	12.0	4.9	2.5	1.0	0.3	0.1	47.6
	生活介護現員	268	140	89	59	23	16	1	596
	％（多機能）	45.0	23.5	14.9	9.9	3.9	2.7	0.2	100
	％（全体）	21.4	11.2	7.1	4.7	1.8	1.3	0.1	47.6

Ⅱ．利用者の状況

1．年齢

　表4は回答のあった事業所1,253か所の利用者39,027人（男24,258人，女14,769人）を年齢階層別に整理したものである。利用者39,027人は，障害福祉サービスを利用している知的障害者42.9万人（令和3年6月国保連データ）に対し9.1％に相当する。

　階層別では20代の階層が最も多く10,554人（27.0％）で，それ以降は年齢階層が高くなるにつれて減っている。20代から40代の3階層で29,414人（75.4％）を占め，50代からは極端に減少する傾向にある。また，49歳以下は79.4％（30,995人）と前年度（80.1％）から0.7ポイント減少し，一方で50歳以上は20.6％（8,032人）と前年度（19.9％）から0.7ポイント増加し，利用者の高齢化が窺える。

　介護保険への移行年齢といわれる65歳以上については，前年度が1,778人（4.8％）であったのに対し，令和3年度は1,843人（4.7％）となっており，また，80歳以上については105人（0.3％）となっている。

表4　利用者年齢

	15～17歳	18～19歳	20～29歳	30～39歳	40～49歳	50～59歳	60～64歳	65～69歳	70～74歳	75～79歳	80歳以上	計
男	13	1,043	7,062	6,147	5,527	2,791	726	461	342	97	49	24,258
女	4	521	3,492	3,677	3,509	2,058	614	432	310	96	56	14,769
計	17	1,564	10,554	9,824	9,036	4,849	1,340	893	652	193	105	39,027
％	0.0	4.0	27.0	25.2	23.2	12.4	3.4	2.3	1.7	0.5	0.3	100
		30,995人		79.4％			8,032人		20.6％			

2．障害支援区分

　表5は利用者の障害支援区分の分布を表したものである。全利用者のうち重度といわれる区分4から区分6は，35,051人（89.8％）と全体の9割弱を占め（前年度89.4％），区分5・6で24,656人（63.2％）と全体の約6割を占めた（前年度62.4％）。5年前の平成28年度調査結果では区分4から区分6は83.2％（27,666人），区分5・6は54.7％（18,183人）であったことを踏まえると，高齢化と合わせて重度化も進んできている状況が窺える。

表5　障害支援区分

	非該当	区分1	区分2	区分3	区分4	区分5	区分6	不明・未判定	無回答	計
人数	19	6	273	3,364	10,395	11,960	12,696	22	292	39,027
％	0.0	0.0	0.7	8.6	26.6	30.6	32.5	0.1	0.7	100

3．自閉スペクトラム症

　自閉スペクトラム症（広汎性発達障害や自閉症など）の利用者は，39,027人のうち6,971人（17.9％）であり，前年度から391人，0.1ポイント増加している。

表6　自閉症等利用者数

	自閉スペクトラム症（広範性発達障害、自閉症など）	全利用者数
人数	6,971	39,027
％	17.9	100

4．週あたりの利用契約状況

　表7は利用者の週あたりの利用契約状況の分布を表したものである。最も多いのは週5日で27,748人（71.1％），次いで週6日の4,265人（10.9％）となっていた。また，同様の調査を行うたびに週7日の利用契約者が一定数いるが，制度上は原則的に認められていない。家庭の事情等で短期入所や日中一時支援の代用として一時的に生活介護事業を週7日利用しているものと推測される。

表7　週あたりの利用契約状況

	7／週	6／週	5／週	4／週	3／週	2／週	1／週	その他	不明	計
人数	516	4,265	27,748	1,179	1,795	1,679	1,088	648	109	39,027
％	1.3	10.9	71.1	3.0	4.6	4.3	2.8	1.7	0.3	100

5．複数事業（サービス）等の利用状況

　表8は定期的に利用する他の事業の利用状況を表したものである。障害者総合支援法における日中活動6事業に地域活動支援センターと一般就労も加えると，回答のあった1,253事業所39,027人のうち，816事業所の4,518人（11.6%）が他の事業を利用していた。

　最も多かったのは他の生活介護事業所（757か所）で3,896人（86.2%）が併用しており，他のサービスを大きく引き離していた。次に多かったのが就労継続支援B型事業所で，162か所で303人（6.7%），次いで地域活動支援センター71か所で271人（6.0%）の順となっていた。同事業である他の生活介護事業所を利用する理由としては，希望する生活介護事業所への利用希望が集中した場合に，他の生活介護事業所と組み合わせて利用することや，高齢化や行動障害等，専門性の高い生活介護事業所をニーズに応じて利用している等の理由が推測できる。

表8　複数事業等の利用状況（日中活動）

	生活介護（他事業所）	就労継続支援A型	就労継続支援B型	就労移行支援	自立訓練（生活）	自立訓練（機能）	地域活動支援センター	一般就労	他の障害福祉サービス（日中）等を利用している実人数
人数	3,896	2	303	2	18	19	271	16	4,518
%	86.2	0.0	6.7	0.0	0.4	0.4	6.0	0.4	100
施設数	757	2	162	2	10	9	71	13	816
%	92.8	0.2	19.9	0.2	1.2	1.1	8.7	1.6	100

6．通所手段の状況

　表9は生活介護利用者の通所手段の分布を表したものである。通所手段のうち最も多かったのは事業所送迎（委託含む）で24,436人（62.6%），次いで家族送迎5,283人（13.5%），家族+事業所送迎3,627人（9.3%），自力3,586人（9.2%）の順であった。この数字からも分かるように事業所送迎（62.6%）と家族+事業所送迎（9.3%）で全体の71.9%の利用者が事業所の送迎を利用していることがわかる。また，ヘルパー（移動支援等）の利用率が前年度より0.3ポイントの増加が見られた。

表9　通所手段の状況

	自力	家族送迎	事業所送迎（委託含む）	家族+事業所送迎	自治体送迎	有償サービス送迎	ボランティア	ヘルパー（移動支援等）	その他	不明	計
人数	3,586	5,283	24,436	3,627	159	118	3	580	754	481	39,027
%	9.2	13.5	62.6	9.3	0.4	0.3	0.0	1.5	1.9	1.2	100

7．送迎

　表10は事業所における送迎サービスの実施状況を表したものである。回答のあった1,253事業所の
うち，委託を含めて送迎を実施している事業所は全体の９割を超え，1,190事業所（95.0％）と前年度
（94.7％）より微増した。また，５年前の平成28年度調査結果（92.1％）に比べ2.9ポイントの伸びと
なっていた。

表10　送迎（委託含む）の実施状況

	実施 している	実施 していない	不明 無回答	計
事業所数	1,190	55	8	1,253
％	95.0	4.4	0.6	100

　表11は送迎サービスの利用実人数の分布状況を表したものである。送迎を実施していると回答のあっ
た事業所は1,190事業所（95.0％），送迎サービス利用実人数は28,015人であり，生活介護全利用者39,027
人に占める割合は71.8％となっている。最も多かったのは，「15〜20人未満」の218事業所（18.3％）で
あり，次いで「30〜40人未満」の196事業所（16.5％），「20〜25人未満」の164事業所（13.8％），「10〜
15人未満」の138事業所（11.6％），「５〜10人未満」の130事業所（10.9％），「25〜30人未満」の128事業
所（10.8％）の順となっている。

　また，１事業所あたりの平均送迎サービス利用実人数は23.8人となっており，前年度（23.7人）と
ほぼ同様である。

表11　送迎サービス利用者の実人数

	5人 未満	5〜10人 未満	10〜15人 未満	15〜20人 未満	20〜25人 未満	25〜30人 未満	30〜40人 未満	40〜50人 未満	50人 以上	小計	不明	計	送迎サービス 利用実人数	平均利用 実人数
事業所数	41	130	138	218	164	128	196	106	56	1,177	13	1,190	28,015	23.8
％	3.4	10.9	11.6	18.3	13.8	10.8	16.5	8.9	4.7	98.9	1.1	100	71.8	

　表12は送迎サービスを利用している28,015人の障害支援区分の分布を表したものである。全体としては障
害支援区分が高いほど送迎サービスの利用人数が多くなる傾向にあり，通所型の生活介護事業における利
用者の障害支援区分（表５）の分布と同じ傾向であった。

　次に，利用者の障害支援区分毎の人数（表５）を分母とし，各区分で送迎サービスを利用している割合
を見てみると，区分６では12,696人のうち9,474人（74.6％）と区分６の利用者の４分の３近くが送迎サー
ビスを利用している。同様に，区分５では，11,960人のうち8,629人（72.1％），区分４では10,395人のうち
7,080人（68.1％），区分３では3,364人のうち2,222人（66.1％）となり，障害支援区分が高くなるほど送迎
サービスの利用率も高くなっている状況は前年度と同様である。

表12　送迎サービス利用者の障害支援区分

	非該当	区分1	区分2	区分3	区分4	区分5	区分6	不明・未判定	無回答	計
人数	4	0	195	2,222	7,080	8,629	9,474	11	400	28,015
％	0.0	0	0.7	7.9	25.3	30.8	33.8	0.0	1.4	100
全利用者数	19	6	273	3,364	10,395	11,960	12,696	22	292	39,027

表13，14は，送迎サービスを実施している事業所の送迎加算の受給状況である。

送迎サービスを実施している1,190事業所のうち，送迎加算を取得しているのは977事業所（82.1％）であった。また，送迎加算を取得している977事業所のうち重度加算を取得している事業所は458事業所（46.9％）であった。

表13　送迎加算の受給状況

	①送迎加算（Ⅰ）を受けている	②送迎加算（Ⅱ）を受けている	①及び②以外で送迎加算（Ⅰ）または送迎加算（Ⅱ）いずれかを受けている	加算を受けていない	不明・無回答	計
事業所数	847	104	26	20	193	1,190
％	71.2	8.7	2.2	1.7	16.2	100

表14　送迎加算（重度）の受給状況

	受けている	受けていない	不明無回答	計
事業所数	458	336	183	977
％	46.9	34.4	18.7	100

表15は片道一回あたりの平均送迎人数の分布を示したものである。最も多かったのは，「5～10人未満」（22.1％），次に「30人以上」（15.0％），次いで「15～20人未満」（13.6％），「10～15人未満」（13.4％）の順であった。「5人未満」は前年度より1.7ポイントの増加となっている。

表15　片道1回あたりの平均送迎人数

	5人未満	5～10人未満	10～15人未満	15～20人未満	20～25人未満	25～30人未満	30人以上	不明無回答	計
事業所数	156	263	160	162	118	77	178	76	1,190
％	13.1	22.1	13.4	13.6	9.9	6.5	15.0	6.4	100

表16は1週間あたりの送迎回数の分布を表したものである。「7～10回」が736事業所（61.8％），「11回以上」が194事業所（16.3％）と7回以上を占める割合が全体の8割近くを占めている。

表16　1週間あたりの送迎回数

	～6回	7回～10回	11回以上	不明無回答	計
事業所数	121	736	194	139	1,190
％	10.2	61.8	16.3	11.7	100

表17は送迎サービスを実施している1,190事業所における送迎車１台あたりが要している１日あたり（朝夕の合計）の平均送迎時間を表したものである。最も多かったのは「60～90分未満」が276事業所（23.2％），次いで「120～150分未満」が242事業所（20.3％），次に「150分以上」が229事業所（19.2％）であった。前年度と比較すると「30分未満」が0.6ポイント減少しているが，他の区分は概ね同様である。

表17　送迎車１台あたりが要している１日あたり（朝夕の合計）の平均送迎時間

	30分未満	30～60分未満	60～90分未満	90～120分未満	120～150分未満	150分以上	不明無回答	計
事業所数	27	180	276	200	242	229	36	1,190
％	2.3	15.1	23.2	16.8	20.3	19.2	3.0	100

　表18は送迎サービスを実施している事業所が送迎のために運行している車両の台数を表している。最も多かったのが「３台」249事業所（20.9％），次に「４台」215事業所（18.1％）次いで「５台」192事業所（16.1％）となっている。

表18　平常の開設日における利用者送迎の為に運行される車輌の台数

	1台	2台	3台	4台	5台	6台	7台	8台	9台以上	不明無回答	計
事業所数	66	151	249	215	192	117	76	44	51	29	1,190
％	5.5	12.7	20.9	18.1	16.1	9.8	6.4	3.7	4.3	2.4	100

　表19は送迎実施サービス事業所が１日あたりの利用者送迎に要した全車両の往復の走行距離合計である。「51～100km」が217事業所（18.2％）と最も多く，次いで「１～50km」は212事業所（17.8％），次に「101～150km」が178事業所（15.0％）となっており，合わせると全体の約半数を占める。また，「501km以上」の事業所の割合は前年度から0.4ポイント増加している。

表19　１日あたりの利用者送迎に要した全車輌の走行距離の合計

	1～50km	51～100km	101～150km	151～200km	201～250km	251～300km	301～400km	401～500km	501km以上	不明無回答	計
事業所数	212	217	178	162	115	65	79	26	32	104	1,190
％	17.8	18.2	15.0	13.6	9.7	5.5	6.6	2.2	2.7	8.7	100

　表20は送迎車に添乗する介助職員人数の合計の表である。最も多いのが「１～５人」646事業所（54.3％）となっている。次いで「６～10人」194事業所（16.3％）と，前年度より「１～５人」は1.6ポイント減少し，「６～10人」は1.6ポイント増加している。

表20　平常の開設日における送迎車に添乗する介助職員人数の合計

	0人	1～5人	6～10人	11人～15人	16人～20人	21人以上	不明 無回答	計
事業所数	186	646	194	34	16	5	109	1,190
％	15.6	54.3	16.3	2.9	1.3	0.4	9.2	100

　表21は送迎車に添乗する介助職員の1日あたりの添乗時間の合計を表したものである。最も多いのは「1～3時間未満」360事業所（30.3％），次いで「3～5時間未満」が167事業所（14.0％），次は「1時間未満」が152事業所（12.8％）であり，5時間未満が合わせて57.1％となっている。

表21　平常の開設日における送迎車に添乗する介助職員の1日あたりの添乗時間の合計

	1時間 未満※	1～3 時間未満	3～5 時間未満	5～7 時間未満	7～9 時間未満	9～11 時間未満	11～15 時間未満	15～20 時間未満	20～25 時間未満	25～30 時間未満	30時間 以上	不明・ 無回答	計
事業所数	152	360	167	81	39	46	39	27	10	9	74	186	1,190
％	12.8	30.3	14.0	6.8	3.3	3.9	3.3	2.3	0.8	0.8	6.2	15.6	100

※0時間（123事業所）を含む

8．入浴提供の状況

　表22は，生活介護サービス利用中に入浴サービスを実施している事業所数を表したものであり，1,253事業所のうち357か所（28.5％）が入浴サービスを提供していた。前年度は，提供している事業所が1,191事業所のうち340か所（28.5％）となっており，提供割合は同様だが，事業所数は17か所増えている。

表22　入浴サービスの提供状況

	提供 している	提供 していない	不明 無回答	計
事業所数	357	749	147	1,253
％	28.5	59.8	11.7	100

　表23は1週間あたりの入浴提供日数を表したものであり，最も多かったのは週5日の提供で，全体の約3分の1にあたる116か所（32.5％），次いで週3日が59か所（16.5％），週2日が56か所（15.7％）であった。

表23　1週間の入浴提供日数

	1日	2日	3日	4日	5日	6日	7日	その他	不明	計
事業所数	43	56	59	32	116	23	4	6	18	357
％	12.0	15.7	16.5	9.0	32.5	6.4	1.1	1.7	5.0	100

※小数，または8日以上はその他に計上

表24・表25は，入浴サービス利用者の障害支援区分及び年齢層を表したものである。全利用者39,027人のうち入浴サービスを利用しているのは3,198人（8.2％）であり，前年度の3,186人（8.6％）と大きな増減は見られない。表5における障害支援区分毎の人数を分母に見ると，区分6の利用者は13.4％が利用しており，次いで区分2が7.0％であった。（非該当の全利用者19人中3人の15.8％は絶対数が少ないことから分析から除外）年齢層別にみると，80歳以上の生活介護利用者105人のうち22人（21.0％）が入浴サービスを利用していた。60代と70代の2階層では1割強（12.9％と15.6％），59歳以下の年代では1割未満（6.3％から8.6％）が入浴サービスを利用していた。年齢が上がると入浴サービスの利用率が高くなる傾向が窺える。

表24　入浴サービス利用者の障害支援区分

	非該当	区分1	区分2	区分3	区分4	区分5	区分6	不明 未判定	計
人数	3	0	19	175	550	744	1,707	0	3,198
％	15.8	0	7.0	5.2	5.3	6.2	13.4	0	8.2
全利用者数	19	6	273	3,364	10,395	11,960	12,696	22	39,027

表25　入浴サービス利用者の年齢

	～19歳	20～29歳	30～39歳	40～49歳	50～59歳	60～69歳	70～79歳	80歳以上	不明 無回答	入浴サービス 利用者実数
人数	100	849	793	583	416	287	132	22	16	3,198
％	6.3	8.0	8.1	6.5	8.6	12.9	15.6	21.0	－	8.2
全利用者数	1,581	10,554	9,824	9,036	4,849	2,233	845	105	－	39,027

　表26は，入浴サービスを利用している3,198人の利用する理由を整理したものである。最も多かったのは「住まいでの介助の人手がない」で2,047人（64.0％）であり，次に「その他」567人（17.7％），3番目に「住まいの浴室が狭く十分な介助ができない」456人（14.3％）となっていた。「住まいでの介助の人手がない」及び「住まいの浴室が狭く十分な介助ができない」を足すと2,503人（78.3％）と約8割が該当し，これらは生活介護事業所においても一定度の介助が必要な利用者群と推察できる。

表26　入浴サービスを利用する理由

	住まいでの 介助の人手 がない	住まいの浴室が 狭く十分な介助 ができない	その他	無回答	計
人数	2,047	456	567	128	3,198
％	64.0	14.3	17.7	4.0	100

表27から表32は入浴サービス利用にあたっての料金徴収，週あたりの入浴サービスの提供に従事する職員の従事時間の合計，特殊浴槽の整備状況を表したものである。入浴サービスを提供している事業所357か所のうち，料金を徴収しているのは180か所（50.4％）で，徴収金額の平均額は274円であった。週あたりの入浴サービスに従事する職員の従事時間の合計は2時間未満が多く，89か所（24.9％）であった一方で，10時間以上と回答した事業所も70か所（19.6％）あった。また，特殊浴槽（機械浴）を整備しているのは，121か所（33.9％）であり，特殊浴槽（機械浴）の整備台数は113か所（93.4％）が1台で，2台整備している事業所が6か所（5.0％）あった。特殊浴槽（リフト浴）を整備しているのは，87か所（24.4％）で，特殊浴槽（リフト浴）の整備台数は81か所（93.1％）が1台となっている。

表27　入浴サービス利用にあたっての料金徴収

	徴収している	徴収していない	無回答	計	徴収金額	
					回答数	平均
事業所数	180	155	22	357	178	¥274
％	50.4	43.4	6.2	100		

表28　週あたりの入浴サービスの提供に従事する職員の従事時間の合計

	2時間未満	2時間~3時間未満	3時間~4時間未満	4時間~5時間未満	5時間~6時間未満	6時間~7時間未満	7時間~8時間未満	8時間~9時間未満	9時間~10時間未満	10時間以上	不明無回答	計
事業所数	89	40	25	25	19	12	10	6	7	70	54	357
％	24.9	11.2	7.0	7.0	5.3	3.4	2.8	1.7	2.0	19.6	15.1	100

表29　特殊浴槽（機械浴）の整備

	整備している	整備していない	不明無回答	計
事業所数	121	190	46	357
％	33.9	53.2	12.9	100

表30　特殊浴槽（機械浴）の台数

	1台	2台	不明無回答	計
事業所数	113	6	2	121
％	93.4	5.0	1.7	100

表31　特殊浴槽（リフト浴）の整備

	整備している	整備していない	不明無回答	計
事業所数	87	206	64	357
％	24.4	57.7	17.9	100

表32　特殊浴槽（リフト浴）の台数

	1台	2台	3台以上	不明 無回答	計
事業所数	81	4	1	1	87
％	93.1	4.6	1.1	1.1	100

9．リハビリテーションの状況

　全事業所1,253か所のうち，リハビリテーション加算を取得している事業所は56か所（4.5％）と少なく，リハビリテーションを実施している職種は，重複計上で多い順にP.T（理学療法士）54か所（4.3％），支援員34か所（2.7％），O.T（作業療法士）25か所（2.0％），看護師23か所（1.8％）であった。

表33　リハビリテーション加算の取得状況

	加算を 受けている	加算を 受けていない	不明 無回答	計
事業所数	56	1,073	124	1,253
％	4.5	85.6	9.9	100

表34　リハビリテーションを実施している職種状況（重複計上）

	O.T（作業 療法士）	P.T（理学 療法士）	S.T（言語 聴覚士）	看護師	医師	支援員	その他	全事業所数
事業所数	25	54	7	23	2	34	2	1,253
％	2.0	4.3	0.6	1.8	0.2	2.7	0.2	100

10．生産活動と工賃

　生活介護事業所では，利用者に対し創作的活動又は生産活動の機会を提供することが義務付けられているが，回答のあった1,253事業所のうち4分の3以上の990か所（79.0％）が生産活動を提供し工賃を支給していた。その中で工賃を支給している場合の会計区分について回答のあった事業所928か所の会計区分の内訳は，就労支援会計が498か所（53.7％）と半数を超え，施設会計は370か所（39.9％）であった。工賃を支給している事業所の平均工賃月額は3,000円未満の事業所が最も多く，501か所（50.6％）と半数を占め，次いで3,000円以上5,000円未満が180か所（18.2％），5,000円以上10,000円未満が171か所（17.3％），10,000円以上支給している事業所があわせて78か所（7.9％）であった。

表35　生産活動の機会の提供と工賃の支給

	支給 している	支給 していない	不明 無回答	計
事業所数	990	226	37	1,253
％	79.0	18.0	3.0	100

表36　工賃を支給している場合の会計区分

	施設会計	就労支援会計	その他	不明無回答	表36において回答のあった事業所数
事業所数	370	498	62	62	928
%	39.9	53.7	6.7	−	100

表37　工賃を支給している場合の平均工賃月額

	3,000円未満	～5,000円未満	～10,000円未満	～20,000円未満	20,000円以上	不明無回答	計
事業所数	501	180	171	58	20	60	990
%	50.6	18.2	17.3	5.9	2.0	6.1	100

11.　日中一時支援

　表38は，令和3年4月から6月の3か月間，同一法人内での日中一時支援事業の実施状況を調べたものである。同一法人内で日中一時支援事業を実施していると答えた事業所は679か所と前年度より44カ所増え，54.2%の事業所で実施していた。

表38　日中一時支援事業の実施状況

	実施している	実施していない	不明無回答	計
事業所数	679	471	103	1,253
%	54.2	37.6	8.2	100

　表39は同一法人内で実施している日中一時支援の事業所数を調べたものである。1事業所のみが42.1%（286事業所），2事業所は19.6%（133か所），5事業所以上は11.5%（78か所）であった。

表39　同一法人内で実施している日中一時支援の事業所数

	1事業所	2事業所	3事業所	4事業所	5事業所以上	不明無回答	計
事業所数	286	133	84	63	78	35	679
%	42.1	19.6	12.4	9.3	11.5	5.2	100

　表40は日中一時支援の定員規模を調べたものである。定員総数は不明173か所を除いた506か所で7,810人（前年度491か所6,832人）と，定員の平均は前年度より1.5人増え15.4人となっていた。

表40　同一法人内で実施している日中一時支援の定員合計

	1人	2人	3人	4人	5人	6人	7人			
事業所数	11	26	24	42	53	41	13			
％	1.6	3.8	3.5	6.2	7.8	6.0	1.9			

	8人	9人	10人	11～15人	16～20人	21人以上	不明	計	日中一時支援事業定員総数	平均定員人数
事業所数	25	10	58	56	57	90	173	679	7,810	15.4
％	3.7	1.5	8.5	8.2	8.4	13.3	25.5	100		

12. 人員配置の状況

　表41-1は人員配置体制加算（Ⅰ）（職員配置1.7対1）の取得状況を調べたものである。加算を取得している事業所数は232か所（18.5％）で，その単位数は236単位だった。

表41－1　人員配置体制加算（Ⅰ）を取得している事業所数

	加算を受けている	加算を受けていない	不明・無回答	計	加算を取得している単位数（一体的運営を含む）
事業所数	232	797	224	1,253	236
％	18.5	63.6	17.9	100	

　表41-2は人員配置体制加算（Ⅰ）を取得している単位ごとの実際の人員配置比率の分布を示したものである。全236単位のうち「～1.6対1」が60単位（25.4％）あり最も多かったが，「～1.5対1」以上の手厚い配置をしている事業所・単位もあわせて119か所50.4％（前年度は105か所で45.9％）と半数を超えていた。

表41－2　単位ごとの人員配置比率の分布

配置比率	1.7対1	～1.6対1	～1.5対1	～1.4対1	～1.3対1	～1.2対1	～1.1対1	1.1対1未満	不明・無回答	計
単位数	23	60	42	35	16	11	6	9	34	236
％	9.7	25.4	17.8	14.8	6.8	4.7	2.5	3.8	14.4	100

13. 看護師の配置状況

　表42-1は常勤看護職員等配置加算の取得状況を調査したものである。全1,253事業所のうち常勤看護職員が常勤換算で1人以上配置されている場合に算定できる常勤看護職員等配置加算（Ⅰ）を取得しているところは319か所と全体の25.5%を占め，前年度よりも2.7ポイント増えている。常勤換算で，看護職員を2人以上配置している場合に算定できる加算（Ⅱ）を取得しているところは74か所と全体の5.9%を占め，前年度から0.2ポイント減少していた。また，加算を取得していないところは639か所と全体の約半数を占める。

　表42-2は生活介護事業所の単位数を表わしたものである。1単位のみに回答のあったところは1,012か所と全体の約8割を占め，2単位以上の事業所数はあわせて11か所（0.9%）と前年度と同様の傾向となっている。

表42-1　常勤看護職員等配置加算の取得状況

	加算（Ⅰ）を取得している事業所又は生活介護の単位数	加算（Ⅱ）を取得している事業所又は生活介護の単位数	加算を取得していない事業所又は生活介護の単位数	実事業所数
事業所数	319	74	639	1,253
%	25.5	5.9	51.0	100

表42-2　生活介護事業所の単位数

	1単位のみの事業所数（単位①のみに回答のあった事業所数）	2単位の事業所数（単位①と単位②に回答のあった事業所数）	3単位の事業所数（単位①と単位②と単位③に回答のあった事業所数）	単位①〜③のいずれにも回答の無かった事業所数	計
事業所数	1,012	9	2	230	1,253
%	80.8	0.7	0.2	18.4	100

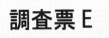

調査票E

※この調査票は、生活介護事業（通所型）、のみご回答ください。

全国知的障害児・者施設・事業 利用者実態調査票【事業利用単位】

（令和3年6月1日現在）

記入責任者 氏　　　　名		職　名

《留意事項》

1. 本調査は生活介護事業（通所型）を対象としています。
   当該事業を利用する利用者の状況についてご回答ください。

   ①生活介護（通所型）の利用者についてご回答ください。
   　　※生活介護であっても、併せて施設入所支援を実施している場合、本調査は対象外です

   ②日中活動が「多機能型」の場合には、個々の事業ごとに各々作成してください。
   　　例1：「多機能型」で就労継続支援Ｂ型と生活介護の事業を実施
   　　　→　調査票は2部作成（「就労継続支援Ｂ型」で 調査票Ｂ を1部・「生活介護」で 調査票Ｅ を1部）

   ③従たる事業については、当該事業の利用者を主たる事業に含めてご回答ください。

2. 設問は特別の指示がない場合にはすべて令和3年6月1日現在でご回答ください。

3. マークのある欄は同じ数値が入ります。指示のない限り整数でご回答ください。
   　　※人数等に幅（1～2人など）を持たせないでください。

4. 本調査の結果は、統計的に処理をするためご回答いただいた個別の内容が公表されることはありません。

☆下記の印字内容に誤り若しくは変更がございましたら、赤ペン等で修正してください。（印字がない部分はご記入ください。）
なお、日本知的障害者福祉協会会員データへの反映には、別途「全国知的障害関係施設・事業所名簿」巻末の"変更届"にて変更内容を記載し、ご提出（FAX：03-3431-1803）いただく必要がございます。

施設・事業所の名称		電　話	
上記の所在地			
経営主体の名称			
施設・事業の種類 ※1つの事業所で2つ以上の事業を実施している場合は、1事業ごとに調査票（コピー）を作成してください。	※施設・事業の種類に誤り若しくは変更がある場合には、右枠より該当の番号を選択してください。	01．障害児入所施設（福祉型・医療型） 02．児童発達支援センター（福祉型・医療型）　　20．多機能型 11．療養介護　　　　　　　　　　　　　　20-11．療養介護 12．生活介護　　　　　　　　　　　　　　20-12．生活介護 13．自立訓練（生活訓練・機能訓練）　　　20-13．自立訓練（生活訓練・機能訓練） 14．自立訓練（宿泊型）　　　　　　　　　20-14．自立訓練（宿泊型） 15．就労移行支援　　　　　　　　　　　　20-15．就労移行支援 16．就労継続支援Ａ型　　　　　　　　　　20-16．就労継続支援Ａ型 17．就労継続支援Ｂ型　　　　　　　　　　20-17．就労継続支援Ｂ型 18．施設入所支援	
該当する場合にはチェックをしてください。		上記事業に付帯して、□就労定着支援　を行っている。	

[1]定　員	人	開設年月		移行年月	

☆恐れ入りますが、調査票3ページ右下枠内に番号を転記してください。　→　| 施設コード | |

<table>
<tr><td rowspan="13">[2]
現在員

(1)(2)
(4)
の男女別
人員計は
一致する
こと</td><td colspan="2">（1）契約・措置利用者数（合計）</td><td colspan="5">①男　★　　　人</td><td colspan="5">②女　☆　　　人</td><td colspan="4">計　●　　　　　　人</td></tr>
</table>

	（2）年齢別在所者数　※「6～11歳」のうち6歳児の未就学児数のみを左下枠内に計上のこと														
年齢	2歳以下	3～5歳	6～11歳 ※	12～14歳	15～17歳	18～19歳	20～29歳	30～39歳	40～49歳	50～59歳	60～64歳	65～69歳	70～74歳	75～79歳	80歳以上	計
1.男			※													★
2.女			※													☆
計	人	人	人 ※	人	人	人	人	人	人	人	人	人	人	人	人	● 人
うち障児・者	人	人	人 ※	人	人	人	人	人	人	人	人	人	人	人	人	人

（3）平均年齢　※小数点第2位を四捨五入すること	．　　歳

（4）利用・在籍年数別在所者数※障害者自立支援法事業の施行（平成18年10月）による新たな事業への移行から利用・在籍している年数で計上のこと
※「18.施設入所支援」,「01.障害児入所施設（福祉型・医療型）」は旧法施設からの利用・在籍年数で計上のこと

在所年数	0.5年未満	0.5～1年未満	1～2年未満	2～3年未満	3～5年未満	5～10年未満	10～15年未満	15～20年未満	20～30年未満	30～40年未満	40年以上	計
1.男												★
2.女												☆
計	人	人	人	人	人	人	人	人	人	人	人	● 人

[3] 障害支援区分別在所者数
※「療養介護」,「生活介護」,「18.施設入所支援」のみ回答のこと
※[2]の人員計と一致すること
※「01.障害児入所施設（福祉型・医療型）」に併せて経過的施設入所支援, 経過的生活介護を実施する場合は対象者のみ計上のこと

非該当	区分1	区分2	区分3	区分4	区分5	区分6	不明・未判定	計
人	人	人	人	人	人	人	人	● 人

[4] 療育手帳程度別在所者数
※[2]の人員計と一致すること

1．最重度・重度	2．中軽度	3．不所持・不明	計
人	人	人	● 人

[5] 身体障害の状況
※身体障害者手帳所持者についてのみ回答のこと

手帳所持者実数 ○	手帳に記載の障害の内訳 ※重複計上可	1．視覚	2．聴覚	3．平衡	4．音声・言語又は咀嚼機能	5．肢体不自由	6．内部障害
人		人	人	人	人	人	人

[6] 身体障害者手帳程度別在所者数
※[5]の手帳所持者実数と一致すること
※重複の場合は総合等級を回答

1級	2級	3級	4級	5級	6級	計
人	人	人	人	人	人	○ 人

[7] 精神障害者保健福祉手帳の程度別在所者数

1級	2級	3級	計
人	人	人	人

[8] 精神障害の状況
※医師の診断名がついているもののみ記入すること
※てんかんとてんかん性精神病は区別し, てんかん性精神病のみ計上のこと
※その他の欄に精神遅滞は計上しないこと

1．自閉スペクトラム症（広汎性発達障害、自閉症など）　人	4．てんかん性精神病　人
2．統合失調症　人	5．その他（強迫性心因反応、神経症様反応など）　人
3．気分障害（周期性精神病、うつ病性障害など）　人	計　人

[9]「てんかん」の状況 ※てんかんとして現在服薬中の人数　人	[10]認知症の状況	1．医師により認知症と診断されている人数		2．医師以外の家族・支援員等が認知症を疑う人数	
			うちダウン症の人数		うちダウン症の人数
		人	人	人	人

[11] 矯正施設・更生保護施設・指定入院医療機関を退所・退院した利用者数
※矯正施設とは、刑務所、少年刑務所、拘置所、少年院、少年鑑別所、婦人補導院をさす（基準日現在）

1．矯正施設		2．更生保護施設		3．指定入院医療機関		計	
	うち3年以内		うち3年以内		うち3年以内		うち3年以内
人	人	人	人	人	人	人	人

[12]上記[11]のうち地域生活移行個別支援特別加算を受けている利用者数
※「18.施設入所支援」「自立訓練（宿泊型）」のみ回答のこと

[13]支援度	支援度の指標	1　級 常時全ての面で支援が必要	2　級 常時多くの面で支援が必要	3　級 時々又は一時的にあるいは一部支援が必要	4　級 点検、注意又は配慮が必要	5　級 ほとんど支援の必要がない	
[13]－A 日常生活面 ※[2]の人員計と一致すること	内　容	基本的生活習慣が形成されていないため、常時全ての面での介助が必要。それがないと生命維持も危ぶまれる。	基本的生活習慣がほとんど形成されていないため、常時多くの面で介助が必要。	基本的生活習慣の形成が不十分なため、一部介助が必要。	基本的生活習慣の形成が不十分ではあるが、点検助言が必要とされる程度。	基本的生活習慣はほとんど形成されている、自主的な生活態度の養成が必要。	計
	人　員	人	人	人	人	人	● 人
[13]－B 行動面 ※[2]の人員計と一致すること	内　容	多動、自他傷、拒食などの行動が顕著で常時付添い注意が必要。	多動、自閉などの行動があり、常時注意が必要。	行動面での問題に対し注意したり、時々指導したりすることが必要。	行動面での問題に対し多少注意する程度。	行動面にはほとんど問題がない。	計
	人　員	人	人	人	人	人	● 人
[13]－C 保健面 ※[2]の人員計と一致すること	内　容	身体的健康に厳重な看護が必要。生命維持の危険が常にある。	身体的健康につねに注意、看護が必要。発作頻発傾向。	発作が時々あり、あるいは周期的精神変調がある等のため一時的又は時々看護の必要がある。	服薬等に対する配慮程度。	身体的健康にはほとんど配慮を要しない。	計
	人　員	人	人	人	人	人	● 人

[14]日常的に医療行為等を必要とする利用者数 ※事業所内（職員・看護師）によるもののみ計上のこと ※医療機関への通院による医療行為等は除く	1．点滴の管理（持続的）※1　人	6．人工呼吸器の管理　※4 （侵襲、非侵襲含む）　人	11．導尿　人
	2．中心静脈栄養　※2 （ポートも含む）　人	7．気管切開の管理　人	12．カテーテルの管理 （コンドーム・留置・膀胱ろう）　人
	3．ストーマの管理　※3 （人工肛門・人工膀胱）　人	8．喀痰吸引 （口腔・鼻腔・カニューレ内）　人	13．摘便　人
	4．酸素療法　人	9．経管栄養の注入・水分補給 （胃ろう・腸ろう・経鼻経管栄養）　人	14．じょく瘡の処置　人
	5．吸入　人	10．インシュリン療法　人	15．疼痛の管理 （がん末期のペインコントロール）　人
	※1…長時間（24時間）にわたり点滴をおこない、針の刺し直し（針刺・抜針）も含む ※2…末梢からの静脈点滴が難しい方におこなう処置 ※3…皮膚の炎症確認や汚物の廃棄 ※4…カニューレ・気管孔の異常の発見と管理		計　人

[15]複数事業（所）利用者数 ※日中活動事業（所）・「02．児童発達支援センター」のみ回答のこと ※定期的に利用する日中活動サービスが他にある場合のみ回答のこと ※同一事業を複数個所で利用している場合も計上のこと	人	※定期的に利用する日中活動サービスとは 療養介護、生活介護、自立訓練（宿泊型は除く）、就労移行支援、就労継続支援A型、就労継続支援B型の6事業及び幼稚園、保育園とする

[16]日中活動利用者の生活の場の状況 ※[2]と人員計が一致すること ※日中活動事業（所）・「02．児童発達支援センター」のみ回答のこと ※利用契約をしている利用者の実数を回答のこと	1．家庭（親・きょうだいと同居）　人	5．福祉ホーム　人
	2．アパート等（主に単身・配偶者有り）　人	6．施設入所支援　人
	3．グループホーム・生活寮等　人	7．その他　人
	4．自立訓練（宿泊型）　人	計　●　人

[17]施設入所支援利用者の日中活動の状況 ※[2]と人員計が一致すること ※1ページ目に「18．施設入所支援」と印字されている調査票のみ回答のこと ※「01．障害児入所施設（福祉型・医療型）」に併せて実施する経過的施設入所支援は除く	1．同一法人敷地内で活動	
	2．同一法人で別の場所（敷地外）で活動	
	3．他法人・他団体が運営する日中活動事業所等で活動	
	4．その他の日中活動の場等で活動	
	計	

[18]成年後見制度の利用者数 ※当該事業の利用者のみ対象	1．後見　人	2．保佐　人	3．補助　人

☆恐れ入りますが、調査票1ページ右下枠内の番号を転記してください。　→　　施設コード

[19]－A　令和2年度新規入所者の入所前（利用前）の状況
（令和2年4月1日〜令和3年3月31日の1年間）

イ．家業の手伝いで低額であっても賃金を受け取る場合には一般就労とする
ロ．（1）と（2）の人員計が一致すること

※該当期間に他の事業種別に転換した事業所はすべての利用者について回答のこと

（1）生活の場		（人）	（2）活動の場		（人）
1.家庭（親・きょうだいと同居）	15.精神科病院		1.家庭のみ	15.老人福祉・保健施設	
2.アパート等（主に単身）	16.施設入所支援		2.一般就労	16.一般病院・老人病院（入院）	
3.グループホーム・生活寮等	17.自立訓練（宿泊型）		3.福祉作業所・小規模作業所	17.精神科病院（入院）	
4.社員寮・住み込み等	18.少年院・刑務所等の矯正施設		4.職業能力開発校	18.療養介護	
5.職業能力開発校寄宿舎	19.その他・不明		5.特別支援学校（高等部含む）	19.生活介護	
6.特別支援学校寄宿舎			6.小中学校（普通学級）	20.自立訓練	
7.障害児入所施設（福祉型・医療型）			7.小中学校（特別支援学級）	21.就労移行支援	
8.児童養護施設			8.その他の学校	22.就労継続支援A型	
9.乳児院	※前年度1年間に新規で入所された方の状況のみ計上してください。		9.保育所・幼稚園	23.就労継続支援B型	
10.児童自立支援施設			10.障害児入所施設（福祉型・医療型）	24.地域活動支援センター等	
11.知的障害者福祉ホーム			11.児童発達支援センター・児童発達支援事業等	25.少年院・刑務所等の矯正施設	
12.救護施設			12.児童養護施設	26.その他・不明	
13.老人福祉・保健施設			13.乳児院		
14.一般病院・老人病院	計		14.救護施設	計	

[19]－B　令和2年度退所者の退所後（契約・措置解除後）の状況
（令和2年4月1日〜令和3年3月31日の1年間）

イ．家業の手伝いで低額であっても賃金を受け取る場合には一般就労とする
ロ．（1）と（2）の人員計が一致すること
※退所後6か月程度で死亡したケースも記入すること

（1）生活の場		（人）	（2）活動の場		（人）
1.家庭（親・きょうだいと同居）	14.施設入所支援		1.家庭のみ	15.一般病院・老人病院（入院）	
2.アパート等（主に単身）	15.自立訓練（宿泊型）		2.一般就労	16.精神科病院（入院）	
3.グループホーム・生活寮等	16.少年院・刑務所等の矯正施設		3.福祉作業所・小規模作業所	17.療養介護	
4.社員寮・住み込み等	17.その他・不明		4.職業能力開発校	18.生活介護	
5.職業能力開発校寄宿舎	小計		5.特別支援学校（高等部含む）	19.自立訓練	
6.特別支援学校寄宿舎	18.死亡退所※		6.小中学校（普通学級）	20.就労移行支援	
7.障害児入所施設（福祉型・医療型）			7.小中学校（特別支援学級）	21.就労継続支援A型	
8.児童養護施設			8.その他の学校	22.就労継続支援B型	
9.知的障害者福祉ホーム	※前年度1年間に退所された方の状況のみ計上してください。		9.保育所・幼稚園	23.地域活動支援センター等	
10.救護施設			10.障害児入所施設（福祉型・医療型）	24.少年院・刑務所等の矯正施設	
11.老人福祉・保健施設			11.児童発達支援センター・児童発達支援事業等	25.その他・不明	
12.一般病院・老人病院			12.児童養護施設	小計	
13.精神科病院			13.救護施設	26.死亡退所※	
	計		14.老人福祉・保健施設	計	

[20]介護保険サービスへの移行・併給状況

※1ページ目施設・事業の種類「18.施設入所支援」は除く。生活介護と施設入所支援を行う事業所の重複回答を避けるため、両方の事業を行う場合は1ページ目「18.施設入所支援」と印字された調査票以外、回答のこと。

イ．令和2年4月1日〜令和3年3月31日の1年間に新規に移行又は併給を開始した者を計上すること

No.	移行・併給開始年齢	性別	知的障害の程度（別表1より）	障害支援区分	移行前の生活の場（別表4より）	移行後の生活の場（別表5より）	介護認定区分（別表6より）	移行・併給後に利用を開始した別表（5）のうち4〜7以外の介護保険サービス（別表7より）複数選択可	移行・併給開始の理由（別表8より）
1									
2									
3									
4									
5									
6									

[21]就職の状況　※「児童発達支援センター」、「自立訓練（宿泊型）」、「施設入所支援」は除く。職場適応訓練は除く。

イ．令和2年4月1日〜令和3年3月31日の1年間を調査すること
ロ．家業の手伝いで低額であっても賃金を受け取る場合も記入のこと
ハ．「事業利用（在所）年月」の欄は、現事業（所）での利用（在所）期間を記入のこと
ニ．「知的障害の程度」は、児童相談所または更生相談所の判定より記入すること
ホ．〔19〕−B、（2）活動の場、2一般就労　の人数と一致すること

No.	就職時年齢	性別	事業利用（在所）年月	知的障害の程度（別表1より）	年金受給の有無（別表2より）	雇用先の業種	仕事の内容	就職時の給与（月額）	就職時の生活の場（別表3より）
例	20　歳	男	2年　か月	4	4	飲食店	接客・食器洗浄	￥　80,000	1
1			年　か月						
2			年　か月						
3			年　か月						
4			年　か月						
5			年　か月						
6			年　か月						
7			年　か月						
8			年　か月						
9			年　か月						
10			年　か月						

[22]死亡の状況　※1ページ目施設・事業の種類「18.施設入所支援」は除く。生活介護と施設入所支援を行う事業所の重複回答を避けるため、両方の事業を行う場合は1ページ目「18.施設入所支援」と印字された調査票以外、回答のこと。

イ．令和2年4月1日〜令和3年3月31日の1年間を調査すること
ロ．退所後6か月程度で死亡したケースも記入すること
ハ．〔19〕−B、（1）生活の場、18死亡退所　の人数と一致すること

No.	死亡時年齢	性別	知的障害の程度（別表1より）	死亡場所（別表9より）	死因（右より選択）	
1	歳					
2						1．病気
3						2．事故
4						3．その他
5						
6						

別表1	1．最重度　　2．重度　　3．中度　　4．軽度　　5．知的障害なし
別表2	1．有：1級　　2．有：2級　　3．有：その他（厚生年金・共済年金）　　4．無
別表3	1．家庭　　2．アパート等　　3．グループホーム・生活寮等　　4．社員寮等 5．自立訓練（宿泊型）　　6．福祉ホーム　　7．その他　　8．不明
別表4	1．家庭（親・きょうだいと同居）　　2．アパート等（主に単身）　　3．グループホーム・生活寮等 4．社員寮・住み込み等　　5．知的障害者福祉ホーム　　6．施設入所支援 7．自立訓練（宿泊型）　　8．その他・不明
別表5	1．家庭　　2．アパート　　3．グループホーム（障害福祉） 4．グループホーム（認知症対応）　　5．特別養護老人ホーム　　6．介護老人保健施設 7．介護療養型医療施設　　8．その他
別表6	1．要支援1　　2．要支援2　　3．要介護1 4．要介護2　　5．要介護3　　6．要介護4　　7．要介護5
別表7	1．デイサービス・デイケア　　2．訪問・居宅介護（ホームヘルプサービス）　　3．短期入所（ショートステイ） 4．訪問看護　　5．その他　　6．利用なし
別表8	1．市町村等行政から65歳になったので移行指示があった。 2．加齢により支援が限界となったため事業所側から移行・併給を働きかけた 3．本人の希望により　　4．家族の希望により　　5．その他
別表9	1．施設　　2．病院　　3．家庭　　4．その他

〔生活介護（通所型）〕以下より生活介護（通所型）のみご回答ください

[23]週当たりの利用 契約状況 ※2ページ目［2］の現在員●と 一致すること	7日／週	6日／週	5日／週	4日／週	3日／週	2日／週	1日／週	その他	計
	人	人	人	人	人	人	人	人	● 人

[24]複数事業（サービス）等の利用状況

※設問2の内訳は重複計上可（1人で貴事業所の生活介護以外に事業を利用している場合は該当する事業等に各々計上）
（例：1人の方が、生活介護［貴事業所］、生活介護［他事業所］、就労継続支援A型［他事業所］を利用されている場合→生活介護（他事業所）と就労継続支援A型に1人分ずつ計上）

1．貴事業所の生活介護と他の障害福祉サービス（日中）を併用している利用者(実人数) ___ 人

2．上記1の利用サービスの内訳※

①生活介護（他事業所）	②就労継続支援A型	③就労継続支援B型	④就労移行支援
人	人	人	人

⑤自立訓練（生活）	⑥自立訓練（機能）	⑦地域活動支援センター	⑧一般就労
人	人	人	人

[25]通所手段の状況

（計が2ページ目[2]現在員●と一致）
※主な手段を回答のこと
※「自力」とは、徒歩・自転車・タクシー・公共交通機関等を利用して単独での通所

①自力※	②家族送迎	③事業所送迎（委託含む）	④家族＋事業所送迎	⑤自治体送迎
人	人	人	人	人

⑥有償サービス送迎	⑦ボランティア	⑧ヘルパー（移動支援等）	⑨その他	計
人	人	人	人	● 人

[26]送迎について

設問2と3の計▲は一致

※1「送迎加算（重度）」とは、生活介護の利用者で障害支援区分5若しくは区分6又はこれに準ずる者（一定以上の行動障害を有する者、又はたんの吸引等を必要とする者）が60％以上いる場合、通常の送迎加算単位数に28単位が加算される

※2設問6は運行台数を無視し、朝夕で2回と数える

※3設問7は分単位で回答し、複数台で運行している場合は、すべての台数から1台あたりの平均送迎時間を算出

※4設問8は平常の開設日に運行されている車輌の台数とし、複数回往復した車輌も1台としてカウントする。

1．事業所における送迎（委託含む）の実施状況
　□実施している　　　　　□実施していない→（設問27へ）

2．事業所における送迎サービスの利用者(実人数)　▲ 人

3．上記2の送迎サービスの利用者の障害支援区分（計は上記2▲実人数と一致）

区分	非該当	区分1	区分2	区分3	区分4	区分5	区分6	不明・未判定	計
人数									▲ 人

4．送迎加算の状況
　□送迎加算（Ⅰ）を受けている　　　送迎加算（重度）※1　□加算を受けている
　□送迎加算（Ⅱ）を受けている　　　　　　　　　　　　　　□加算を受けていない
　□加算を受けていない

5．片道1回の送迎の平均人数（小数点以下切り捨てにて回答）		人
6．週あたりの送迎回数※2	週	回
7．送迎車1台に要している1日あたり（朝夕の合計）の平均送迎時間※3		分
8．平常の開設日における利用者送迎の為に運行される車輌の台数※4		台
9．1日あたりの利用者送迎に要した全車輌の走行距離（往復）の合計		Km
10．平常の開設日における送迎車に添乗する介助職員の人数及び1日あたりの添乗時間の合計	職員数	人
	添乗時間	時間

[27]入浴サービスの提供状況

※設問3．4．5の計■は一致
※設問5は主な理由に計上のこと

1．生活介護利用中の入浴サービス提供状況
　□提供している　　　　　□提供していない　→（設問28へ）

2．週あたりの入浴提供日数　週　日

3．入浴サービス利用者の障害支援区分

区分	非該当	区分1	区分2	区分3	区分4	区分5	区分6	不明・未判定	計
人数	人	人	人	人	人	人	人	人	■ 人

4．入浴サービス利用者の年齢

年齢	～19歳	20～29歳	30～39歳	40～49歳	50～59歳	60～69歳	70～79歳	80歳以上	計
人数	人	人	人	人	人	人	人	人	■ 人

	5．入浴サービスを利用している理由（3．4．の計■と一致）※	
	①利用者の住まい（自宅やグループホーム等）では必要な介助の人手が用意できない	人
	②利用者の住まい（自宅やグループホーム等）の浴室が狭く十分な介助ができない	人
	③その他（　　　　　　　　　　　　　　　　　　　　　　　　　）	人
	計	■　人
	6．入浴サービス利用にあたっての料金徴収の状況 □徴収している　→　1回の徴収額（　　　　）円　　　□徴収していない	
	7．標準的な（祝日等の無い）週における入浴サービスの提供に従事する職員の従事時間合計	時間
	8．特殊浴槽（機械浴・リフト）の整備状況 特殊浴槽（機械浴）の整備状況　　→　□整備している（　　台）　　□整備していない 特殊浴槽（リフト）の整備状況　　→　□整備している（　　台）　　□整備していない	

[28] リハビリテーションの実施状況 ※設問2は複数回答可	1．リハビリテーション加算の取得状況 □加算を受けている　　　　　□加算を受けていない　→（設問29へ）
	2．リハビリテーションを実施している職種※ □①O.T　　□②P.T　　□③S.T　　□④看護師　　□⑤医師　　□⑥支援員　　□⑦その他

[29] 生産活動と工賃の支給状況	1．利用者への生産活動の機会の提供と工賃の支給状況 □支給している　　　　　　　□支給していない　→（設問30へ）	
	2．工賃を支給する際の会計区分 □施設会計　　□就労支援会計　　□その他	
	3．令和2年度の1人あたりの平均工賃月額 ※単位制や活動班ごとに工賃が違う場合は平均額を記入のこと。 ※今年度より指定を受けた事業所は今年度支給している平均工賃月額を記入のこと。	円

[30] 同一法人内での日中一時支援（令和3年4月～6月の3か月間）	日中一時支援事業の実施状況 □実施している　→　同一法人内で実施してる事業数　　　　　　　か所 　　　　　　　　　　　同一法人内で実施してる日中一時支援事業の定員合計　　　　人 □実施していない

【設問31】並びに【設問32】にご回答頂く前に下記の注意事項を必ずご確認ください。

指定生活介護の単位とは、1日を通じて、同時に、一体的に提供される指定生活介護で、下記の要件を満たす場合が該当する。
（各種加算の申請時に基準となり、サービス提供時の班分け（作業班等）とは異なる可能性があるのでご留意下さい。）

1、階を隔てるなど、同時に2つの場所で行われ、これらのサービス提供が一体的に行われないこと。

2、単位ごとの利用定員が20人以上であること。　　　　　3、単位ごとに必要とされる従業者が確保されること。

（例1）〔・利用定員20名　　　・人員配置体制加算（I）を取得　　　・看護師は常勤換算で0.5名配置〕の事業所
　　⇒【回答欄】設問31問2：「一体的運営又は単位①」の欄に回答　　設問32：「一体的運営又は単位①」の欄に回答

（例2）〔・利用定員60名（20名ずつの3単位に分かれた体制）・単位①と②のみ人員配置体制加算（I）を取得
　　・看護師は常勤換算で単位①は1.5名、単位②は1.2名、単位③は1.0名配置〕の事業所
　　⇒【回答欄】設問31問2：「一体的運営又は単位①」と「単位②」の欄に回答
　　　　　　　設問32：「単位①」、「単位②」、「単位③」の欄にそれぞれ回答

[31] 人員配置体制加算（I）の取得状況 ※問2については、令和3年度に都道府県に提出した「介護給付費算定に係る体制等に関する届出」の「従業者の勤務体制及び勤務形態一覧表」を参照し、回答して下さい。	1．人員配置体制加算（I）（職員配置1.7対1）の取得状況 □加算を受けている　　　　　□加算を受けていない→（設問32へ）			
	2．人員配置体制加算（I）を取得している単位における状況 ※1.7対1で実施している単位の状況についてのみ記入して下さい。 ※小数点以下第2位を切り捨て第1位まで記入して下さい。			
		一体的運営 又は単位①	単位②	単位③
	前年度の平均実利用人数（A）※			
	基準上の必要職員数※			
	常勤換算後の職員「合計」（B）※			
	（A）　÷　（B）　＝　（C）			

[32] 看護師配置の状況	生活介護事業に配置している看護師の人数及び常勤看護職員配置等加算の取得状況			
		一体的運営 又は単位①	単位②	単位③
	看護師配置人数 ※常勤換算方法で小数点第2位以下切り捨て	人	人	人
	常勤看護職員配置等加算の取得	□（I）を取得 □（II）を取得 □受給していない	□（I）を取得 □（II）を取得 □受給していない	□（I）を取得 □（II）を取得 □受給していない

ご協力いただき誠にありがとうございます

令和3年度　全国知的障害児者施設・事業実態調査報告書

令和4年3月31日発行

編　集　　公益財団法人 日本知的障害者福祉協会
発行者　　公益財団法人 日本知的障害者福祉協会
　　　　　東京都港区浜松町2−7−19
　　　　　KDX浜松町ビル6F　　〒105-0013
　　　　　TEL（03）3438-0466
　　　　　FAX（03）3431-1803
　　　　　http://www.aigo.or.jp/
印刷所　　あさひ高速印刷株式会社

Printed in Japan

ISBN 978-4-902117-74-5　　　　　　　　定価は表紙に表示してあります。